AL(L) AMSTERDAM

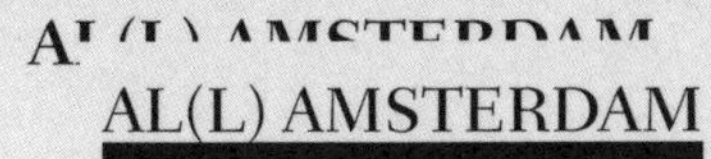

POSITIONING
THE ART GALLERY

HET AMSTERDAMSE GALERIEWEZEN IN EEN INTERNATIONALE CONTEXT

THE AMSTERDAM GALLERY WORLD IN AN INTERNATIONAL CONTEXT

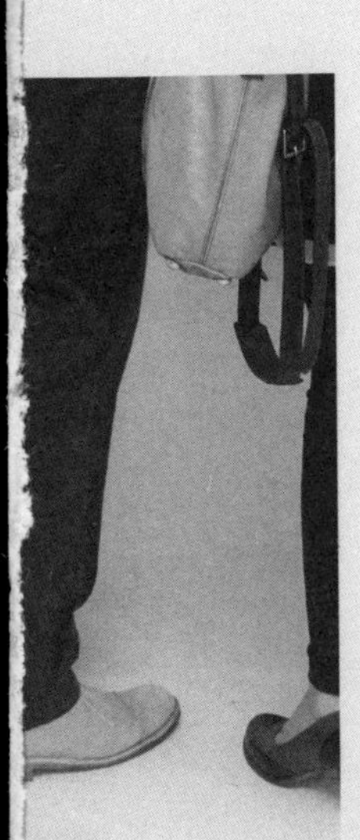

valiz

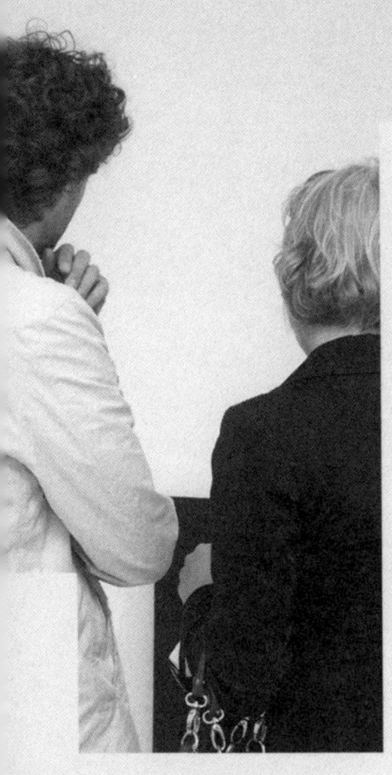

POSITIONING THE ART GALLERY

JAN VAN ADRICHEM
DOMINIC VAN DEN BOOGERD
XANDER KARSKENS
NOOR MERTENS
TINEKE REIJNDERS
OLAV VELTHUIS

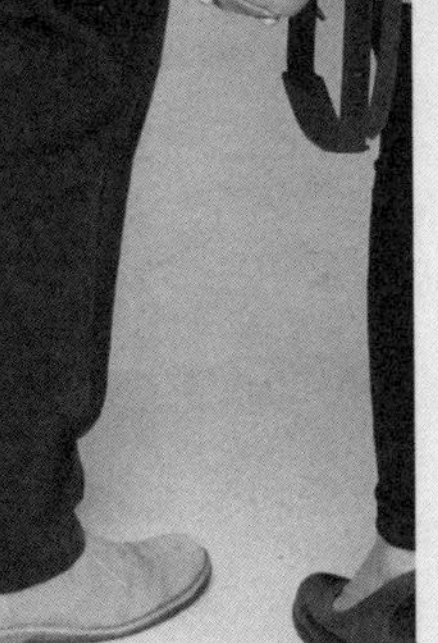

EN VELE ANDEREN
AND MANY OTHERS

VALIZ

valiz

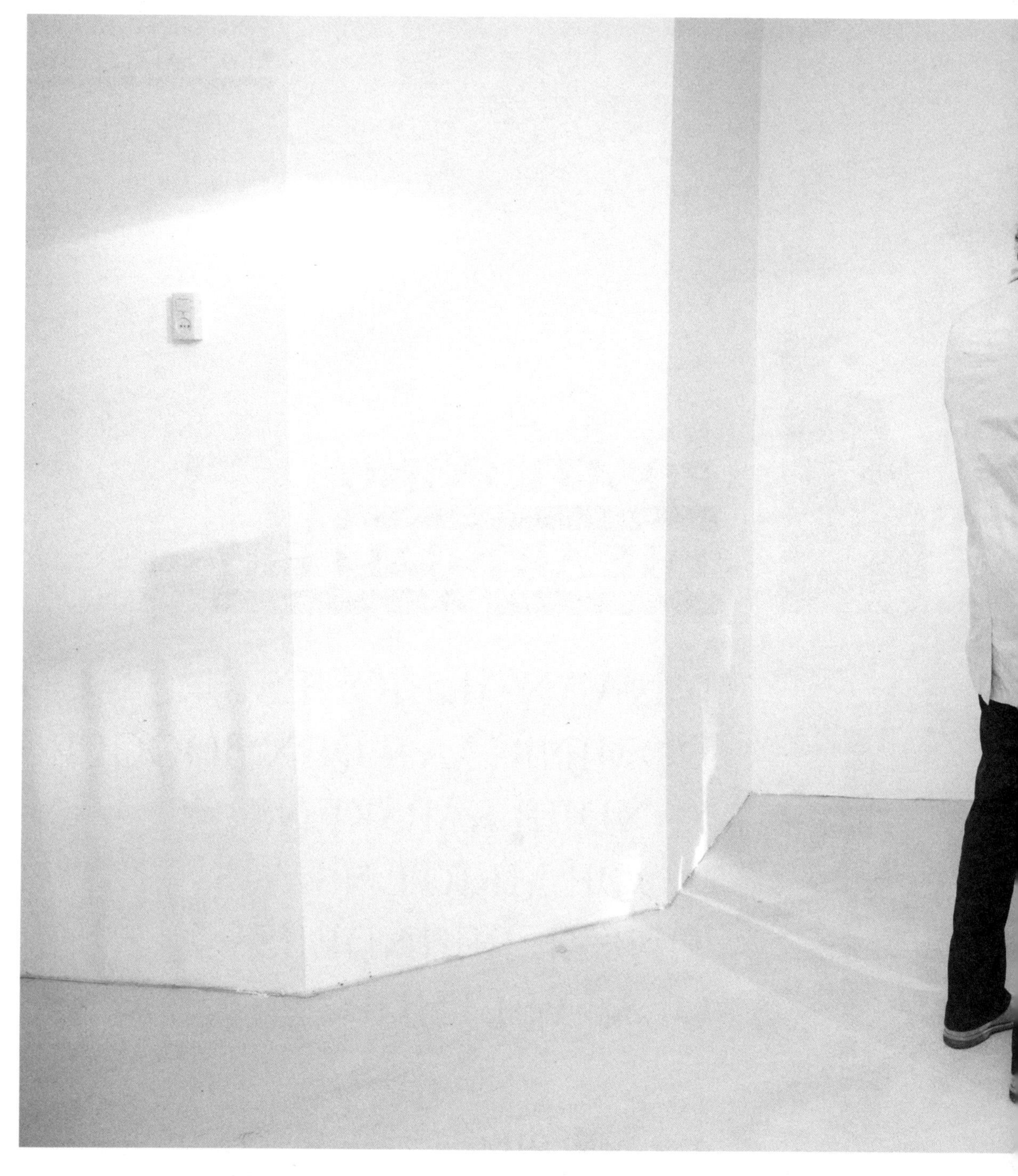

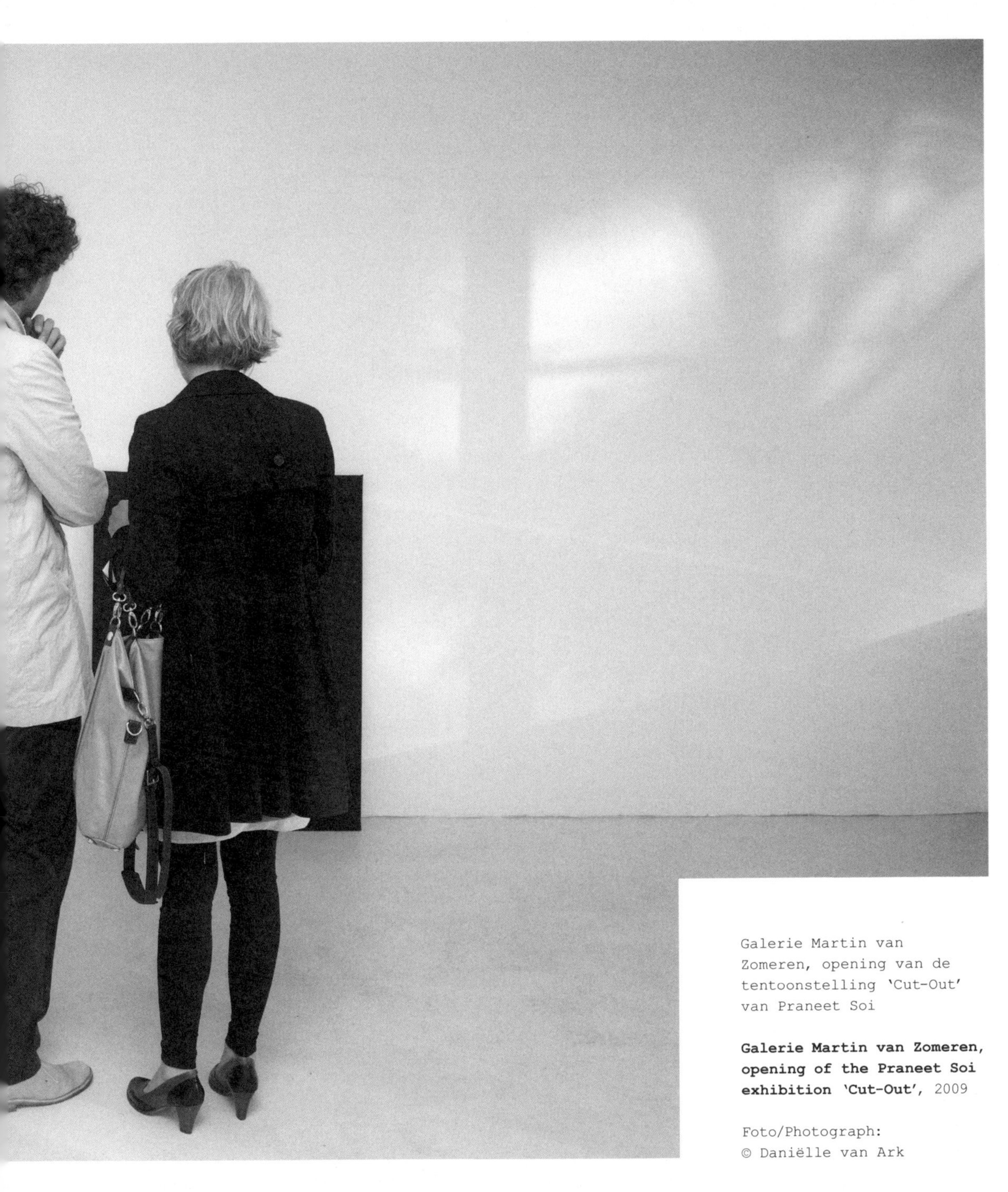

Galerie Martin van
Zomeren, opening van de
tentoonstelling 'Cut-Out'
van Praneet Soi

**Galerie Martin van Zomeren,
opening of the Praneet Soi
exhibition 'Cut-Out'**, 2009

Foto/Photograph:
© Daniëlle van Ark

'De keuze van een kunstenaar is een reflectie van
mijn persoonlijkheid. Een vernieuwing is daarom
altijd een uitbreiding van dat wat ik van mezelf
te weten ben gekomen, iets waarmee ik heel intensief
bezig ben. Een gemeenschappelijk kenmerk van de kunst
die ik breng, heb ik altijd ver van me gehouden,
anders zou ik het eigenlijk zelf moeten gaan maken.'

Hans Gieles, Vous Êtes Ici

'Dertig jaar geleden was ik een landbouwer in
Limburg die in kunst geïnteresseerd was. Via Breda,
waar ik een tijdje in loondienst heb gewerkt, kwam
ik in Amsterdam terecht. Ik keek nogal op tegen de
bekende galeries, maar ik wilde weer voor mijzelf
beginnen. Daarom ben ik heel voorzichtig in een pandje
van het Grondbedrijf begonnen met mensen die net van
de academie af waren.'

Fons Welters

'Ik studeerde kunstgeschiedenis toen ik met kunstenaar Peer Veneman in één huis kwam te wonen. Peer
wilde dingen van zichzelf ophangen, maar daar was ik
niet zo voor. Ik zei: "Kom op, laten we ook wat werk
van vrienden ophangen." We organiseerden een heuse
opening en tot onze verbazing kwam daar toen meteen
de hele Amsterdamse kunstscene op af.'

Bart van de Ven / The Living Room [1982–1993]

'Kunstenaars die gebruikmaken van verschillende
media vind ik de meest interessante. Zij laten
duidelijk zien dat het medium ondergeschikt is aan
het idee of aan het beeld. Daarom zijn er bij mij
voornamelijk installatie-achtige werken te zien.
Het is markttechnisch beschouwd misschien niet zo
verstandig, maar als hier een kunstenaar langskomt
met werk dat doet denken aan dat van een kunstenaar
die al bij mij tentoonstelt, dan wil ik zulk werk
per se niet hebben. Zo'n avontuur ben ik dan al
begonnen en een kleine variant hierop lijkt mij
niet zo interessant.'

Kees van Gelder

'Ik heb nooit per se galeriehouder willen worden.
Ik was fotograaf en ik studeerde kunstgeschiedenis.
Om de praktijk te leren kennen en om wat geld te
verdienen assisteerde ik een galeriehouder. Voor
dat ik het wist was ik er zelf een.'

Paul Andriesse

'I find artists who use different media the most
interesting. They clearly show that the medium is
subordinate to the idea or the image. That is why
I present mainly installation-like work.'
In terms of marketing it's perhaps not so wise, but
if an artist comes here with work that reminds me of
an artist whom I already show, then I certainly don't
want that work. I've already set out on an adventure
like this, and a minor variation on it does not seem
so interesting to me.'

Kees van Gelder

'I never particularly wanted to become a gallery
owner. I was a photographer and studied art history.
To gain practical experience and to make a living,
I worked as an assistant for a gallery owner. Before
I knew it, I was one myself.'

Paul Andriesse

`The choice of an artist is a reflection of my
personality. An innovation is therefore always an
extension of what I have managed to find out about
myself, something that occupies me very intensively.
I have always kept a shared characteristic of the
art I present at arm's length, otherwise I ought
to really go and make it myself.'

Hans Gieles, Vous Êtes Ici

`Thirty years ago I was a farmer in Limburg who was
interested in art. I found my way to Amsterdam via
Breda, where I was employed for a while. I was somewhat in awe of the familiar galleries, but I wanted
to start up on my own again. That is why I started
out very warily in premises rented from the local
council with people who had just graduated from
the academy.'

Fons Welters

`I was studying art history when I found myself
living in the same house as the artist Peer Veneman.
Peer wanted to hang up his own work, but I wasn't so
keen on the idea. I said: "Come on, let's hang some
friends' work as well." We organised a real opening
and to our surprise the whole Amsterdam art scene was
suddenly on the spot.'

Bart van de Ven / The Living Room [1982–1993]

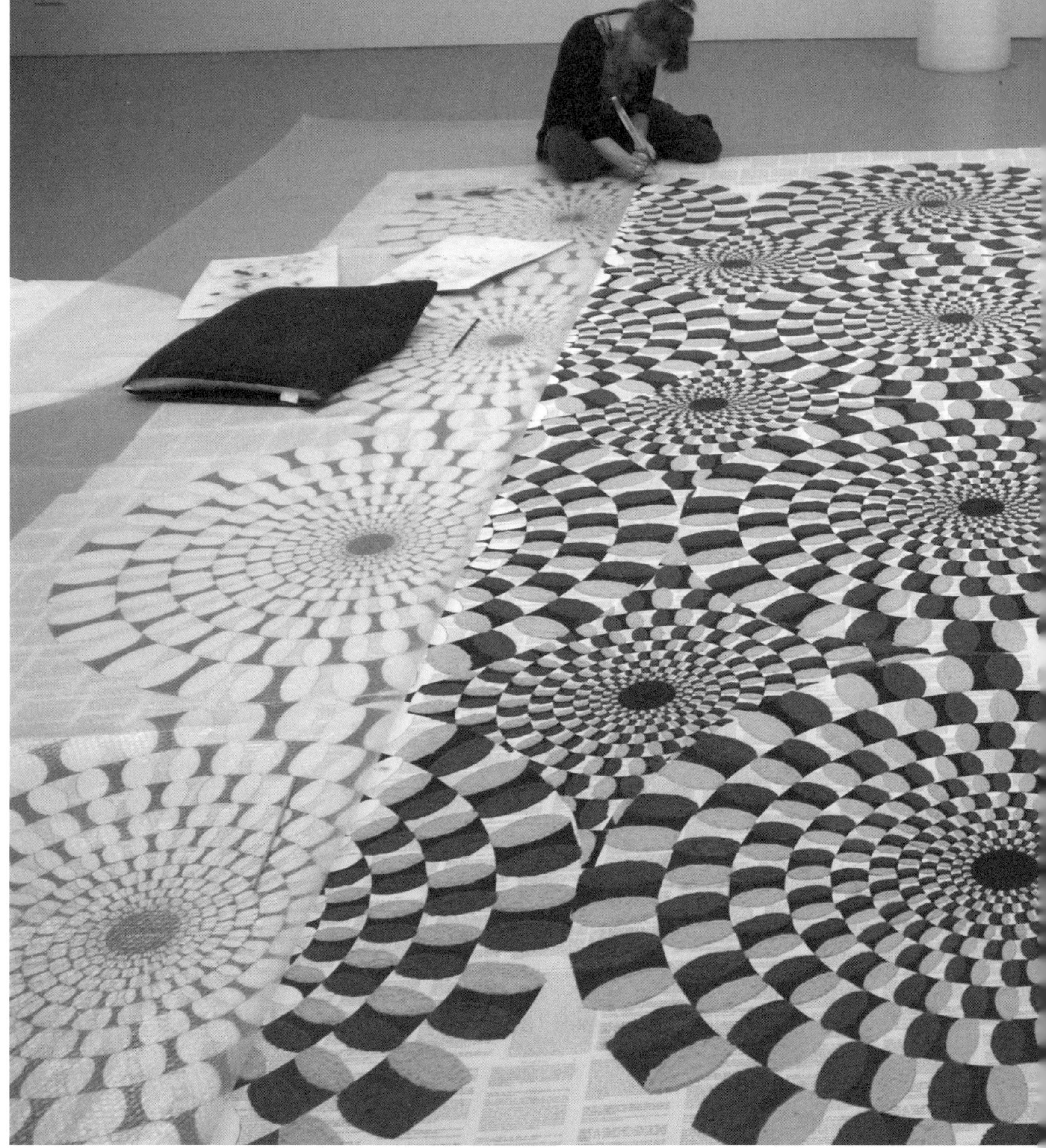

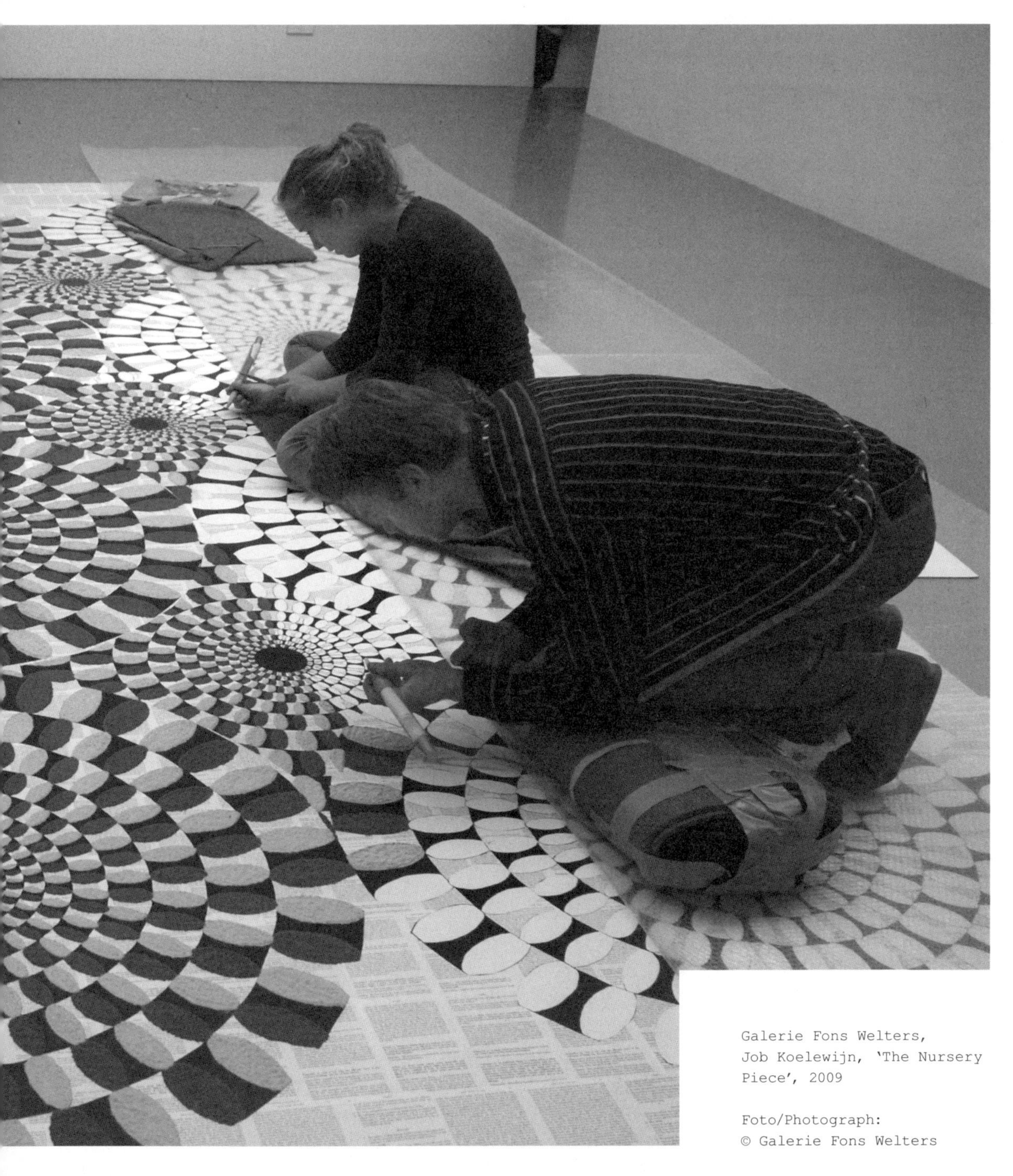

Galerie Fons Welters,
Job Koelewijn, 'The Nursery
Piece', 2009

Foto/Photograph:
© Galerie Fons Welters

INHOUD

INHOUD

1

15 BETEKENIS EN POSITIONERING VAN HET AMSTERDAMSE GALERIEWEZEN
INLEIDING
Noor Mertens

37 POINTS ON DEALER ARTIST RELATIONSHIP
Jack Tilton

2

39 PLEITBEZORGERS VAN DE EIGENTIJDSE KUNST
DE OPKOMST VAN AMSTERDAMSE GALERIES NA DE TWEEDE WERELDOORLOG
Noor Mertens

52 GEACHTE COLLEGA!
Adriaan van Ravesteijn

3

55 PROGRESSIEVE GALERIES IN DE JAREN ZESTIG EN ZEVENTIG:
RIEKJE SWART, ART & PROJECT EN HELEN VAN DER MEIJ
Jan van Adrichem

94 KEUZES EN HET ONTDEKKEN VAN TALENT
Fons Welters

4

99 'GOOD BUSINESS IS GREAT ART' (ANDY WARHOL)
NIEUW ELAN IN AMSTERDAMSE GALERIES
Dominic van den Boogerd

146 KUNST IS GEOGRAFIE
Kees van Gelder

5

151 EFEMEER ÉN CONSISTENT
HET KUNSTENAARS-INITIATIEF IN AMSTERDAM
Tineke Reijnders

171 RADICAL ATTITUDES TO THE GALLERY
Jo Baer

6

173 DE AMSTERDAMSE GALERIE IN EEN MONDIALE MARKT
Olav Velthuis

7

199 DE GALERIE VOOR HEDENDAAGSE KUNST
AANTEKENINGEN VANUIT MUSEAAL PERSPECTIEF
Xander Karskens

8

216 MEDEWERKERS AAN DIT BOEK

9

218 REGISTER

10

221 AANBEVOLEN LITERATUUR

CONTENTS

1

15 **SIGNIFICANCE AND POSITIONING OF THE AMSTERDAM GALLERIES**
INTRODUCTION
Noor Mertens

37 **POINTS ON DEALER ARTIST RELATIONSHIP**
Jack Tilton

2

39 **PROMOTERS OF CONTEMPORARY ART**
THE RISE OF AMSTERDAM GALLERIES AFTER WORLD WAR II
Noor Mertens

52 **DEAR COLLEAGUE!**
Adriaan van Ravesteijn

3

55 **PROGRESSIVE GALLERIES IN THE 1960S AND 1970S:**
RIEKJE SWART, ART & PROJECT AND HELEN VAN DER MEIJ
Jan van Adrichem

95 **CHOICES AND THE DISCOVERY OF TALENT**
Fons Welters

4

99 **'GOOD BUSINESS IS GREAT ART' (ANDY WARHOL)**
NEW ÉLAN IN THE AMSTERDAM GALLERIES
Dominic van den Boogerd

148 **ART IS GEOGRAPHY**
Kees van Gelder

5

151 **EPHEMERAL AND CONSISTENT**
THE ARTISTS' INITIATIVE IN AMSTERDAM
Tineke Reijnders

171 **RADICAL ATTITUDES TO THE GALLERY**
Jo Baer

6

173 **THE GALLERIES OF AMSTERDAM IN A GLOBAL MARKET**
Olav Velthuis

7

199 **THE CONTEMPORARY ART GALLERY**
NOTES FROM A MUSEUM PERSPECTIVE
Xander Karskens

8

217 **CONTRIBUTORS TO THIS BOOK**

9

218 **INDEX**

10

221 **FURTHER READING**

13

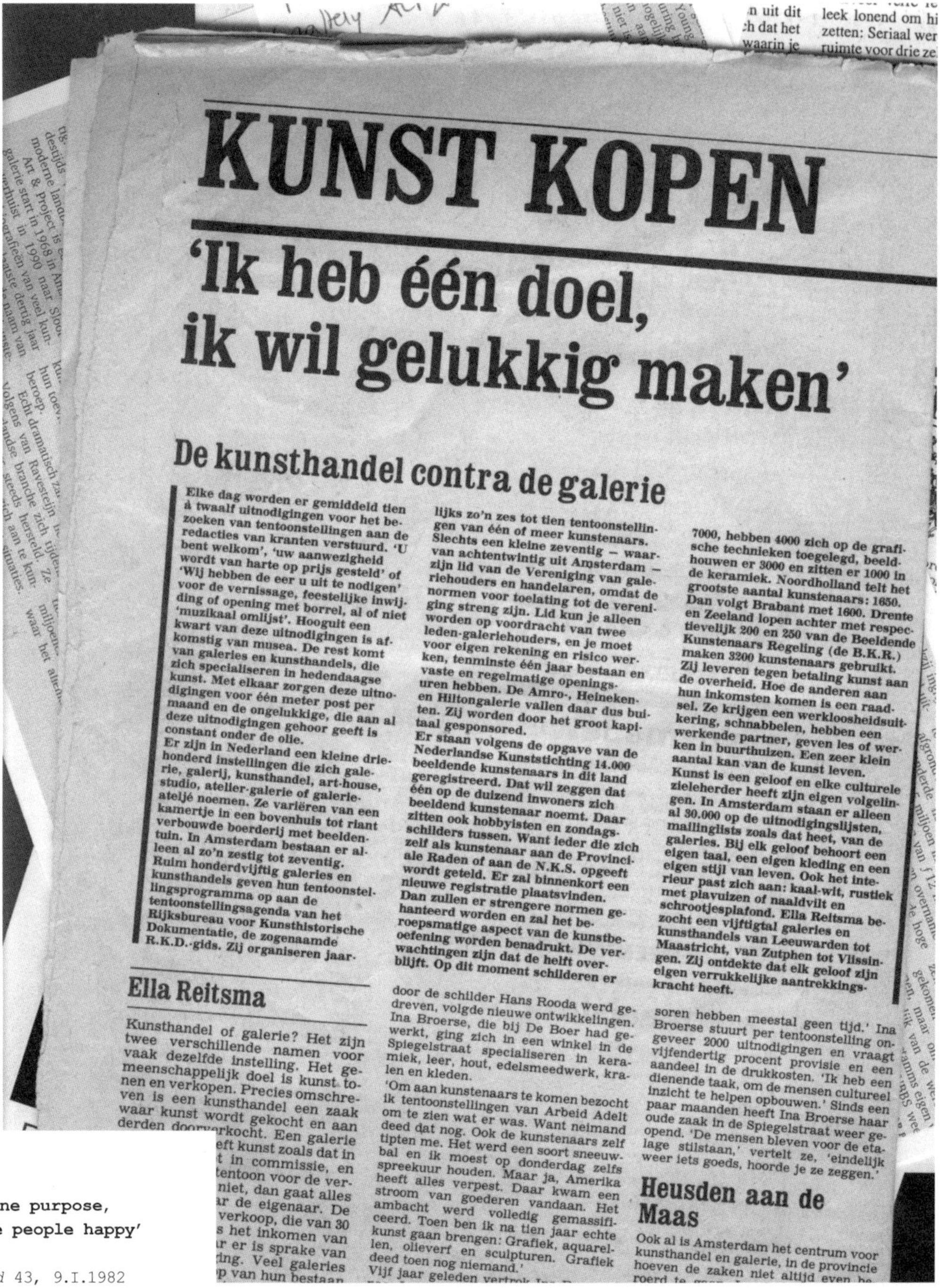

KUNST KOPEN

'Ik heb één doel, ik wil gelukkig maken'

De kunsthandel contra de galerie

Elke dag worden er gemiddeld tien à twaalf uitnodigingen voor het bezoeken van tentoonstellingen aan de redacties van kranten verstuurd. 'U bent welkom', 'uw aanwezigheid wordt van harte op prijs gesteld' of 'Wij hebben de eer u uit te nodigen' voor de vernissage, feestelijke inwijding of opening met borrel, al of niet 'muzikaal omlijst'. Hooguit een kwart van deze uitnodigingen is afkomstig van musea. De rest komt van galeries en kunsthandels, die zich specialiseren in hedendaagse kunst. Met elkaar zorgen deze uitnodigingen voor één meter post per maand en de ongelukkige, die aan al deze uitnodigingen gehoor geeft is constant onder de olie.

Er zijn in Nederland een kleine driehonderd instellingen die zich galerie, galerij, kunsthandel, art-house, studio, atelier-galerie of galerie-ateljé noemen. Ze variëren van een kamertje in een bovenhuis tot riant verbouwde boerderij met beeldentuin. In Amsterdam bestaan er alleen al zo'n zestig tot zeventig. Ruim honderdvijftig galeries en kunsthandels geven hun tentoonstellingsprogramma op aan de tentoonstellingsagenda van het Rijksbureau voor Kunsthistorische Dokumentatie, de zogenaamde R.K.D.-gids. Zij organiseren jaar-

Ella Reitsma

Kunsthandel of galerie? Het zijn twee verschillende namen voor vaak dezelfde instelling. Het gemeenschappelijk doel is kunst tonen en verkopen. Precies omschreven is een kunsthandel een zaak waar kunst wordt gekocht en aan derden doorverkocht. Een galerie … heeft kunst zoals dat … in commissie, en … tentoon voor de ver… niet, dan gaat alles … ar de eigenaar. De … verkoop, die van 30 … s het inkomen van … ur er is sprake van … ring. Veel galeries … op van hun bestaan…

lijks zo'n zes tot tien tentoonstellingen van één of meer kunstenaars. Slechts een kleine zeventig — waarzijn lid van de Vereniging van galeriehouders en handelaren, omdat de normen voor toelating tot de vereniging streng zijn. Lid kun je alleen worden op voordracht van twee leden-galeriehouders, en je moet voor eigen rekening en risico werken, tenminste één jaar bestaan en vaste en regelmatige openingsuren hebben. De Amro-, Heineken- en Hiltongalerie vallen daar dus buiten. Zij worden door het groot kapitaal gesponsored.

Er staan volgens de opgave van de Nederlandse Kunststichting 14.000 beeldende kunstenaars in dit land geregistreerd. Dat wil zeggen dat één op de duizend inwoners zich beeldend kunstenaar noemt. Daar zitten ook hobbyisten en zondagsschilders tussen. Want ieder die zich zelf als kunstenaar aan de Provinciale Raden of aan de N.K.S. opgeeft wordt geteld. Er zal binnenkort een nieuwe registratie plaatsvinden. Dan zullen er strengere normen gehanteerd worden en zal het beroepsmatige aspect van de kunstbeoefening worden benadrukt. De verwachtingen zijn dat de helft overblijft. Op dit moment schilderen er

door de schilder Hans Rooda werd gedreven, volgde nieuwe ontwikkelingen. Ina Broerse, die bij De Boer had gewerkt, ging zich in een winkel in de Spiegelstraat specialiseren in keramiek, leer, hout, edelsmeedwerk, kralen en kleden.

'Om aan kunstenaars te komen bezocht ik tentoonstellingen van Arbeid Adelt om te zien wat er was. Want niemand deed dat nog. Ook de kunstenaars zelf tipten me. Het werd een soort sneeuwbal en ik moest op donderdag zelfs spreekuur houden. Maar ja, Amerika heeft alles verpest. Daar kwam een stroom van goederen vandaan. Het ambacht werd volledig gemassificeerd. Toen ben ik na tien jaar echte kunst gaan brengen: Grafiek, aquarellen, olieverf en sculpturen. Grafiek deed toen nog niemand.'

Vijf jaar geleden vertrok Ina B…

7000, hebben 4000 zich op de grafische technieken toegelegd, beeldhouwen er 3000 en zitten er 1000 in de keramiek. Noordholland telt het grootste aantal kunstenaars: 1650. Dan volgt Brabant met 1600. Drente en Zeeland lopen achter met respectievelijk 200 en 250 van de Beeldende Kunstenaars Regeling (de B.K.R.) maken 3200 kunstenaars gebruikt. Zij leveren tegen betaling kunst aan de overheid. Hoe de anderen aan hun inkomsten komen is een raadsel. Ze krijgen een werkloosheidsuitkering, schnabbelen, hebben een werkende partner, geven les of werken in buurthuizen. Een zeer klein aantal kan van de kunst leven.

Kunst is een geloof en elke culturele zieleherder heeft zijn eigen volgelingen. In Amsterdam staan er alleen al 30.000 op de uitnodigingslijsten mailinglists zoals dat heet, van de galeries. Bij elk geloof behoort een eigen taal, een eigen kleding en een eigen stijl van leven. Ook het interieur past zich aan: kaal-wit, rustiek met plavuizen of naaldvilt met schrootjesplafond. Ella Reitsma bezocht een vijftigtal galeries en kunsthandels van Leeuwarden tot Maastricht, van Zutphen tot Vlissingen. Zij ontdekte dat elk geloof zijn eigen verrukkelijke aantrekkingskracht heeft.

soren hebben meestal geen tijd.' Ina Broerse stuurt per tentoonstelling ongeveer 2000 uitnodigingen en vraagt vijfendertig procent provisie en een aandeel in de drukkosten. 'Ik heb een dienende taak, om de mensen cultureel inzicht te helpen opbouwen.' Sinds een paar maanden heeft Ina Broerse haar oude zaak in de Spiegelstraat weer geopend. 'De mensen bleven voor de etalage stilstaan,' vertelt ze, 'eindelijk weer iets goeds, hoorde je ze zeggen.'

Heusden aan de Maas

Ook al is Amsterdam het centrum voor kunsthandel en galerie, in de provincie hoeven de zaken niet altijd even be- roerd te …

'I have just one purpose,
I want to make people happy'

Vrij Nederland 43, 9.I.1982

1

BETEKENIS EN POSITIONERING VAN HET AMSTERDAMSE GALERIEWEZEN

INLEIDING

Noor Mertens

Vanaf de opkomst van het Nederlandse galeriecircuit omstreeks 1950 berichtten kranten en tijdschriften regelmatig over galerietentoonstellingen en het fenomeen galerie. Ook het functioneren van afzonderlijke galeries en de kunstmarkt (vooral bij sterke prijsschommelingen) werd onder de loep genomen. Van groot belang voor het in kaart brengen van het galeriewezen in Nederland is het proefschrift *Passie of professie. Galeries en kunsthandel in Nederland* van Truus Gubbels.[1] Behalve dit proefschrift, dat een gedegen, algemeen overzicht geeft van de ontwikkeling en betekenis van galeries en kunsthandel in Nederland, is er echter weinig verdiepend gepubliceerd over het Nederlandse galeriewezen of specifiek dat in Amsterdam. Wel verschenen er publicaties van en over afzonderlijke Amsterdamse galeries, voornamelijk ter gelegenheid van jubilea. Deze uitgaven bieden vanzelfsprekend geen representatief overzicht van het

SIGNIFICANCE AND POSITIONING OF THE AMSTERDAM GALLERIES

INTRODUCTION

Noor Mertens

Ever since the rise of the Dutch gallery circuit around 1950, newspapers and magazines regularly carry reports on gallery exhibitions and the gallery as a phenomenon. The functioning of individual galleries and the art market has also been scrutinised, especially at times of sharp price fluctuations. The doctoral dissertation *Passie of professie. Galeries en kunsthandel in Nederland* [Passion or profession. Galleries and the art market in the Netherlands] by Truus Gubbels is of great importance for charting the galleries in the Netherlands.[1] Besides her text, however, which offers a solid general survey of the development and significance of the Dutch galleries and art market, few in-depth studies

1 Truus Gubbels, *Passie of professie. Galeries en kunsthandel in Nederland*, Abcoude: Uitgeverij Uniepers, 1999.

1 Truus Gubbels, *Passie of professie. Galeries en kunsthandel in Nederland*, Abcoude: Uitgeverij Uniepers, 1999.

functioneren van de hoofdstedelijke galeriesector en de belangen en relaties die daarbij meespelen. *Positioning the Art Gallery* wil deze leemte vullen door vanuit verschillende invalshoeken en standpunten inzicht te geven in het Amsterdamse galeriewezen. De publicatie biedt daarbij geen uitputtend overzicht van alle gerenommeerde galeries die Amsterdam rijk is (geweest), maar neemt enkele belangrijke initiatieven als pars pro toto en exploreert de verschillende visies en posities, evenals de wijze waarop galeries functioneren, met de mogelijkheden en beperkingen die daarbij een rol spelen. De diverse krachtenvelden waarin de galerie opereert, worden in een nationaal en internationaal verband besproken. Daarnaast komt herhaaldelijk de betekenis van de galerie aan bod binnen de vaak als problematisch bestempelde verhouding tussen een ideële en tegelijkertijd commerciële aanpak.

Het Amsterdamse galeriewezen is in de loop der jaren sterk veranderd. Zo is het aantal galeries aanzienlijk gegroeid, nam het belang van kunstbeurzen toe en is het 'galeriebedrijf' geprofessionaliseerd. Galeries hebben niet meer dezelfde signalerende functie op het gebied van de hedendaagse kunst zoals Jan van Adrichem die in deze uitgave beschrijft in het essay 'Progressieve galeries in de jaren zestig en zeventig: Riekje Swart, Art & Project en Helen van der Meij'. Die functie werd vanaf ongeveer het midden van de jaren zeventig deels vervuld door musea, die zich in toenemende mate richtten op eigentijdse kunst. Ook presentatie-instellingen, waaronder De Appel (opgericht in 1975), kregen een belangrijke rol in het tonen van actuele kunst en van datgene wat moeilijk verkoopbaar leek, zoals performancekunst en video. In de jaren zeventig en tachtig ontstonden verschillende kunstenaarsinitiatieven, zoals In-Out Center en W139, mede uit onvrede over het functioneren van galeries. Kunstenaars wilden zeggenschap hebben over de wijze waarop hun werk getoond werd, zonder overwegingen van commerciële aard. Tineke Reijnders gaat in haar essay 'Efemeer én consistent, het kunstenaarsinitiatief in Amsterdam' uitgebreid in op de ontwikkeling in Amsterdam van deze door kunstenaars geleide platforms en hun positie ten opzichte van de kunstmarkt.

Ondanks de veranderingen in het galeriewezen zijn verschillende aspecten daarentegen hetzelfde gebleven. De galerie is een belangrijke speler in het tonen van eigentijdse kunst en er bestaat een wezenlijke verbondenheid met andere actoren in de kunstwereld, waaronder kunstenaars, verzamelaars, tentoonstellingsmakers en instituties – musea, presentatie-instellingen, kunstenaarsinitiatieven, bedrijfscollecties, de overheid, en in Amsterdam niet in de laatste plaats met opleidingsinstituten als de Rijksakademie en De Ateliers.

In zijn essay 'De galerie voor hedendaagse kunst' bespreekt

of galleries in the Netherlands, or specifically those in Amsterdam, have been published. There have been publications about and by individual galleries, mainly when they were celebrating some anniversary, but of course these publications do not offer a representative picture of the functioning of the gallery sector in the capital or of the interests and relations involved. *Positioning the Art Gallery* is intended to fill this gap by providing insight into the Amsterdam galleries from a variety of perspectives and standpoints. The publication does not offer an exhaustive survey of all the famous galleries that are or were to be found in Amsterdam, but takes several important initiatives as representative of the whole and explores the different visions and positions, as well as the manner in which the galleries function, with the possibilities and limitations that play a role in that activity. The various force fields in which the galleries operate are discussed in a national and international context. The significance of the gallery crops up repeatedly within the relation between an idealistic and at the same time a commercial approach that is often considered problematic.

The nature of the Amsterdam galleries has changed considerably over time. The number of galleries has appreciably grown, the art fairs have increased in importance, and the gallery has become a professional entity. Galleries no longer have the signalling function with regard to contemporary art, as Jan van Adrichem shows in his essay 'Progressive galleries in the 1960s and 1970s: Riekje Swart, Art & Project and Helen van der Meij'. From roughly the mid-1970s that function has been in part fulfilled by the museums as they have increasingly targeted contemporary art. Art institutions such as De Appel (founded in 1975) have also assumed an important role in the presentation of contemporary art and of what seemed difficult to market, such as performance art and video. Various artists' initiatives sprang up in the 1970s and 1980s such as In-Out Center and W139, partly out of dissatisfaction with the way the galleries operated. Artists wanted a say in how their work was presented without commercial considerations entering the scene. The essay by Tineke Reijnders 'Ephemeral and consistent. The artists' initiative in Amsterdam' deals extensively with the development of platforms in Amsterdam run by these artists and their position vis-à-vis the art market.

In spite of the changes in the world of the galleries, various aspects have remained the same. The gallery is an important player in the presentation of contemporary art and is fundamentally connected with other actors in the art world, such as artists, collectors, exhibition curators and institutions – museums, presentation institutions, artists'

Xander Karskens de relatie tussen het Stedelijk Museum en het Amsterdamse galeriewezen. De verbondenheid tussen galeries en andere instellingen wordt verder aangestipt in de verschillende korte bijdragen en teksten van kunstenaars, galeriehouders, verzamelaars en bemiddelaars die naast de essays in de publicatie zijn opgenomen. In 'Radical attitudes to the gallery' verwoordde kunstenaar Jo Baer de positie van de kunstenaar en zijn werk ten opzichte van de markt scherp. Hoewel geschreven in 1977, is deze tekst nog steeds hoogstactueel. Jack Tilton, eigenaar van de gelijknamige galerie in New York, benoemt in 'Points on dealer–artist relationship. What the dealer gets' uitgebreid de zowel zakelijke als vriendschappelijke (en daarmee soms precaire) relatie tussen galeriehouder en kunstenaar. Uit deze bijdrage blijkt dat de winst en het verlies voor een galeriehouder uit veel meer dan alleen geld bestaat.

FUNCTIE EN BETEKENIS VAN DE GALERIE IN DE AMSTERDAMSE CONTEXT

Wat omvat het Amsterdamse galeriebedrijf, wat is de motivatie van galeriehouders en hoe opereren zij? Het volgende citaat over de Amsterdamse galerie Seriaal, opgetekend ongeveer vier maanden na de opening eind 1968, geeft nog steeds enkele antwoorden op de vraag naar de betekenis en het functioneren van een galerie. 'Seriaal is wel de naam van een winkel, gevestigd aan de Nieuwezijds Voorburgwal in Amsterdam, maar Seriaal is, enige maanden na de start, al gauw meer: vast punt voor kunstverzamelaars, eerste drempeloverschrijding voor jonge mensen die een ding van kunst in hun huis willen hebben, informatieplek over wat de "grote namen" uit de internationale kunstwereld weer aan verkoopbaar goed op de markt brengen; en heel in het bijzonder wordt Seriaal een soort advies-bureau omtrent het "goed" zijn van beeldende kunstenaars, althans – en op z'n minst – omtrent wat hier en nu waardeerbaar is; een veilig advies krijgt er de schuchtere beginneling in kunst-collectioneren.'[2]

In het persbericht dat de oprichters van Seriaal (Ritsaert ten Cate, Wies Smals en Mia Visser) eind 1968 rondsturen, noemen ze hun multiple-galerie plagerig 'een revolutionair winkeltje'. Doel was om Kunst te verkopen, vermenigvuldigde kunst, omdat er in Amsterdam nog niet zo'n winkel bestond en multiples internationaal steeds meer in de belangstelling kwamen. Daarnaast wilden ze werk van Nederlandse en vooral internationale kunstenaars onder het bereik van meer kopers brengen. In een eerder artikel, toen Smals nog vanuit huis multiples verkocht, vertelde ze: 'Ik vind dat in Nederland een grote groep mensen, kleinkapitaalkrachtigen, niet aan bod komt in de kunst. Daarom wilde ik dit

2   Ton Frenken. 'Drie galeries met kwaliteit: "Seriaal": oase voor kunstverzamelaars', *Brabants Dagblad*, 1 april 1969.

initiatives, corporate collections and the state, and in Amsterdam there is a significant link with such centres as the Rijksakademie and the independent artists' institute De Ateliers.

The essay by Xander Karskens 'The contemporary art gallery' deals with the relation between the Stedelijk Museum and the Amsterdam galleries. The link between galleries and other institutions also features in the various shorter contributions and texts by artists, gallery owners, collectors and agents that have been included in the publication alongside the essays. Jo Baer's 'Radical attitudes to the gallery' sharply delineates the position of the artist and his work vis-à-vis the market. Although written in 1977, the text has lost none of its contemporary relevance. Jack Tilton, owner of the Jack Tilton Gallery in New York, goes in detail into the commercial and cordial (and thereby sometimes precarious) relationship between the gallery owner and the artist in 'Points on dealer-artist relationship. What the dealer gets'. His contribution reveals that the dealer's profit and loss comprises much more than money alone.

FUNCTION AND SIGNIFICANCE OF THE GALLERY IN THE CONTEXT OF AMSTERDAM

What does the world of the Amsterdam galleries cover, what is the motivation of the gallery owners, and how do they operate? The following citation concerning the Amsterdam gallery Seriaal, written some four months after the opening of the gallery at the end of 1968, still provides some answers to the question regarding the significance and functioning of a gallery: 'Seriaal is the name of a shop in the Nieuwezijds Voorburgwal in Amsterdam, but a few months after opening Seriaal is already more than just that: it is a point of reference for art collectors, the first crossing of the threshold for young people who want a piece of art in their home, an information site about what sellable items the "big names" in the international art world are putting on the market; and in particular Seriaal is becoming a sort of advice centre on the "quality" of artists, at least regarding what is appreciated here and now; the timid beginner art collector is given a safe recommendation.'[2]

In the press release that the founders of Seriaal (Ritsaert ten Cate, Wies Smals and Mia Visser) circulated at the end of 1968, they teasingly called their multiple gallery 'a revolutionary little shop'. The aim was to sell Art, multiples, because Amsterdam did not yet have a shop like that and multiples were attracting growing interest internationally. In addition they wanted to bring

2 Ton Frenken. 'Drie galeries met kwaliteit: "Seriaal": oase voor kunstverzamelaars', *Brabants Dagblad*, 1 April 1969.

doen met het geld. Ik ga kunst gewoon als broodjes verkopen.'[3]

Over welke galeries en galeriehouders hebben we het (impliciet) in *Positioning the Art Gallery*? Kunsthistoricus Robert Jensen maakt naar aanleiding van de negentiende-eeuwse Parijse kunsthandelaar Paul Durand-Ruel een onderscheid tussen twee categorieën galeriehouders: de primair op winst gerichte, entrepreneur-galeriehouder, die de handel domineerde tot aan het einde van de negentiende eeuw, en de ideologische galeriehouder, die hij beschrijft als een altruïstische pleitbezorger voor het algemeen belang die beweert niet alleen geleid te worden door het verdienen van geld, maar die een bepaald soort kunst wil voorstaan.[4]

Beide typen opereren ook in Amsterdam, maar de positie van pleitbezorger overheerst. Zo schrijft Dominic van den Boogerd in zijn tekst '"Good business is great art" (Andy Warhol). Nieuw elan in Amsterdamse galeries': 'De communis opinio is dat Nederlandse galeriehouders oprechte kunstminnaars zijn, maar geen gehaaide zakenlui.' Ook de eerder aangehaalde uitspraak van Smals illustreert de idealistische en tegelijkertijd pragmatische houding van veel Nederlandse galeriehouders.

Positioning the Art Gallery gaat in op de platformfunctie van dat type galerie waarbij het representeren van kunst op de eerste plaats komt. De relatie die deze galeriehouders hebben met de kunstenaars waarvan ze het werk tonen is een langdurige, waarbij de galerie de kunstenaarscarrière actief volgt en stimuleert. De galeriehouder fungeert daarbij als vertrouwenspersoon voor de kunstenaar en beschermt en ontlast hem met betrekking tot zijn publiek, management en tentoonstellingen. Daarnaast dient dit type galerie als ontmoetingsplaats voor kunstenaars, liefhebbers, verzamelaars en professionals. De galeriehouder is daarbij zowel bemiddelaar voor de kunstenaar als voor zijn publiek. De kwaliteit van de galerie vertaalt zich in het feit dat gerepresenteerde kunstenaars in gewaardeerde instituten getoond worden. 'Doel is het werk van de kunstenaar verder te helpen en het door te sluizen naar de juiste verzamelaars en musea', zo schrijft Martita Slewe van Slewe Gallery.[5] Het merendeel van deze galeries draait internationaal mee, zowel qua kunstenaars als op beurzen, en wordt internationaal erkend.

De draagwijdte van dit type galerie is dan ook veel groter dan de lokale tentoonstellingsruimte waarin de wisselende exposities plaatsvinden.

3 Met 'het geld' doelde Smals op een gekregen erfenis. Uit: 'Kunstwinkel', *Algemeen Handelsblad*, 5 juli 1968.

4 Robert Jensen, *Marketing Modernism in Fin-de-Siècle Europe*, Princeton: Princeton UP, 1994, p. 49.

5 *Martita Slewe. Tien jaar Slewe*, Amsterdam: Galerie Slewe, 2004.

work by Dutch and above all inter-national artists within the reach of more buyers. In a previous article, when Smals was still selling multiples from home, she said: 'I think that a large group of people with money to spend is not catered for in the art world. That's why I wanted to do this with the money. I'm simply going to sell art like rolls.'[3]

Which galleries and gallery owners are explicitly or implicitly covered in *Positioning the Art Gallery*? In connection with the nineteenth-century Parisian art dealer Paul Durand-Ruel, the art historian Robert Jensen has drawn a distinction between two types of gallery owner: the primarily profit-orientated, enterprising gallery owner who dominated the market until the end of the nineteenth century, and the ideological gallery owner, whom he describes as an altruistic advocate of the general interest who claims to be motivated not only by making money, but because he wants to promote a certain type of art.[4]

Both types are operative in Amsterdam too, but the position of the promoter prevails. As Dominic van den Boogerd writes in his text '"Good business is great art" (Andy Warhol). New élan in the Amsterdam galleries': 'The generally shared view is that Dutch gallery owners are genuine art lovers but not razor-sharp businessmen.' The earlier citation from Smals also illustrates the idealistic and at the same time pragmatic attitude of many gallery owners in the Netherlands.

Positioning the Art Gallery goes into the platform function of that type of gallery in which representing art comes first. The relation that these gallery owners have with the artists whose work they show is a long-term one in which the gallery actively follows and stimulates the artist's career. In this respect the gallery owner functions as a confidant for the artist who protects him and relieves him of his obligations in relation to his public, management and exhibitions. Moreover, this type of gallery functions as a meeting place for artists, art lovers, collectors and professionals. The gallery owner acts as a go-between for both the artist and his public. The quality of the gallery is reflected in the fact that the artists represented are shown in highly rated institutes. 'The aim of the work is to help the artist further and to channel him towards the right collectors and museums', wrote Martita Slewe from Slewe Gallery.[5] The major-

3   'The money' is a reference to a legacy. From: 'Kunstwinkel', *Algemeen Handelsblad*, 5 July 1968.

4   Robert Jensen, *Marketing Modernism in Fin-de-Siècle Europe*, Princeton: Princeton UP, 1994, p. 49.

5   *Martita Slewe. Tien jaar Slewe*, Amsterdam: Galerie Slewe, 2004.

Het omvat eveneens het internationale netwerk van de galeriehouder, het publiciteitsmateriaal en de galerie-publicaties – denk bijvoorbeeld aan de hoge vlucht die de bulletins van galerie Art & Project namen – en de beurspresentaties, die een niet te onderschatten rol spelen in de verbreiding van het werk en moeten zorgen voor een financiële buffer. De spil in dit geheel is de galeriehouder zelf, ondersteund door een kleine staf. De cruciale rol van de galeriehouder wordt onderstreept door een uitspraak van Helen van der Meij: 'Een galerie is een kruiwagen. Hij beweegt niet, als je hem niet voortduwt.'[6] Deze galerie-houder is niet alleen het gezicht en de roerganger achter de activiteiten van de galerie, hij is ook diegene die 'de stal' bepaalt. Die stal is, zo zal ook blijken uit de overige teksten in deze publi-catie, een persoonlijke en intuïtieve keuze. De eigen smaak en overtuiging zijn leidend, waardoor elke galerie een herkenbaar profiel heeft. 'The gallery is not a space. The gallery is a perso-nality', schreef Marlene Dumas in de publicatie *Art Gallery Exhibiting*. De nauwe verbondenheid tussen galerie en galeriehouder wordt geïllustreerd door de vele galeries die de naam van hun oprichter dragen (Jeanine Hofland

Contemporary Art, Annet Gelink Gallery, Galerie Martin van Zomeren en ga zo maar door).

COMMERCIE VERSUS IDEALISME

Ondanks de ideologische inslag bevindt de galeriehouder zich altijd in een paradoxale positie tussen ondernemer en liefhebber. Elke galerie bestaat immers bij de gratie van het verkopen van kunst, ondanks de (in Nederland) bescheiden winsten. Op de commercie van de galerie en op de kunstmarkt klinkt een blijvende kritiek, zoals in Anna Tilroes pamflet *De ja-sprong. Naar een nieuwe vitaliteit in de kunst* (2010). Daarin laat zij zich scherp uit over de vercommercialisering van de kunst, waardoor ze tot prestige- en speculatieobject verwordt, en over de dominantie van de markt, die momen-teel niet volgend maar leidend is. Het meest gehoorde commentaar na de be-kendmaking in 2011 van het Gallerist Programme, een eenjarige stoomcursus tot galeriehouder door de Amsterdamse kunstinstelling De Appel, was dan ook dat een non-profit-instelling zich inlaat met het commerciële circuit. Kunstcriticus Peter Schjeldahl nuan-ceert deze soms eenzijdige nadruk op de commercie door te stellen: 'If simply selling were a point, a dealer would need only a room somewhere with a telephone – and there exist many such "private" dealers, parasitic on the life of art. "Public" dealers support the life of art, hosting sure enough culture in

6 Helen van der Meij was
van 1975 tot en met 1984
eigenaar van de Amsterdamse
Galerie Helen van der Meij.
Aangehaald door Paul Andriesse
in: Jan Bart Klaster. 'Dierentuin
waar alles te koop is', *Het
Parool*, juni 1987, p. 4.

ity of these galleries operate on an international scale with regard to both artists and art fairs, and are internationally recognised.

The sphere of operations of this type of gallery is thus much larger than the local exhibition space in which the various shows are organised. It includes the international network of the gallery owner, the publicity material and gallery publications – take, for example, the high circulation that the bulletins of the Art & Project gallery achieved – and presentations at trade fairs, which play a by no means minor role in the diffusion of the work and have to provide a financial buffer. The spider at the centre of this web is the gallery owner himself, with the support of a small staff. The crucial role of the gallery owner is underlined in the words of Helen van der Meij: 'A gallery is a wheelbarrow. It doesn't move unless you push it.'[6] This gallery owner is not just the public face and helmsman behind the gallery's activities, but he is also the one who chooses the gallery circle. That circle, as the other texts in this publication indicate, is a personal, intuitive choice. The gallery owner's own taste and conviction are decisive. As a result, every gallery has a recognisable profile. 'The gallery is not a space. The gallery is a personality', Marlene Dumas wrote in the publication *Art Gallery Exhibiting*. The intimate relation between the gallery and its owner is illustrated by the many galleries that bear the name of their founder: Jeanine Hofland Contemporary Art, Annét Gelink Gallery, Galerie Martin van Zomeren…

COMMERCE VERSUS IDEALISM

In spite of any ideological position, the gallery owner is always caught in the paradoxical position of being both entrepreneur and art lover. After all, every gallery exists by virtue of the sale of art, even if the profit margins are modest (in the Netherlands). The commercial side of the gallery and the art market is always being criticised, as in Anna Tilroe's pamphlet *De ja-sprong. Naar een nieuwe vitaliteit in de kunst* [The yes leap. Towards a new vitality in art] (2010). She slates the commercialisation of art, which turns it into an object of prestige and speculation, and the dominance of the market, which is not following but leading at the moment. The most commonly heard remark after the announcement in 2011 of the Gallerist Programme, a one-year crash course to become a gallery owner organised by the art institution De Appel in Amsterdam, was

6   Helen van der Meij was owner
■   of the Amsterdam Galerie
Helen van der Meij from 1975 to
1984. Cited by Paul Andriesse in:
Jan Bart Klaster. 'Dierentuin
waar alles te koop is', Het
Parool, June 1987, p. 4.

their front rooms in order to command good artists.'[7]

Een interessant bijeffect van deze kritiek is de uitwerking ervan op het galeriecircuit zelf: er wordt veel gepraat over de rol en de betekenis van galeries en over de positie van de galeriehouder. Steeds opnieuw wordt in interviews galeristen gevraagd naar hun motivatie en telkens komt de vermeende tegenstelling tussen de toewijding van de galeriehouder aan kunst en kunstenaars en de galerie als commerciële onderneming aan bod. Betrokkenen bevestigen dat het allereerst om de liefde voor de kunst en het promoten daarvan te doen is en dat verkopen op de tweede plaats komt. Adriaan van Ravesteijn en Geert van Beijeren: 'Eerst komt de liefde voor de kunst, (…), dan de kunstenaar, daarna het kunstwerk.'[8] Paul Andriesse zegt erover: 'Maar het gaat in de eerste instantie ook niet om het verkopen, eerder om het werkzaam te laten zijn. Mijn keuzes zijn niet gebaseerd op het inschatten van een markt, maar op wat ik denk dat goede kunst is.'[9] Dirk Vermeulen van galerie De Praktijk noemde de galerie 'zijn levenswerk', toen hij eind 2007 de deuren ervan sloot.[10] En Marianne van Tilborg van Lumen Travo stelt: 'Als je het commercieel bekijkt, moet je gewoon leuke schilderijtjes verkopen. Maar als ik het over smaak heb, dan heb ik het over grensverleggend werk. Over kunstenaars die je prikkelen, vragen stellen of verwarren. In elk geval geen kunst om behaaglijk in een luie stoel van te genieten. In dat opzicht zijn we concessieloos.'[11]

Het is vreemd dat het fenomeen galerie als belangrijke schakel in het algemene 'kunstbedrijf' erkend wordt, terwijl de commercie steeds als wanklank wordt aangemerkt. Van Ravesteijn maakte ooit een mooie vergelijking waarbij hij de galerie naast de literaire uitgeverij plaatste.[12] De galeriehouder zou zich op dezelfde wijze bekommeren om zijn kunstenaars als de uitgeverij via zijn redacteuren zijn schrijvers begeleidt. Tegelijkertijd hoor je weinig kritiek op de vergelijkbare commerciële positie van de uitgeverij. De hoge winsten in het absolute topsegment van de internationale galeriewereld zijn ongetwijfeld debet aan de kritiek op het galeriewezen. Ondanks dat met deze hoge winst in

7   Peter Schjeldahl, 'Gallery-
phobia', 7 *Days*, 1989, p. 52.
8   'Galerie Art & Project
verhuist naar de Wieringer-
meerpolder', *Vrij Nederland*,
15 september 1990, p. 66.
9   Koos de Wilt, 'Ik ben
huiverig voor goede smaak',
Financieel Dagblad, 24 december
2005, p. 21.
10   Sandra Smallenburg. "'Handel
vond ik altijd oervervelend'",
NRC Handelsblad, 17 december
2007 (Cultureel Supplement).
11   'Galeries aan de gracht',
Eigen Huis & Interieur,
januari 2007', p. 51.
12   Bert Koopman, 'De galeriehouder moet een kleurloos
figuur zijn', *Het Financieele
Dagblad*, 20 oktober 2001.

that a non-profit institution should not get involved with the commercial circuit. The art critic Peter Schjeldahl tempered this at times one-sided emphasis on the commercial aspect by stating: 'If simply selling were a point, a dealer would need only a room somewhere with a telephone – and there exist many such "private" dealers, parasitic on the life of art. "Public" dealers support the life of art, hosting sure enough culture in their front rooms in order to command good artists.'[7]

An interesting side-effect of this criticism is its impact on the gallery circuit itself: there is a lot of talk about the role and significance of galleries and about the position of the gallery owner. Time and again owners of galleries are asked in interviews about their motivation, and each time the supposed contradiction between the dedication of the gallery owner to art and artists and the gallery as a commercial enterprise comes up. Those involved confirm that what comes first is the love of art and its promotion, and that selling only takes second place. Adriaan van Ravesteijn and Geert van Beijeren: 'First comes the love of art (…) then the artist, and then the work of art.'[8] Paul Andriesse: 'But what counts in the first instance is not selling art, but enabling it to produce an effect. My choices are not based on assumptions about the market, but on what I think is good art.'[9] Dirk Vermeulen from De Praktijk called his gallery 'his life's work' when it closed its doors at the end of 2007.[10] And Marianne van Tilborg from Lumen Travo remarks: 'If you look at it commercially, you simply have to sell attractive little paintings. But if I'm talking about taste, I'm talking about innovative work, about artists who stimulate you, raise questions or create confusion. At any rate it's not art to be enjoyed from the comfort of an easy chair. In that respect we make no concessions.'[11]

It is strange that the phenomenon of the gallery is recognised as an important link in the general art market, while commerce is still regarded as out of key. Van Ravesteijn once drew a good parallel when he compared the gallery with the literary publisher.[12] He took the

7   Peter Schjeldahl, 'Gallery-
■   phobia', 7 Days, 1989, p. 52.
8   'Galerie Art & Project
■   verhuist naar de Wieringer-
meerpolder', *Vrij Nederland*,
15 September 1990, p. 66.

9   Koos de Wilt, 'Ik ben
■   huiverig voor goede smaak',
Financieel Dagblad, 24 December
2005, p. 21.
10 Sandra Smallenburg. "'Handel
■   vond ik altijd oervervelend'",
NRC Handelsblad, 17 December 2007
(Cultureel Supplement).
11 'Galeries aan de gracht',
■   *Eigen Huis & Interieur*,
Januari 2007, p. 51.
12 Bert Koopman, 'De galerie-
■   houder moet een kleurloos
figuur zijn', *Het Financieele
Dagblad*, 20 October 2001.

principe niets mis hoeft te zijn, is het Amsterdamse circuit niet te vergelijken met deze zwaargewichten in commerciële zin, die voornamelijk in New York en Londen opereren. Het Nederlandse circuit is kleinschaliger dan in deze steden, waar topgaleries fungeren als ware kunstinstituten, met tientallen werknemers in dienst.

Een wezenlijk kenmerk dat de galerie onderscheidt van de kunsthandel, dat in het citaat van Schjeldahl al werd aangehaald, is haar openbaarheid. De galerie bestaat immers bij de gratie van datgene wat ze toont en wat daardoor zichtbaar is voor kijkers en kopers. Het is van belang dat werk van kunstenaars, zeker van beginnende, gezien wordt. De galerie fungeert daarbij als openbare tentoonstellingsruimte. Kunstenaars kunnen de galerieruimte gebruiken als 'speeltuin' en deze naar hun eigen hand zetten. Er zit geen curator 'tussen'; de lijnen zijn heel kort.

Paradoxaal genoeg is de relatieve ontoegankelijkheid of ongastvrijheid die galeries soms zouden uitstralen een terugkerende kritiek in galerierecensies. 'De Amsterdamse galeries Art & Project, Swart, Helen van der Meij en Van Krimpen, in sommige kringen ook wel de galeries van het eerste garnituur genoemd, zijn voor niet-ingewijden ongenaakbaar. Met uitzondering van Van Krimpen zijn de ramen dichtgemaakt of zijn er helemaal geen ramen. Allen [sic] hebben zij de afstandelijke allure van de grote Amerikaanse galeries als Castelli in New York, waar de nieuwste kunst afgeschermd van het boze publiek gemaakt werd en nog gemaakt wordt', zo schrijft Ella Reitsma al in 1982.[13] Dat deze schijnbaar ongastvrij ogende ruimte ook een andere reden kan hebben, onderstreept Andriesse: 'Je stapt uit de onrust en het laweit [sic] van de straat in een gedragen ruimte. Een oase van rust, een meditatieve plek: dat is het eigenlijke idee.'[14]

Vanzelfsprekend benadrukken galeriehouders zelf ook het belang van publiek – en daarmee het belang van het spreken en discussiëren over kunst – in de talloze artikelen en interviews. Wanneer begin jaren tachtig vijftien Amsterdamse galeries gezamenlijk een 'open huis' organiseren, is in het persbericht te lezen: 'Zeer velen, die voordien nooit de drempel van een galerie hadden overschreden, waagden zich in galerieën, en kregen een indruk wat zich daar afspeelt. Dit is dan ook wat we in de eerste plaats beogen: duidelijk maken dat de galerie er niet alleen is voor de kunstverzamelaars, maar dat iedereen met belangstelling voor kunst van harte welkom is. Te vaak nog heerst de mening, dat wie een galerie binnengaat, verplicht is te kopen of veel van kunst moet afweten om niet een dom figuur te slaan.' Ook voor de galeriehouder maakt de directe omgang met kunstwerken en met het publiek het

13 Ella Reitsma. 'De avant-
garde en het grote geld',
Vrij Nederland, 1982.
14 *Jordaankrantje,*
februari 2003.

gallery owner to be concerned about his artists in the same way that the publishing house cares for its authors via its editors. At the same time you hear little criticism of the comparable commercial position of the publisher. The high profits in the absolute top segment of the international gallery world are no doubt the cause of the criticisms of the gallery circuit. There is in principle nothing wrong with these high profits anyway, but the Amsterdam circuit cannot be compared with these commercial heavyweights, who operate mainly in New York and London. The Dutch circuit is on a smaller scale than in those cities where top galleries operate as genuine art institutes with dozens of staff members.

An essential characteristic that distinguishes the gallery from the art dealer, as Schjeldahl already made clear, is its openness. After all, the gallery exists by virtue of what it shows and of what is thereby visible to viewers and buyers. It is imperative that the work of artists, especially if they are starting out, should be seen. The gallery functions as a public exhibition space. Artists can use the gallery space as a playground and adapt it to their needs. There is no curator in between; the lines are very short.

Paradoxically enough, the relative inaccessibility or lack of hospitality that galleries are sometimes accused of is a recurring criticism in reviews of galleries. 'The Amsterdam galleries Art & Project, Swart, Helen van der Meij and Van Krimpen, in some circles known as the top-ranking galleries, are unapproachable for the non-initiate. With the exception of Van Krimpen, the windows are shuttered, if they have any windows at all. They all have the aloof allure of the big American galleries like Castelli in New York, where new art was and still is made sheltered from the angry public', Ella Reitsma already wrote in 1982.[13] Andriesse underlines that there may be a different reason for this apparently inhospitable-looking space: 'You leave the bustle and noise of the street and enter a solemn space, an oasis of calm, a place for meditation: that is the real idea.'[14]

Of course, gallery owners themselves also emphasise the importance of the public – and thereby the importance of talking about and discussing art – in numerous articles and interviews. When fifteen Amsterdam galleries organised a joint open house in the early 1980s, the press release ran: 'Very many who had never crossed the threshold of a gallery before ventured into galleries and gained an impression of what goes on there. That is what we are aiming for in the first place: to make it clear that the gallery is not

13 Ella Reitsma. 'De avant-garde
■   en het grote geld', 1982.
14 *Jordaankrantje*,
■   February 2003.

27

hebben van een galerie aantrekkelijk: hij kan zijn eigen enthousiasme rechtstreeks delen met belangstellenden en professionals.

De ondernemingszin van de Amsterdamse galeriehouders kan niet uitgevlakt worden. De meeste galeries hebben enkele gewaardeerde en goedverkopende kunstenaars, die de financiële motor zijn voor de onderneming. Men gaat enkele malen per jaar naar beurzen in het buitenland, hoewel de binnenlandse markt een belangrijke inkomstenbron blijft. Op internationaal niveau spelen de galeries mee, zij het op beperkte schaal. Zo schrijft Robert-Jan Muller in 'Amsterdamse galeries hebben de gemeente Amsterdam niet nodig': 'Ze zijn ambitieus, maar de grenzen worden gesteld door een, in internationaal opzicht, bescheiden en relatief kalme interne kunstmarkt, waar verzamelaars; zowel institutioneel als particulier, een vaste basis vormen voor een gezonde kunstmarkt.'[15]

Kunstbeurzen, vooral een aantal prestigieuze in het buitenland, spelen een belangrijke rol in de (internationale) ontwikkeling van Nederlandse kunstenaars. Galeriehouders komen op deze beurzen in contact met elkaar, met tentoonstellingsmakers en verzamelaars. De veelzijdigheid, grootte en internationale reikwijdte van het lokale galeriecircuit bepaalt gedeeltelijk hoe de kaarten voor Nederlandse kunst en voor kunstenaars die gerepresenteerd worden door Nederlandse galeries internationaal liggen. Galeriehouder Ron Mandos zegt hierover: 'Het is een investering op lange termijn voor je galerie en kunstenaars. Die krijgen internationale exposure, waardoor, als je goed hebt gekozen, hun status toeneemt.'[16]

Daarnaast is het voor Nederlandse kunstenaars van belang om samen met buitenlandse kunstenaars in een galerie vertegenwoordigd te worden. Buitenlandse ontwikkelingen worden op die wijze naar Nederland gehaald en andersom. Indien het lokale galeriecircuit beperkt is, heeft dat ook directe gevolgen voor kunstenaars: het frustreert gedeeltelijk deze wisselwerking tussen lokale en internationale tendensen.

De Amsterdamse galeries verstevigen samen met onder andere musea, presentatie-instellingen, kunstenaarsinitiatieven en opleidingscentra de positie van Amsterdam als 'creatieve stad'. Er bestaat een grote mate van vervlechting tussen deze instellingen en er zijn veel onderlinge contacten. Zo nemen Amsterdamse galeriehouders graag talent van de Rijksakademie en De Ateliers op in hun stal en laten soms tentoonstellingen maken door tentoonstellingsmakers van buiten.

15 Robert-Jan Muller.
■ 'Amsterdamse galeries hebben de gemeente Amsterdam niet nodig', *Simulacrum*, 18 (2010) 4, p. 31.

16 Bob Witman. 'Verzamelaars
■ worden weer gretig', *de Volkskrant*, 24 februari 2011 (kunstbijlage).

just there for the art collectors, but that anyone with an interest in art is warmly welcome. Only too often the idea still prevails that if you enter a gallery you are obliged to buy something or to know a lot about art in order not to create a stupid impression.' The direct contact with works of art and with the public makes owning a gallery attractive for the gallery owners too: they can share their enthusiasm directly with interested parties and professionals.

The spirit of enterprise of the Amsterdam gallery owners cannot be discounted. Most of them have a few acclaimed artists who sell well and form the financial engine of the enterprise. They visit art fairs abroad a couple of times a year, although the domestic market remains an important source of income. The galleries do play a part internationally, but on a limited scale. Robert-Jan Muller wrote in 'Amsterdamse galeries hebben de gemeente Amsterdam niet nodig' [Amsterdam galleries have no need of the Amsterdam local authority]: 'They are ambitious, but the limits are determined by what by international standards is a modest and relatively calm internal art market where both institutional and private collectors form a solid foundation for a healthy art market.'[15]

Art fairs, especially a number of prestigious ones abroad, play an important role in the (international) career of Dutch artists. Gallery owners come into contact with colleagues, curators and collectors at these fairs. The multi-faceted nature, size and international range of the local gallery circuit determines to some extent the international profile of Dutch art and the artists who are represented by Dutch galleries. The gallery owner Ron Mandos: 'It is a long-term investment for your gallery and the artists. They receive international exposure and, if you have made the right choice, their status increases as a result.'[16]

In addition, it is important for Dutch artists to be represented alongside foreign artists in a gallery. In this way developments abroad are brought to the Netherlands and vice versa. If the local gallery circuit is limited, this has direct consequences for the artists too: it partly frustrates this interaction between local and international trends.

Together with museums, presentation institutions, artists' initiatives, training centres and others, the Amsterdam galleries strengthen the position of Amsterdam as a creative city. There is a good deal of interlinking between these institutions

15 Robert-Jan Muller. 'Amsterdamse galeries hebben de gemeente Amsterdam niet nodig', *Simulacrum*, 18 (2010) 4, p. 31.

16 Bob Witman. 'Verzamelaars worden weer gretig', *de Volkskrant*, 24 February 2011 (kunstbijlage).

Juliètte Jongma van de gelijknamige galerie zegt hierover: 'Met mijn galerie wil ik voorkomen dat talent van hier naar het buitenland verdwijnt en daar furore maakt, zoals bijvoorbeeld is gebeurd met Michael Raedecker.'[17]

Samen met non-profit-instellingen bepaalt de commerciële galeriesector de reikwijdte, diversiteit en grootte van het lokale kunstaanbod. De kwaliteit en verscheidenheid hiervan versterken de aantrekkingskracht van een stad op (buitenlandse) kunstliefhebbers, -kopers en professionals. Deze positieve invloed van de culturele sector op de stedelijke leefomgeving wordt door gemeenten maar al te graag benadrukt. Zo riep Amsterdam zich in 2009 uit tot Art City. Toch was destijds het Stedelijk Museum gesloten en had De Appel een zwervend bestaan. Het Rijksmuseum kon (en kan) door grootscheepse verbouwingen enkel zijn kerncollectie tonen.[18] Vooral de sluiting van het Stedelijk werd door verschillende partijen aangemerkt als desastreus, ook door de galeriesector. Kunsthandelaar en -adviseur Willem Baars merkte naar aanleiding hiervan op dat het Stedelijk zich zou hebben ingegraven en 'iedere galeriehouder met ambitie'[19] met de positie en de uitstraling van het museum

te maken heeft. Uit onderzoek blijkt dat de hoofdstad wegens de sluiting van de musea jaarlijks een miljoen toeristen misloopt en dat de stad als een minder aantrekkelijke vestigingsplek wordt gezien.[20] Bij de promotie van Amsterdam als Art City werd daarnaast voorbijgegaan aan de vele galeries voor eigentijdse kunst in Amsterdam en de rol die zij spelen in het cultuuraanbod, volgens Muller. Hij schrijft: 'Amsterdam heeft ingezet op toerisme, terwijl de galeries en andere zelfstandige kunstinstellingen het moeten hebben van zelfredzaamheid.'[21] Dat blijken de galeries over het algemeen goed te kunnen, ondanks de economische malaise en de sluiting van belangrijke instellingen.

Toch is de relatieve kleinschaligheid van het Amsterdamse galeriewezen velen een doorn in het oog. Die zou mede afhankelijk zijn van de geringe promotie van Nederlandse kunstenaars in het buitenland door andere spelers in het kunstbedrijf. Annet Gelink nuanceert deze kritiek door te stellen: 'We hebben in Amsterdam een aantal waanzinnig goede galeries die schitterende tentoonstellingen maken, kunstcentrum De Appel, platform W139, de beurs Art Amsterdam en een aantal spannende undergroundplekken. Vergeleken met andere grote Europese steden is het hier zeer bruisend. Maar Nederlanders hebben

17   In: Roos Gortzak, 'Professionaliteit zit in de details', *de Volkskrant*, 4 september 2004 (kunstbijlage).
18   Muller, op. cit. (noot 15) p. 30.
19   Mark Moorman, '"Ik hou van stroeve, lastige types"', *Het Parool*, 7 april 2011.
20   Muller, op. cit. (noot 15), p. 30.
21   Muller, op. cit. (noot 15), p. 30.

and they have many contacts with one another. For instance, galleries in Amsterdam like to include talent from the Rijksakademie and De Ateliers in their circle and sometimes invite external curators to organise their exhibitions. Juliètte Jongma from the gallery of the same name: 'I want to use my gallery to prevent talent from here disappearing abroad and creating a stir there, as happened with Michael Raedecker, for example.'[17]

The commercial gallery sector and the non-profit institutions determine the scope, diversity and size of the local art supply. Its quality and diversity increase the attractiveness of a city for (foreign) art lovers, buyers and professionals. This positive influence of the cultural sector on urban life is emphasised only too keenly by local authorities. Amsterdam proclaimed itself Art City in 2009, though at a time when the Stedelijk Museum was closed and De Appel led a nomadic existence. As a result of large-scale renovation, the Rijksmuseum was and still is unable to show more than its core collection.[18] The closure of the Stedelijk Museum was seen by many, including the gallery sector, as a disaster. The art dealer and consultant Willem Baars commented in this connection that the Stedelijk Museum had dug itself in and that 'every gallery owner with ambition'[19] is affected by the position and image of the museum. Research has demonstrated that the closure of the museums costs the capital a million visitors a year and reduces the attractiveness of the city as a business location.[20] The promotion of Amsterdam as Art City also bypassed the many galleries for contemporary art in the city and the role that they play in the cultural supply, Muller argues. He writes: 'Amsterdam has placed high stakes on tourism, while the galleries and other independent art institutions have to make it on their own.'[21] Generally speaking, the galleries seem to be able to do so admirably, in spite of the economic malaise and the closing down of important institutions.

All the same, the relatively small scale of the Amsterdam gallery circuit is viewed with regret by many. It is taken to be partly the result of the low level of promotion of Dutch artists abroad by other players in the art business. Annet Gelink redresses the balance when she states: 'We have a number of amazingly good

17 In: Roos Gortzak, 'Professionaliteit zit in de details', de Volkskrant, 4 September 2004 (kunstbijlage).
18 Muller, op. cit. (note 15) p. 30.
19 Mark Moorman, '"Ik hou van stroeve, lastige types"', Het Parool, 7 April 2011.
20 Muller, op. cit. (note 15), p. 30.
21 Ibid.

vaak het idee dat het ergens anders net iets leuker is.'[22] In zijn essay 'De Amsterdamse galerie in een mondiale markt' gaat Olav Velthuis uitgebreid in op de vraag of de visie dat het Amsterdamse galeriebestel amateuristisch en provinciaals is in vergelijking met omringende galerielanden wel strookt met de beschikbare cijfers en feiten.

Galeriehouders zien het, ondanks de tijdelijke sluiting van instellingen en de tegenvallende economie, niet zo somber in. Verschillende galeries openden in de afgelopen jaren hun deuren. Pietje Tegenbosch en Martin van Vreden, eigenaars van galerie Tegenboschvanvreden, vonden eind 2009 juist een goed moment om een galerie te openen: 'Vanaf nu kan het alleen maar beter gaan met de economie. Bovendien, wie zich nu met kunst bezighoudt, houdt echt van kunst.'[23] Ook Willem Baars opende in maart 2011 een galerie in Amsterdam en Wim van Krimpen volgde in september. Ondanks de relatieve kleinschaligheid van de Nederlandse kunstmarkt bloeit het hoofdstedelijke galeriewezen. Muller stelt dan ook dat Amsterdam weliswaar Art City genoemd mag worden, maar 'vooral door de kunstsector waarvan de gemeente zich afzijdig houdt'.[24]

De groei van de Amsterdamse galeriewereld in de afgelopen decennia heeft er in het algemeen niet toe geleid dat galeriehouders elkaar als concurrent benaderen. Ze zien hun afzonderlijke posities eerder verstevigd met de komst van ambitieuze collega's. Sommige galeries bundelen zelfs tijdelijk hun krachten. Zo exposeerden vier galeries bij de aftrap van het nieuwe seizoen in 2011 gezamenlijk op één locatie. Bijzonder was dat ze daarbij de winst gelijkelijk onder elkaar verdeelden, om zo de concurrentie te bestrijden.[25] In het algemeen heeft elke galerie door haar individuele signatuur een eigen plek en een eigen verzamelaarspubliek binnen het overkoepelende aanbod. De commerciële inslag van de galerie gaat daarbij samen met haar functie als openbare tentoonstellingsruimte en als plek voor discussie over kunst.

Met diverse invalshoeken en inspirerende voorbeelden geeft *Positioning the Art Gallery* een beknopt overzicht van de ontwikkeling van het Amsterdamse galeriebestel. De verschillende essays bieden geen alomvattend perspectief, maar fungeren als aanknopingspunten voor verdere verdieping en discussie. Daarmee

22 Annet Gelink, 'Kunstfonds schakelt verkenners in', *N.A.P. Magazine*, nr. 4, voorjaar 2008.
23 Truus Ruiter, 'Pietje ("nooit een galerie") Tegenbosch begint galerie; accent echte kunstliefhebbers', *de Volkskrant*, 4 november 2009.
24 Muller, op. cit. (noot 15), p. 31.
25 'Galeries bundelen krachten', *de Telegraaf*, 22 september 2011.

galleries in Amsterdam that put on fantastic exhibitions, art centre De Appel, platform W139, Art Amsterdam and a number of exciting underground locations. Compared with other large European cities, it's certainly very lively here. But Dutch often have the idea that it is slightly better somewhere else.'[22] In his essay 'The galleries of Amsterdam in a global market', Olav Velthuis goes in detail into the question of whether the view that the Amsterdam gallery system is amateurish and provincial by comparison with neighbouring gallery countries is compatible with the available statistics and facts.

In spite of the temporary closing down of institutions and the economic recession, gallery owners are not so pessimistic. Several galleries were opened in the last few years. Pietje Tegenbosch and Martin van Vreden, the owners of the Tegenboschvanvreden gallery, found the end of 2009 the right moment to open a gallery: 'From now on the economy can only get better. Besides, anyone who is involved with art at the moment is a real art lover.'[23] Willem Baars opened a gallery in Amsterdam in March 2011, followed by Wim van Krimpen in September of the same year. Despite the relatively small scale of the Dutch art market, galleries in the capital are flourishing. Muller believes that Amsterdam does deserve the name of Art City, but 'mainly thanks to the art sector from which the local authority remains aloof'.[24]

The growth of the Amsterdam gallery world in the last few decennia has on the whole not led gallery owners to regard one another as rivals. They tend rather to see their individual positions strengthened with the arrival of ambitious colleagues. Some galleries even join forces on an ad hoc basis. For instance, four galleries had a joint exhibition in one location at the start of the new season in 2011. An unusual feature was that they divided the profit equally among one another to beat the competition.[25] In general, the individual character of each gallery confers on it a place and a circle of collectors of its own within the overarching supply. The commercial aspect of the gallery is combined with its function as a public exhibition space and as a place for debate on art.

By presenting a variety of perspectives and inspiring examples,

22 Annet Gelink, 'Kunstfonds schakelt verkenners in', *N.A.P. Magazine*, no. 4, spring 2008.
23 Truus Ruiter, 'Pietje ("nooit een galerie") Tegenbosch begint galerie; accent echte kunstliefhebbers', *de Volkskrant*, 4 November 2009.
24 Muller, op. cit. (note 15), p. 31.
25 'Galeries bundelen krachten', *de Telegraaf*, 22 September 2011.

wordt niet alleen de jongere geschiedenis beknopt gedocumenteerd, maar kunnen we hopelijk ook een aanzet geven tot een oriëntatie op de huidige betekenis en ontwikkelingen van het galeriebestel voor de Amsterdamse en Nederlandse kunstcontext.

***Positioning the Art Gallery* provides a concise picture of the development of the gallery system in Amsterdam. The various essays do not offer a comprehensive view, but function as starting points for further study and discussion. We hope not only to have documented the more recent history, but also to provide a stimulus for an orientation towards the present significance and developments of the gallery system for the art context of Amsterdam and of the Netherlands.**

spreid, is niet langer [...] vankelijke goedkeuring heeft ingetrokken. Dat is mogelijk omdat de vergadering van aandeelhouder Stichting NBBS niet is doorgegaan. Enkele heren bestuursleden zaten die avond liever in de skybox bij de EK-wedstrijd Nederland-België.

Van der Zijl (62), voormalig bestuurder van matrijzenmaker Axxicon, is in de herfst van 2000 binnengehaald met de opdracht de NBBS-organisatie op de schop te nemen en een nieuwe aandeelhouder te zoeken. Op dat moment zijn

hij, weet hij exact welke pagina's renderend zijn en welke niet. Bij het modulaire NBBS-aanbod was dat onmogelijk. Via de Salomonseilanden naar Nieuw-Zeeland en terug via Alaska en Quebec, alles kon worden geboekt. Medewerkers van de reiswinkels zaten desnoods twee uur achter de terminal om dat ene goedkope ticket te vinden voor een stop-over op Paaseiland. Touroperating en losse ticketverkoop liepen in elkaar over, ook administratief.

Wat de OAD-directeur wel kan

schap een solvabiliteit van [...]. [...]trekking van de SGR-dekking is [...]n impliciet doodvonnis. Welke klant zou dan nog zo dom zijn bij NBBS te boeken? Met een bankgarantie en een wekelijkse opgave aan de SGR van het binnenkomende geld wordt dat noodlot voorlopig afgewend.

Verder is hij druk met het opstellen van twee nieuwe jaarrekeningen: één over 1999 en één over 2000. De jaarrekening over 2000 is met veel moeite in mei klaar. Van der Zijl, die niet afkomstig is uit de

resultaat over 2001 dankzij ingrijpende maatregelen [...] zal uitkomen, mits de marktomstandigheden niet veranderen.

De tijd begint te dringen. De ene na de andere overnamekandidaat meldt zich in Leiden. Een vertegenwoordiger van het studentenreisbureau USIT uit Ierland, die een cheque meebrengt van een miljoen gulden, wordt letterlijk de deur gewezen. De Dutch Leisure Group, dochter van het Britse Airtours, heeft slechts belangstelling voor de

1999 altijd een nette winst rapporteerde, is met flinke vaart de afgrond ingegleden. In drie jaar tijd veranderde het eigen vermogen van ƒ 11,5 miljoen in een negatief eigen vermogen van ƒ 12 miljoen. En toen was zelfs een overnamesom van een gulden aan de hoge kant voor de concurrentie.

'Voorzover ik het kan zien, heeft NBBS operationeel eigenlijk nooit winst gemaakt', oordeelt Bart van der Zijl. 'Er was altijd wel veel geld, want de reiziger betaalde vooruit

nooit het doel geweest [...] 'We maakten ieder jaar [...] ke winst, de ene keer e[...] het andere jaar ande[...] president-commissaris [...] stamm. 'Ons doel was [...] zo goedkoop mogelijk [...] zen. We zijn in 1927 ni[...] gekomen om een reisbu[...] nen, maar om studer[...] mogelijk van de were[...] zien.' Kohnstamms eige[...] rige band met NBBS v[...]

VERVOLG O[...]

'Galeriehouder moet kleurloos figuur zijn'

Volgens branche-nestor Adriaan van Ravesteijn van Art & Project zijn galeries niet te sturen

BERT KOOPMAN

Een prachtige najaarsochtend in de Wieringermeer. Het Mondriaan-achtige landschap met zijn rechte lijnen doet in niets denken aan de huidige wereldwanorde. In Slootdorp resideren galeriehouders Adriaan van Ravesteijn (63) en Geert van Beijeren (67). Ze bewonen het gerenoveerde gemeenschapshuis van het voormalige joodse werkdorp uit de jaren dertig. Vluchtelingen werden daar destijds vertrouwd gemaakt met moderne landbouwtechnieken.

Art & Project is een begrip. De galerie start in 1968 in Amsterdam en verhuist in 1990 naar Slootdorp. In biografieën van veel kunstenaars die de laatste dertig jaar furore maakten komt de naam van de galerie voor. Talloze kunstenaars exposeren er aan het begin van hun carrière: Nederlanders als Stanley Brouwn, Ger van Elk, Emo Verkerk, maar ook buitenlanders als Gilbert & George, Richard Long

en Nicholas Pope. Van Ravesteijn en Van Beijeren hebben inmiddels geen vaste verbintenissen meer met kunstenaars. Ze organiseren wel regelmatig tentoonstellingen.

Of de internationale crisis de sector zal veranderen, is de vraag aan Van Ravesteijn. 'Nederlandse galeries zijn kleinschalig, ze kunnen alle stormen doorstaan', riposteert hij. Wel voorziet de nestor van het Nederlandse galeriewezen enige stormschade. Reguliere kopers zullen een afwachtende houding aannemen. Kunst is geen eerste levensbehoefte. Ook collectioneurs zullen zich tijdelijk minder laten zien. Dit betekent dat sommige van de circa 600 galeries wellicht het loodje leggen. Ook kunstenaars zullen verdwijnen en hun toevlucht zoeken in een ander beroep.

Echt dramatisch zal het niet zijn. Volgens Van Ravesteijn heeft de Nederlandse branche zich tijdens vorige crises steeds hersteld. Ze heeft de vitaliteit zich aan te kunnen passen aan nieuwe situaties.

Daarom voldoet de galerie als instituut nog uitstekend. Hij refereert aan de Golfoorlog. 'Er kwamen toen allerlei wilde verhalen uit New York en Londen. Ook toen werd de teruggang in Nederland gevoeld. Rampzalig was het niet.'

Tegen deze achtergrond ergert hij zich aan bedilzucht en dirigisme van onderzoekers en ambtenaren die alles menen te kunnen reguleren (zie ook pagina 25). 'Galeries zijn niet te sturen. De Boekmanstichting en de Mondriaan Stichting staren zich blind op grote buitenlandse galeries met twintig mensen in dienst. Vervolgens zeggen ze dat Nederlandse galeries niet commercieel en internationaal zijn.'

Fel: 'Instellingen als de Boekmanstichting en de Mondriaan Stichting worden steeds groter. Ze trekken steeds meer naar zich toe en verbeelden zich dat ze precies weten hoe het galeriewezen functioneert. Bij die stichtingen gaan miljoenen om; de kunstenaars — waar het allemaal om draait —

blijven arm. En jaarlijks komen er honderden afgestudeerden bij. Uit armoede schilderen ze decors bij Endemol. Het blijft schrapen.'

Hij vindt de discussie verziekt: 'Jonge kunstenaars zeggen al dat ze alleen een galerie in het buitenland nodig hebben. Dat is flauwekul. Het eerste wat een buitenlandse galerist zo'n kunstenaar vraagt is bij wie hij in eigen land toont. Een goede Nederlandse galerie heeft altijd contacten in het buitenland. Maar cultuurambtenaren willen zelf op reis om te controleren of het klopt, weg van hun suffige bureaus en dito doorzonwoningen.'

Van Ravesteijn kent het klappen van de zweep. 'Elk land heeft een bruisend en vitaal galeriecircuit nodig. Daar komen buitenlandse galeries vanzelf op af. Maar iedere kunstenaar begint zijn loopbaan vrijwel altijd in eigen land. Art & Project heeft naast Nederlandse steeds buitenlandse kunstenaars gebracht. Samenwerking met buitenlandse galeries ontstond als vanzelf.'

De voormalige topgalerist ziet een galerie als een samenbundeling van kunstenaars en verzamelaars. Van Ravesteijn schat het aantal goed functionerende galeries in Nederland op 25. 'Als die allemaal tien kunstenaars vertegenwoordigen zit je al op 250. Dat is heel wat als je het tableau de la troupe bekijkt. Doorgaans heeft een galerie drie à vier echte toppers. Daar bestaat ze van.'

Het gesprek komt op overeenkomsten en verschillen tussen de galerie en de literaire uitgeverij. Zoals een uitgever via zijn redacteuren zijn schrijvers begeleidt, zo bekommert de galeriehouder zich om zijn kunstenaars. Van Ravesteijn roept het beeld op van een moeder die de tekeningen van haar kleuter koestert. 'Als de liefde nog zo is, dan ben je ruimhartig en verdedig je de kunstenaar te vuur en te zwaard.'

De verhouding tussen galeriehouder en kunstenaar wordt nogal eens geromantiseerd. Volgens Van Ravesteijn zijn de brieven van Van

Gogh aan zijn broer [...] aan. 'In feite word[t ...] gesproken over geld e[n ...] zaken.'

Verschillen tussen [...] uitgeverijen zijn er ook[...] ver wil een schrijver l[...] ren én doorbreken bij [...] Dat vergt investering [...] en promotie. Er staat [...] op het spel. Een galer[...] een schilderij maar é[...] vinden. De kunstenaa[...] sen blijven hopen da[t ...] later meer wordt geap[...] toekomstverwachtinge[n ...] uitgesteld.'

Van Ravesteijn heef[t ...] rijke verschuiving mee[...] de verhouding tussen [...] der en kunstenaar hee[...] Toen hij en zijn partn[...] werden schilderijen — [...] en post-Cobra-schild[...] beeld — aangeleverd, [...] en na verloop van tij[...] haald om vervolgens [...] poseerd te worden.

VERVOLG [...]

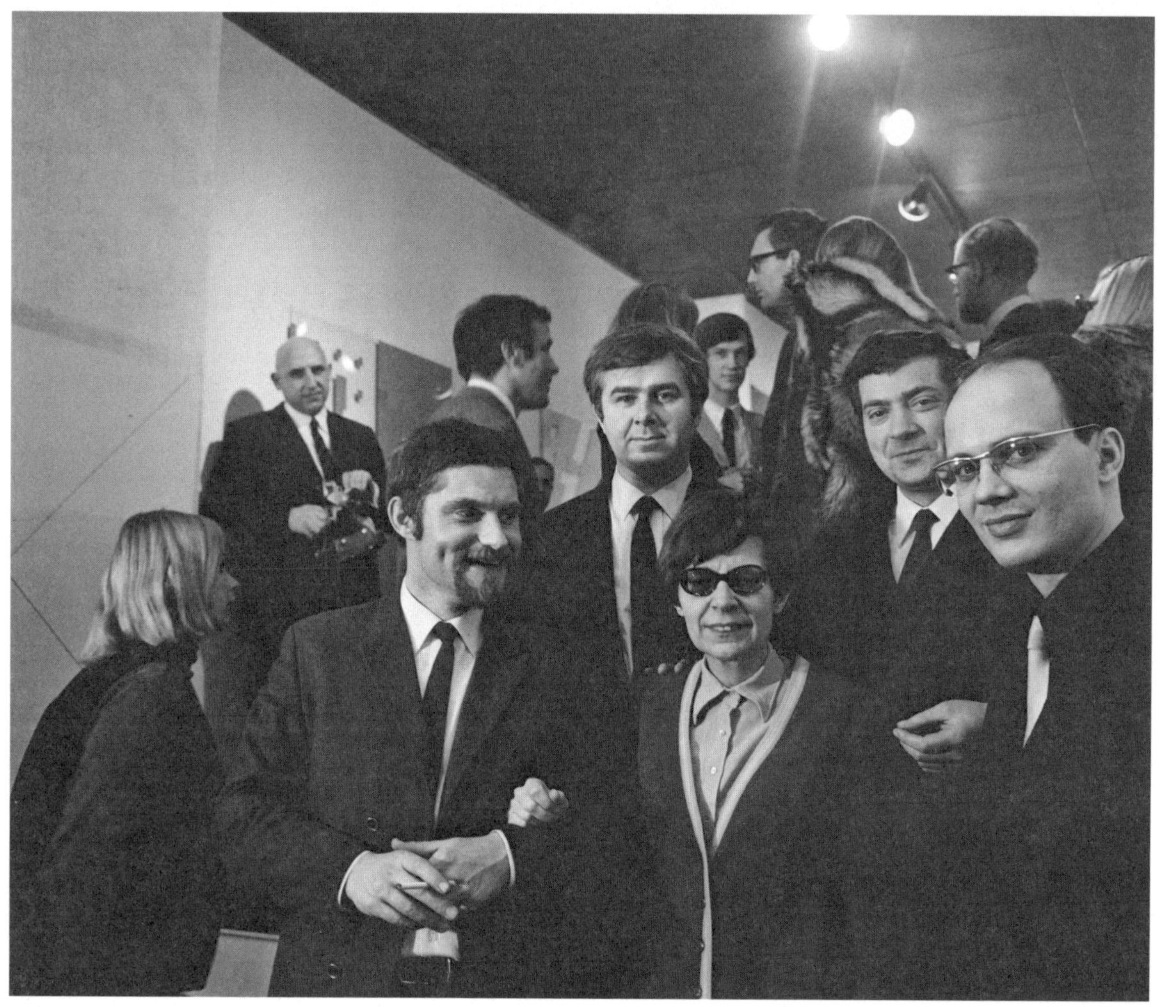

Galerie Swart, met op de voor-
grond Ad Dekkers, Hans Koetsier,
Riekje Swart, Bob Bonies en Peter
Struycken

**Galerie Swart, with in the fore-
ground Ad Dekkers, Hans Koetsier,
Riekje Swart, Bob Bonies and Peter
Struycken,** 1968

Foto/Photograph:
© Bram Wisman/MAI

POINTS ON DEALER
ARTIST RELATIONSHIP
Jack Tilton

- family unit
- philosophy, artist, dealer
- muse vs. encouragement
- idea of independence
- idea of control vs. aid
- idea of development both artist and dealer
- idea of nutriment - two ways - artist dealer, dealer artist
- idea of criticism
- human element
- idea of artist leaving
- money & business
- power & career
- recognition vs. privacy
- the forming critical circle
- politics, who, how and where
- idea of artist as business unit vs. gallery business unit
- idea of enjoyment vs. pain
- idea of slow growth - healthy like a tree vs. weeds
- idea of long range
- situation of losing one's interests & beliefs in an artist or dealer
- idea of dealer - being connoisseur and businessman vs. a psychoanalyst
- idea of suffering/lack of understanding from public, press, collectors, museums
- artist one believes in and works for years then leaves vs. morality
- collector not paying or not giving a painting back to the original dealer upon resale
- producing an exhibition which has no response yet one believes in
- watching an artist go down the wrong road - tubes i.e., drinking etc...
- idea of being as excited by an artist's work as they are/more so
- encouragement
- idea of treating artist well
- idea of presenting their own enthusiasms in a way that the artist respects - proper
- communication to public

- idea of keeping one's independence & ideas
- concept of protecting an artist against public
- concept - dealer saves artist time to do his work - photos, shipping, invoices, selling, etc...
- idea of a dealer really understanding the artists' work
- the understanding/encouraging that an artist has to save certain works for him to sell to have in the studio

WHAT THE DEALER GETS

- positive energies from artists/the creative
- positive response for selected people
- watching the development of a great creative individual — dealer lives for idea that one is actually doing something in the world for its betterment
- the feeling that one has actually helped an artist
- idea that an exhibition or artist has actually changed one's life
- the conversations are to be lived for i.e., discussions & arguments
- idea of wearing many hats - being able to mix with the richest of the rich - and the poorest of the poor and being able to converse in any world
- idea of developing one's eye - through your own gallery artists
- knowing when not to disturb an artist vs. knowing when they need attention
- knowing when an artist is finished with a particular work
- knowing when an artist should slow down vs. helping them around road blocks to produce
- knowing the difference between encouragement vs. pushing them and trying to steer them too much
- being ethical in terms of business relationship, payments, informing of sales, etc...

[1989]

Espace investeert al veertig jaar in kunstenaars

De praktijk van Espace, de nestor van de galeriewereld,
leert dat het wat gezochte onderscheid tussen galerie en kunsthandel
te weinig ruimte laat voor nuances.

DOOR BERT JANSEN

galerie van
galerie Es-
aat veertig
erinner me
jaar gele-
s de galerie
van dienst.
en extra di-
h realiseert
ezelfde tijd
unst begon-
de huidige
g voor ei-
et bestond.
elling in ga-
ts in het na-
er anderen
lvekamp en
erne kunst
van enkelin-
ubliek was
over te la-
van spot-
en kranten-
arse Cobra-
unst en het
van dertig
jaren twin-
et een ver-
op de we-

u te realise-
s het Stede-
rdam en het
Eindhoven
nen met het
sso en Kan-
lassieke mo-
an de eeuw.
at werk als-
n, in dezelf-
eurende be-
e ze eigen-
oordeelden.
halverwege
Eva Bendien
ten in Haar-
innen. Espa-
het Franse
or de kunst-
nverdieping
de galerie
am heeft te
eersende po-
ds. De beide
en daar vaak
Cobra-kun-
l, Corneille
n en prenten
ars als Bis-

een verkla-
van de naam
destijds een
anse moder-
de jaren vijf-
sme et Espa-
aire' werden

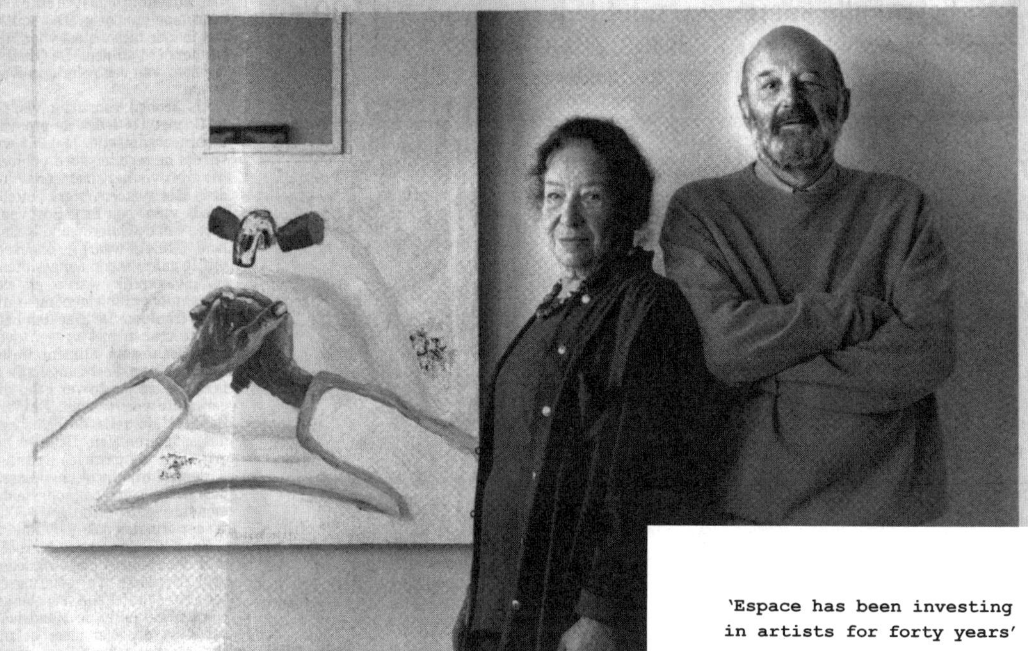

Eva Bendien en Rutger Noordhoek Hegt: ...langdurige samenwerking met kunstenaars...

PLEITBEZORGERS VAN DE EIGENTIJDSE KUNST
DE OPKOMST VAN AMSTERDAMSE GALERIES NA DE TWEEDE WERELDOORLOG

Noor Mertens

Het ontstaan van de kunsthandel, en in het verlengde daarvan de galerie, is verbonden met de opkomst van de burgerlijke cultuur in het zeventiende-eeuwse Nederland. Kunst is niet langer voorbehouden aan een kerkelijke of adellijke elite, waardoor kunstenaars voor hun opdrachten niet meer afhankelijk zijn van de kerk en van een kleine groep mecenassen.[1] De burgerlijke cultuur groeit, het verzamelen van kunst is niet meer voorbehouden aan een kerkelijke of adellijke elite. Vanaf de negentiende eeuw kunnen kunstenaars hun werk ook tonen in kunstenaarsverenigingen en in tentoonstellingen georganiseerd door de overheid. Wanneer de vraag naar contemporaine kunst in de negentiende eeuw toeneemt, professionaliseert de kunsthandel. Verschillende handelaren hebben eigen toonruimtes, men geeft catalogi uit en legt internationale contacten. De handelaar heeft werk in

PROMOTERS OF CONTEMPORARY ART
THE RISE OF AMSTERDAM GALLERIES AFTER WORLD WAR II

Noor Mertens

The emergence of the art trade, and by extension the gallery, in the Netherlands is connected with the rise of bourgeois culture there in the seventeenth century. Art was no longer the sole preserve of a clerical or aristocratic élite and artists were no longer dependent for their commissions on the church and on a small group of patrons.[1] With the growth of the bourgeois culture, art collecting was no longer confined to the aforementioned élite. From the nineteenth century, artists could also show their work in artists' societies and in state-organised exhibitions.

1 Deze inleiding op de essays van Jan van Adrichem en Dominic van den Boogerd is in belangrijke mate gebaseerd op de informatie in: Truus Gubbels, *Passie of professie. Galeries en kunsthandel in Nederland*. Abcoude: Uitgeverij Uniepers, 1999.

1 This introduction to the essays by Jan van Adrichem and Dominic van den Boogerd is largely based on information in: Truus Gubbels, *Passie of professie. Galeries en kunsthandel in Nederland*. Abcoude: Uitgeverij Uniepers, 1999.

consignatie of koopt – bij voldoende fortuin – zelf in om het vervolgens door te verkopen.

In diezelfde tijd ontstaat het type 'ideologische' kunsthandelaar die als voorloper geldt van de huidige galeriehouder: de handelaar die zich voor langere tijd verbindt aan een kunstenaar, zich bekommert om diens carrière en diens belangenbehartiger is. Deze persoon, die slechts een klein aantal kunstenaars kan vertegenwoordigen, is een promotor pur sang en speelt een belangrijke rol bij de ontwikkeling en verspreiding van de eigentijdse kunst. Hij verkrijgt daarmee een belangrijke positie in het contemporaine kunstklimaat, zeker wanneer musea zich nog niet nadrukkelijk op actuele kunst richten en presentatie-instellingen ontbreken. De Parijse kunsthandelaar Paul Durand-Ruel wordt in verschillende bronnen aangehaald als het vroegste voorbeeld van dit nieuwe type.[2] Frankrijk vormt vanaf de tweede helft van de negentiende eeuw het centrum van de Europese handel in moderne kunst. Voor Nederlandse handelaars, kunstenaars en kopers heeft Parijs een aanzuigende werking.

In de eerste helft van de twintigste eeuw waren er in Amsterdam verschillende goed aangeschreven kunsthandels te vinden, zoals Kunsthandel Frans Buffa & Zonen (sinds ca. 1785) en de in de jaren twintig opgerichte Amsterdamse Kunstzaal Van Lier en Kunsthandel Santee Landweer, die zich nadrukkelijk richtten op eigentijds werk. Zij hielden zich echter niet exclusief bezig met de promotie en verkoop van eigentijdse kunst, de financiële risico's waren daarvoor te groot. Ze handelden daarnaast veelal in oude(re) kunst, etnografica en/of Aziatische objecten. Niet alleen de lokale kunstmarkt werd bediend, men exporteerde eveneens naar het buitenland, zelfs naar Amerika. Kunstenaars waren zich bewust van deze marktwerking en maakten soms werk dat in stijl en onderwerp goed in de kunstmarkt lag.

Kunsthandels als Van Lier en Santee Landweer speelden vanaf hun oprichting een belangrijke rol in het Amsterdamse kunstleven doordat ze regelmatig tentoonstellingen organiseerden met eigentijdse kunst uit Nederland en ook van daarbuiten. Van Lier toonde werk van onder anderen Charley Toorop, Dick Ket, George Grosz en Max Beckmann, naast foto's van Erwin Blumenfeld en Eva Besnyö.[3] De kunsthandels fungeerden eveneens als een trefpunt voor kunstenaars en intellectuelen. Met name Van Lier zette zich actief in voor de verbreiding van actuele kunst en was veel meer dan enkel een handelaar. 'Hij maakt liefhebbers, doordat hij zijn geestdrift op anderen weet over

2 Gubbels, op. cit. (noot 1), p. 18.

3 René Steenbergen, 'Alles – behalve abstract', *NRC Handelsblad*, 17 oktober 2003.

When the demand for contemporary art expanded in that century, the art trade became professional. Various dealers had their own showrooms, catalogues were published, and international contacts were established. The dealers took work on consignment or, if they were wealthy enough, bought it themselves in order to resell it in turn.

The same period witnessed the emergence of the type of 'ideological' art dealer who can be seen as the precursor of today's gallery owners: the dealer who has a long-term relation with an artist, takes an interest in the latter's career, and represents his interests. This individual, who could only represented a handful of artists, was a full-blooded promoter and played an important role in the development and diffusion of contemporary art. He thereby acquired an important position in the contemporary art climate, especially at a time when museums were not so clearly focused on contemporary art and there were no art institutions. Various sources cite the Parisian art dealer Paul Durand-Ruel as the earliest example of this new type.[2] From the second half of the nineteenth century, France was the centre of the European commerce in modern art and Paris acted like a magnet on Dutch dealers, artists and buyers.

Amsterdam boasted a number of reputable art dealers in the first half of the twentieth century, such as Kunsthandel Frans Buffa & Zonen (founded around 1785), and the Amsterdamse Kunstzaal Van Lier and Kunsthandel Santee Landweer, both founded in the 1920s, that were explicitly devoted to contemporary work. However, they were not exclusively confined to the promotion and sale of contemporary art because the financial risks that were involved were too high, so they also often dealt in Old Masters, ethnographic objects and/or Asiatic objects. They did not just service the local art market; they exported, even to America. Artists were aware of the effects of this market and sometimes created work whose style and theme were in line with the art market.

Art dealers such as Van Lier and Santee Landweer played an important role in artistic life in Amsterdam because they regularly organised exhibitions of contemporary art from the Netherlands and further afield. Among the artists whose works Van Lier exhibited were Charley Toorop, Dick Ket, George Grosz and Max Beckmann, as well as photographs by Erwin Blumenfeld and Eva Besnyö.[3] The art dealers also functioned as a meeting point for artists and intellectuals. Van Lier in particular actively promoted the

2   Ibid., p. 18.

3   René Steenbergen, 'Alles –
     behalve abstract', *NRC
     Handelsblad*, 17 October 2003.

te brengen. Hij volgt "zijn" schilders van nabij. Hij komt bij hen op het atelier en spoort hen aan. Hij zoekt nieuwe kopers en schuwt geen moeite om hun werk te "brengen".'[4] Hoewel actief in een andere tijd, is de houding en inzet van Van Lier vergelijkbaar met die van de huidige galeriehouder.

Contemporaine kunst werd voor de Tweede Wereldoorlog op zeer beperkte schaal verzameld en getoond door musea. Het waren voornamelijk de kunsthandels en daarnaast de kunstenaarsverenigingen die tentoonstellingen maakten met werk van buiten- en binnenlandse kunstenaars als Marc Chagall, Odilon Redon, de magisch realisten, Hendrik Chabot, Jan Sluijters en de al eerder genoemde Charley Toorop. Deze kunstenaars lieten hun werk niet exclusief door één kunsthandelaar vertegenwoordigen, maar exposeerden bij verschillende kunsthandels.

De eigentijdse kunst die in de kunsthandel was te zien, was in de regel behoudend. Abstracte kunst, werk van stromingen als dada, het surrealisme of De Stijl werd nauwelijks getoond.[5] Kunstenaarsverenigingen en -genootschappen waren vooruitstrevender in hun keuzes voor het nieuwe en toonden ook internationale ontwikkelingen. Vanaf de jaren dertig werden de tentoonstellingen er behoudender.

In Nederland was er in eerste helft twintigste eeuw zodoende slechts een wankele basis voor meer experimentele en abstracte kunst. Tijdens de bezettingsjaren lag de handel nagenoeg stil. Ook na de Tweede Wereldoorlog speelde de kunsthandel in Nederland geen belangrijke rol in het brengen van vernieuwende of abstracte tendensen. Het beleid was in het algemeen behoudend, hoewel men in principe niet gekant was tegen 'het nieuwe'. Incidenteel werd werk van een jongere lichting kunstenaars getoond, zoals van Constant, Karel Appel, Corneille en César Domela. Twee nieuwe naoorlogse kunsthandels die zich wel nadrukkelijk richtten op eigentijdse kunst waren M.L. de Boer en Martinet en Michels. Vooral deze laatste kunsthandel was in Amsterdam een van de sporadische plekken waar actuele Nederlandse en buitenlandse kunst te zien was. Maar J. van Loenen Martinet en Toon Michels hielden het niet lang vol. De kunsthandel, opgericht in 1949, zou in 1954 ophouden te bestaan, mede vanwege de slechte verkoop en omdat Van Loenen Martinet een baan aangeboden kreeg in het Stedelijk Museum.

Het culturele klimaat was daarbij in de naoorlogse jaren tot ver in de jaren vijftig zeer beperkt. Eigentijdse kunst ondervond veel maatschappelijke weerstand. Een afzetmarkt voor dit werk bestond dan ook nauwelijks.

4   Jac. van der Ster, *De Groene Amsterdammer*, 20 maart 1954; Gubbels, op. cit. (noot 1), p. 21.
5   Gubbels, op. cit. (noot 1), p. 23.

diffusion of contemporary art and was far more than just a dealer: 'He creates art-lovers because he manages to convey his enthusiasm to others. He follows "his" painters at close quarters. He visits them in their studios and encourages them. He looks for new buyers and spares no effort to present their work.'[4] Although he was active in a different age, the attitude and dedication of Van Lier are comparable with those of today's gallery owners.

Before the Second World War, contemporary art was only collected and exhibited on a very limited scale in the Dutch museums. It was mainly the art dealers and the artists' societies that organised exhibitions with work by Dutch and foreign artists such as Marc Chagall, Odilon Redon, the Magical Realists, Hendrik Chabot, Jan Sluijters and Charley Toorop. The work of these artists was not represented exclusively by a single dealer; several dealers exhibited it.

On the whole, the contemporary art that was shown by the dealers was conservative. Abstract art, work by movements such as Dada, Surrealism or De Stijl, was hardly shown at all.[5] Artists' associations and societies were more progressive in their choices of the new art and also showed international trends. From the 1930s on their exhibitions grew more conservative.

There was thus only a shaky foundation for more experimental and abstract art in the Netherlands in the first half of the twentieth century. Trade came to a virtual standstill during the years of the German Occupation. The art business in the Netherlands did not play an important role in promoting innovative or abstract tendencies after the war either. Generally speaking, the policy was conservative, although in principle there was no opposition to 'the new'. Occasionally work by a younger generation of artists was exhibited, such as Constant, Karel Appel, Corneille and César Domela. Two new postwar art dealers who did focus on contemporary art were M.L. de Boer and Martinet en Michels. The latter in particular was one of the sporadic places in Amsterdam where contemporary Dutch and foreign art could be seen. But J. van Loenen Martinet and Toon Michels did not keep it going for long. Founded in 1949, the business closed down in 1954, partly because of the poor retail performance and because Van Loenen Martinet had been offered a position in the Stedelijk Museum.

In the immediate aftermath of the war and down to the late 1950s, the cultural climate was very limited. Contemporary art met

4　Jac. van der Ster, *De Groene Amsterdammer*, 20 March 1954; Gubbels, op. cit. (note 1), p. 21.
5　Gubbels, op. cit. (note 1), p. 23.

De kunstverkoop, ook die van meer geaccepteerde kunst, bleef in die jaren mager in Nederland, mede door gebrek aan koopkracht en het wegvallen van internationale kunstenaars en klandizie. Musea kochten veel kunstwerken in het buitenland of rechtstreeks van de kunstenaar. Hierdoor sloten verschillende kunsthandels in Amsterdam noodgedwongen hun deuren, waaronder ook Buffa, Van Lier en Martinet en Michels. Ook de ondersteuning van de overheid – zowel voor de kunstenaar als de koper van kunst – was in die tijd nog minimaal.

Eind jaren veertig, begin jaren vijftig startten in Amsterdam enkele galeries die zich richtten op eigentijdse kunst, al dan niet met een commercieel oogmerk. Dit leidde een periode in waarin het hoofdstedelijke galeriewezen langzaam op gang kwam. In tegenstelling tot de kunsthandel, richtten deze galeries zich uitsluitend op het promoten van contemporaine kunst en representeerden een selecte groep kunstenaars. De door deze initiatieven georganiseerde tentoonstellingen boden jonge kunstenaars een venster op internationale ontwikkelingen, die men tijdens de oorlogsjaren had gemist.

Een van de eersten die in Amsterdam experimentele kunst promootten, waren de kunstliefhebbers Ru en Dolly Melchers. In 1963 openden zij Galerie 845, maar vanaf midden 1946 toonden zij in kunstzaal Het Gildehuis al werk van jonge, vooruitstrevende kunstenaars. Ook in hun eigen huis organiseerden ze vanaf eind 1940 tentoonstellingen. Voor de jonge avant-garde was hun huis een trefpunt.

Daarnaast groeide de in 1950 opgerichte galerie Le Canard in de jaren vijftig uit tot een eigenzinnige en drukbezochte plek. Le Canard vervulde met zijn culturele activiteiten een brugfunctie tussen de naoorlogse jaren, waarin er weinig aandacht is voor de avant-garde, en de tweede helft van de jaren vijftig, toen de welvaart en de aandacht voor kunst langzaam stegen. Hans Rooduijn, eigenaar van de antiquarische boekhandel d'Eendt, liep in 1949 met plannen rond om een galerie te beginnen. In een pakhuis tegenover de boekhandel vond hij onderdak. De galerie kreeg een Franse naam, omdat Parijs net na de oorlog op cultureel gebied nog een grote rol speelde. Rooduijn wilde een nieuwe generatie Nederlandse experimentele kunstenaars expositiemogelijkheden geven, zonder er een vastomlijnd programma op na te houden. De kunstenaars van de Nederlandse Experimentele Groep, zoals Karel Appel en Anton Rooskens, kregen bij hem regelmatig de mogelijkheid te exposeren. Hij had niet alleen aandacht voor de avant-garde in de beeldende kunst, maar ook voor nieuwe literatuur, jazz, klassieke muziek en wereldmuziek. In 1952 werd gestart met een serie avondprogramma's waarin literatuur, muziek en theater aan bod kwamen. Le Canard kreeg de functie van een cultureel centrum in een stad (en land) waar nauwelijks voorzieningen waren voor

with considerable social opposition. There was thus hardly any retail market for this work. Art sales in the Netherlands, including those of more accepted art, remained unimpressive during that period, partly because of the lack of purchasing power and the disappearance of international artists and customers. Museums bought many works of art abroad or directly from the artist. Various art dealers in Amsterdam were forced to close down as a result, including Buffa, Van Lier, and Martinet en Michels. State support – both for artists and art buyers – was still minimal at the time.

A few galleries for contemporary art, whether with a commercial aim or not, were founded in Amsterdam in the late 1940s and early 1950s. This heralded a period in which the galleries in the capital slowly made headway. Unlike the art dealers, these galleries were devoted exclusively to promoting contemporary art and represented a select group of artists. The exhibitions organised by these initiatives offered young artists a view of international trends that had been lacking during the war years.

One of the first galleries to promote experimental art in Amsterdam was that of the art lovers Ru and Dolly Melchers. They opened Galerie 845 in 1963, but from mid-1946 they were already showing work by young, progressive artists in the Het Gildehuis showroom. They also started to organise exhibitions in their own home from the end of 1940 on. Their house was a meeting point for the young avant-garde.

In addition, Le Canard, a gallery founded in 1950, grew during that decade to become an idiosyncratic and much frequented location. The cultural activities of Le Canard bridged the gap between the postwar years, in which there was little interest in the avant-garde, and the second half of the 1950s, when the standard of living and interest in art gradually rose. Hans Rooduijn, owner of the second-hand bookshop d'Eendt, had plans to start a gallery in 1949. He found premises in a warehouse opposite the bookshop. The gallery was given a French name because Paris still played a leading role in the cultural field in the immediate postwar years. Rooduijn wanted to give a new generation of Dutch experimental artists the opportunity to exhibit their work without maintaining a clearly defined programme. The artists of the Dutch Experimental Group, such as Karel Appel and Anton Rooskens, were regularly given the opportunity to exhibit in his gallery. His interest in the avant-garde was not confined to art but extended to new literature, jazz, classical music and world music. He started a series of evening programmes devoted to literature, music and theatre in 1952. Le Canard acquired the function of a cultural centre in a city (and country) where there were

vernieuwende cultuur. De 'Canard-au-soir'-cycli waren dan ook zeer populair.[6] Toch werd er niet veel verkocht. Dit was ook niet het streven van Rooduijn: hem stond het experiment en de onderlinge samenwerking voor ogen. Met de opbrengsten van zijn antiquarische boekhandel kon hij de kosten dekken.

Le Canard ging uiteindelijk aan zijn eigen succes ten onder. Van een kleine club voor cultuurliefhebbers werd het een alom geprezen culturele stichting met een groot aantal leden, die actief was op veel gebieden. Door de bredere acceptatie van Le Canards activiteiten ging de galerie steeds meer behoren tot de gevestigde orde, waardoor het lastiger werd om te experimenteren en het enthousiasme bij Rooduijn en zijn medewerkers verminderde.[7] Daarnaast had avant-gardekunst in Nederland inmiddels wat meer belangstelling. In die zin was het streven van de galerie om expositiemogelijkheden te bieden aan een nieuwe generatie bereikt. Toen de huur van de ruimte in 1957 werd opgezegd, stopten de activiteiten.

Rooduijn zou overigens, samen met Will Hoogstraate, in 1960 galerie d'Eendt openen in zijn voormalige antiquariaat. Hij stapte echter al snel uit de onderneming, Hoogstraate bleef tot in de jaren zeventig actief.[8] Met de groeiende aandacht voor eigentijdse kunst zagen anderen juist mogelijkheden om een galerie te beginnen. Er heerste in de tweede helft van de jaren vijftig een sfeer van levendigheid en optimisme. Ook elders in het land openden nieuwe expositieruimtes. Om het onderscheid aan te geven met de kunsthandel, hanteerden deze nieuwe initiatieven, die zich nadrukkelijk richten op eigentijdse kunst, steeds vaker de term galerie.[9] Zo opende Magdalene Sothmann in 1955 de deuren van galerie Sothmann en begonnen Eva Bendien en Polly Chapon in 1956 Galerie Espace, eerst in Haarlem, na vier jaar in Amsterdam. Sothmann, die eerder een antiquariaat runde, toonde eind jaren veertig al geregeld het werk van eigentijdse kunstenaars. Bendien en Chapon op hun beurt wilden – de Franse naam van de galerie zegt het al – letterlijk ruimte scheppen voor kunst. Deze galeries leidden het kleine, maar groeiende, vooruitstrevende galeriewezen in van de vroege jaren zestig.

6   Annemiek Beck, 'Le Canard: Cultureel trefpunt in de jaren vijftig', *Ons Amsterdam*, 40 (1988) 12, p. 346.
7   Beck, op. cit. (noot 6), p. 348.
8   In 1987 nam Ferdinand van Dieten de galerie over en leidde deze tot medio 2011.
9   Truus Gubbels en Paul van der Erve, 'Spiegel van de eigentijdse kunst: 50 jaar galeries in Amsterdam', *Ons Amsterdam*, 47 (1995) 9, p. 216.

hardly any facilities for innovative culture. The Canard-au-soir cycles were thus extremely popular.[6] All the same, little was sold. That had not been Rooduijn's intention: he was interested in the experiment and the mutual cooperation. He could cover expenses with the income from his second-hand bookshop.

Le Canard eventually collapsed under its own success. It turned from a small club for lovers of culture into a universally acclaimed cultural foundation with a large membership which was active on many fronts. As a result of the wider acceptance of the Le Canard activities, the gallery came closer and closer to the status quo. This made it more difficult to experiment and the enthusiasm of Rooduijn and his assistants waned.[7] Besides, there was slightly more interest in avant-garde art in the Netherlands by now. In this sense, the aim of the gallery to offer opportunities to exhibit their work to a new generation had been achieved. When the lease on the premises was terminated in 1957, the activities came to a halt.

Rooduijn and Will Hoogstraate went on to open the d'Eendt gallery in what had been the bookshop in 1960, but Rooduijn soon abandoned the enterprise, while Hoogstraate remained active until the 1970s.[8]

With the growth of interest in contemporary art, others saw opportunities to open a gallery. The mood of the second half of the 1950s was one of liveliness and optimism. New exhibition spaces were opened outside the capital as well. To mark their distance from the art business, these new initiatives, which explicitly focused on contemporary art, increasingly gave themselves the name of gallery.[9] For instance, Magdalene Sothmann opened the Sothmann gallery in 1955, followed a year later by Eva Bendien and Polly Chapon with their Galerie Espace, first in Haarlem, and four years later in Amsterdam. Sothmann, who had previously been an antique dealer, had already regularly exhibited work by contemporary artists in the late 1940s. As the French name of the gallery of Bendien and Chapon indicates, they wanted to literally create space for art. These galleries stood at the head of the small but growing, progressive circle of galleries of the early 1960s.

6   Annemiek Beck, 'Le Canard: Cultureel trefpunt in de jaren vijftig', *Ons Amsterdam*, 40 (1988) 12, p. 346.
7   Ibid., p. 348.

8   Ferdinand van Dieten took over the gallery in 1987 and ran it until mid-2011.
9   Truus Gubbels and Paul van der Erve, 'Spiegel van de eigentijdse kunst: 50 jaar galeries in Amsterdam', *Ons Amsterdam*, 47 (1995) 9, p. 216.

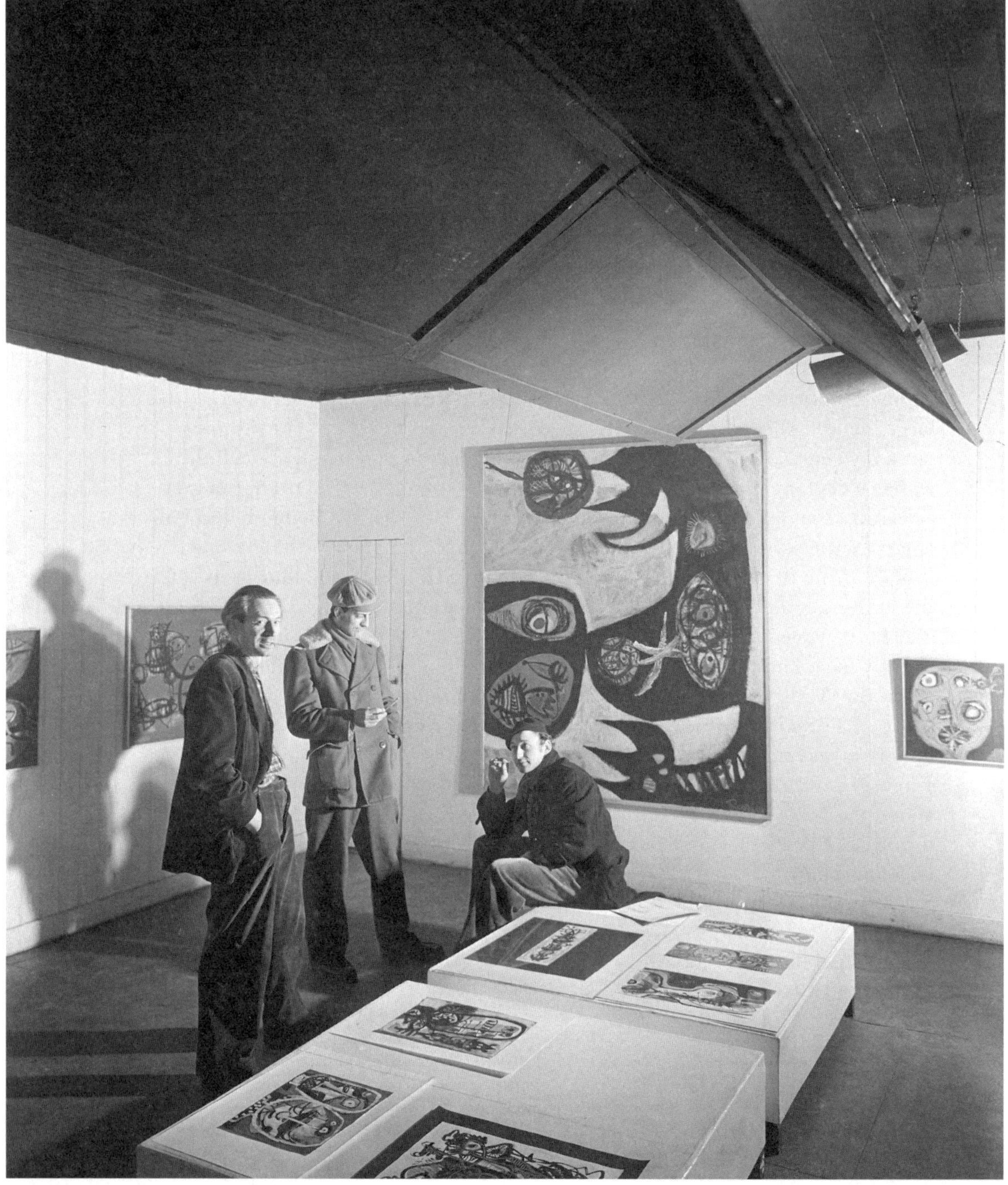

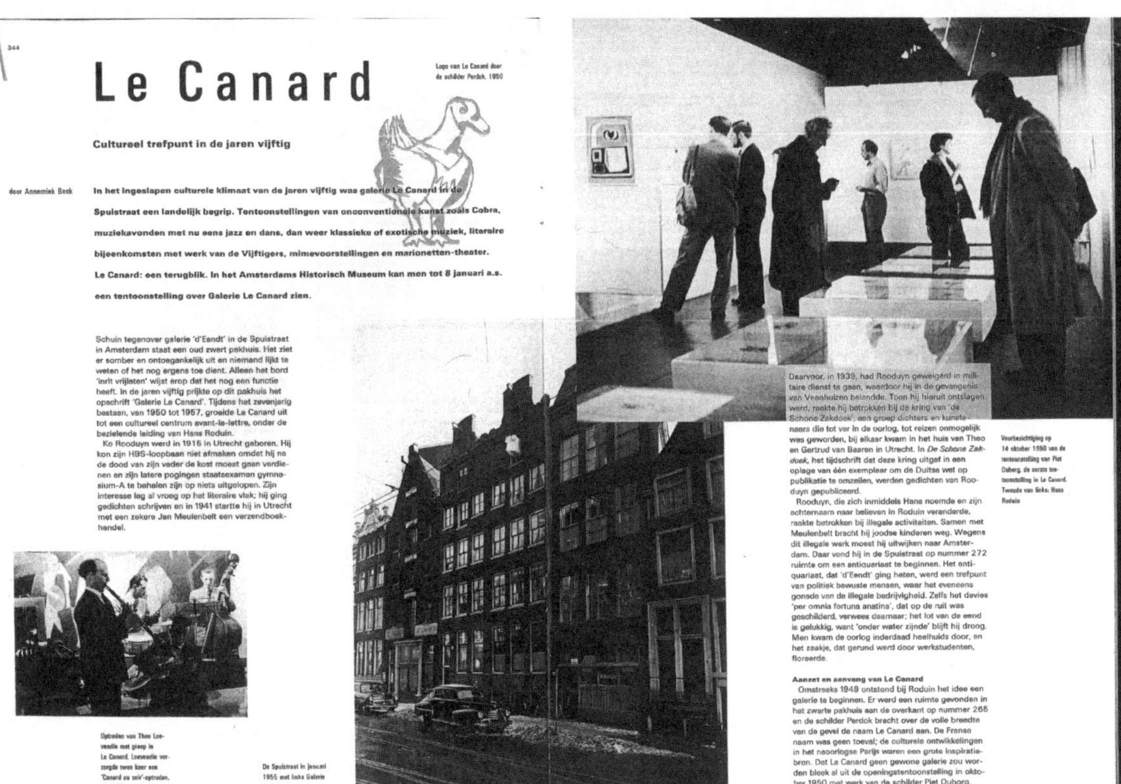

Le Canard

Cultureel trefpunt in de jaren vijftig

door Annemiek Beek

In het ingeslapen culturele klimaat van de jaren vijftig was galerie Le Canard in de Spuistraat een landelijk begrip. Tentoonstellingen van onconventionele kunst zoals Cobra, muziekavonden met nu eens jazz en dans, dan weer klassieke of exotische muziek, literaire bijeenkomsten met werk van de Vijftigers, mimevoorstellingen en marionetten-theater. Le Canard: een terugblik. In het Amsterdams Historisch Museum kan men tot 8 januari a.s. een tentoonstelling over Galerie Le Canard zien.

Schuin tegenover galerie 'd'Eendt' in de Spuistraat in Amsterdam staat een oud zwart pakhuis. Het ziet er somber en ontoegankelijk uit en niemand lijkt te weten of het nog ergens toe dient. Alleen het bord 'inrit vrijlaten' wijst erop dat het nog een functie heeft. In de jaren vijftig prijkte op dit pakhuis het opschrift 'Galerie Le Canard'. Tijdens het zevenjarig bestaan, van 1950 tot 1957, groeide Le Canard uit tot een cultureel centrum avant-la-lettre, onder de bezielende leiding van Hans Roduin.

Ko Rooduyn werd in 1915 in Utrecht geboren. Hij kon zijn HBS-loopbaan niet afmaken omdat hij na de dood van zijn vader de kost moest gaan verdienen en zijn latere pogingen staatsexamen gymnasium-A te behalen zijn op niets uitgelopen. Zijn interesse lag al vroeg op het literaire vlak; hij ging gedichten schrijven en in 1941 startte hij in Utrecht met een zekere Jan Meulenbelt een verzendboekhandel.

Daarvoor, in 1939, had Rooduyn geweigerd in militaire dienst te gaan, waardoor hij in de gevangenis van Veenhuizen belandde. Toen hij hieruit ontslagen werd, raakte hij betrokken bij de kring van 'de Schone Zakdoek', een groep dichters en kunstenaars die tot ver in de oorlog, tot reizen onmogelijk was geworden, bij elkaar kwam in het huis van Theo en Gertrud van Baaren in Utrecht. In *De Schone Zakdoek*, het tijdschrift dat deze kring uitgaf in een oplage van één exemplaar om de Duitse wet op publikatie te omzeilen, werden gedichten van Rooduyn gepubliceerd.

Rooduyn, die zich inmiddels Hans noemde en zijn achternaam naar believen in Roduin veranderde, raakte betrokken bij illegale activiteiten. Samen met Meulenbelt bracht hij joodse kinderen weg. Wegens dit illegale werk moest hij uitwijken naar Amsterdam. Daar vond hij in de Spuistraat op nummer 272 ruimte om een antiquariaat te beginnen. Het antiquariaat, dat 'd'Eendt' ging heten, werd een trefpunt van politiek bewuste mensen, waar het eveneens gonsde van de illegale bedrijvigheid. Zelfs het devies 'per omnia fortuna anatina', dat op de ruil was geschilderd, verwees daarnaar; het lot van de eend is gelukkig, want 'onder water zijnde' blijft hij droog. Men kwam de oorlog inderdaad heelhuids door, en het zaakje, dat gerund werd door werkstudenten, floreerde.

Aanzet en aanvang van Le Canard

Omstreeks 1949 ontstond bij Roduin het idee een galerie te beginnen. Er werd een ruimte gevonden in het zwarte pakhuis aan de overkant op nummer 265 en de schilder Perdok bracht over de volle breedte van de gevel de naam Le Canard aan. De Franse naam was geen toeval; de culturele ontwikkelingen in het naoorlogse Parijs waren een grote inspiratiebron. Dat Le Canard geen gewone galerie zou worden bleek al uit de openingstentoonstelling in oktober 1950 met werk van de schilder Piet Ouborg.

Optreden van Theo Loevendie met groep in Le Canard. Loevendie verzorgde twee keer een 'Canard au soir'-optreden, in 1953 en '54

De Spuistraat in januari 1955 met links Galerie Le Canard

Voorbezichtiging op 14 oktober 1950 van de tentoonstelling van Piet Ouborg, de eerste tentoonstelling in Le Canard. Tweede van links: Hans Roduin

Galerie Le Canard, Anton Rooskens, Constant en onbekend persoon, tentoonstelling met werk van Theo Wolvecamp en Constant

Galerie Le Canard, Anton Rooskens, Constant and unknown person, exhibition with work by Theo Wolvecamp and Constant, 1951

Foto/Photograph:
© Hein de Bouter/MAI

'Le Canard, cultural meetingplace in the fifties'

Ons Amsterdam 40, no. 12, 1988

PASPOORT VAN NEGENENDER

Amsterdam beleeft op het ogenblik een invasie van nieuwe galeries; red hoofdstedelijke, beeldende kunsthuizen. In de komende weken zullen de me

galerie De Sfinx

O.Z. Voorburgwal 241, tel. 338573.
Open van 10 tot 17 uur, zondag en maandag gesloten.
Eigenaar: Jo Lipplaa.

Bestaat 5 jaar.
De Sfinx heeft wel voorkeur voor abstracte kunst, maar alles kan komen wat goed is. Er zijn 36 exposanten per jaar, waarvan 24 buitenlanders, uit Italië, Frankrijk, Spanje, Engeland, Denemarken, Zweden, Amerika en Zuid-Afrika. Er wordt geëxposeerd met schilderijen, grafiek, plastiek, wandkleden en ceramiek.
Daarnaast heeft de Sfinx ook nog Egyptische, Etruskische, Griekse en Iraanse etnografica en Pre-Columbiaans aardewerk en plastiek. De prijzen hiervan lopen van ƒ 50 tot ƒ 15.000.

galerie Jalmar

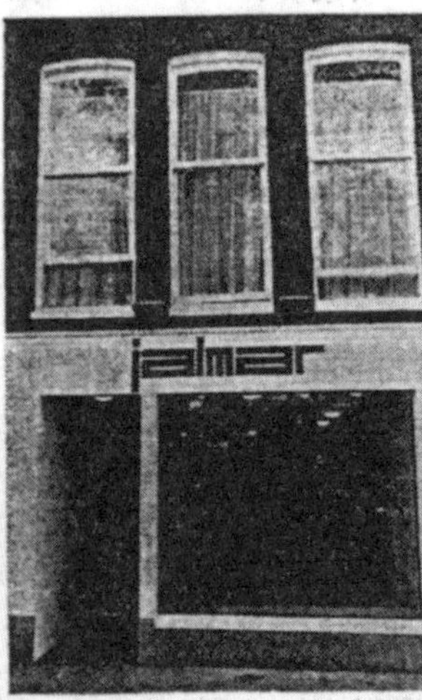

Prinsengracht 458, tel. 226339.
Open van 13 tot 18 uur, zondag en maandag gesloten.
Eigenaar R. en F. Funke tevens eigenaar van Galerie T in Haarlem.

Bestaat sinds september 1969 en houdt elke maand een tentoonstel-

galerie d'Eendt

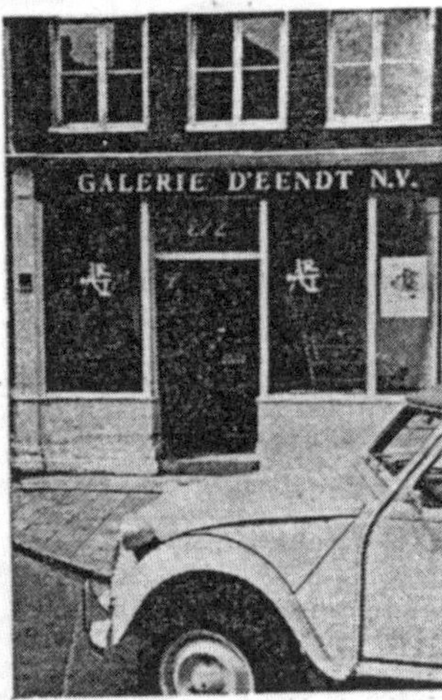

Spuistraat 272, tel. 65777.
Open van 10 tot 18 uur, maandag van 14 tot 18 uur, zondag gesloten.
Eigenaar: Will Hoogstraate.

Bestaat sinds 1960. Er zijn hier twee facetten. De kunsthandel, die werkt met belangrijke objecten in alle kunstrichtingen van 19e- en 20e-eeuwse internationale kunst. Hiervan wordt een grote zomer- en winter-overzichtstentoonstelling gehouden. Daarnaast is er de galerie met een maandelijkse tentoonstelling, hoofdzakelijk met hedendaagse internationale figuratieve kunst, in schilderijen, keramiek en plastiek. Er wordt een internationale collectie grafiek voorbereid, waarin o.a. David Hockney, Allen Jones, Barbara Hepworth, Chagall, Max Ernst, Dufy e.v.a. De exposanten bij d'Eendt zijn: Lynn Chadwick, Picasso, Horst Antes, Ans Wortel, Herman Gordijn, Edith van Leckwyck, Campendonk, Natasja Saludova, Hans de Jong, Minguzzi, Häusner, Jorn, Poliakoff, Sierhuis, Corneille, Constant.

galerie Swart

galerie Krikhaar

Spuistraat 330, tel. 67166.
Open van 10.30 tot 17.30 uur, maandag van 13.30 tot 17.30 uur. Zondag gesloten.
Eigenaar: Herman Krikhaar.

Bestaat sinds 1963 en houdt maandelijks een tentoonstelling.

De galerie is internationaal georiënteerd op expressionistische figuratie tot nieuwe figuratie en objecten. Door de galerie worden er ook Nederlandse schilders in het buitenland gelanceerd, doordat galerie Krikhaar tentoonstellingen in Parijs, Londen, New York, Kopenhagen, Sölkeborg en Gent organiseert.

Exposanten zijn: Sadkowsky, Appel, Constant, Rooskens, Henk Huig, Heppe de Moor, Paul van Hoeydonck, Maya en Frans de Boer Lichtveld, Wolvecamp, Armando en Takis.
De prijzen lopen van ƒ 50 tot ƒ 80.000,-.

Krikhaar is verder bezig met het opzetten van een cultureel centrum in Muiderberg.

galerie De Tor

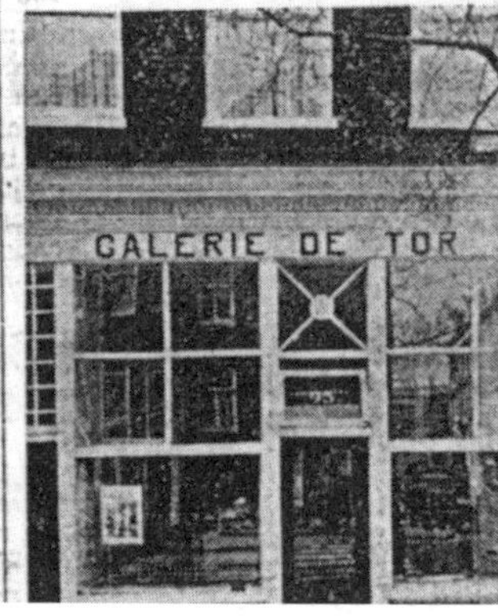

galerie P

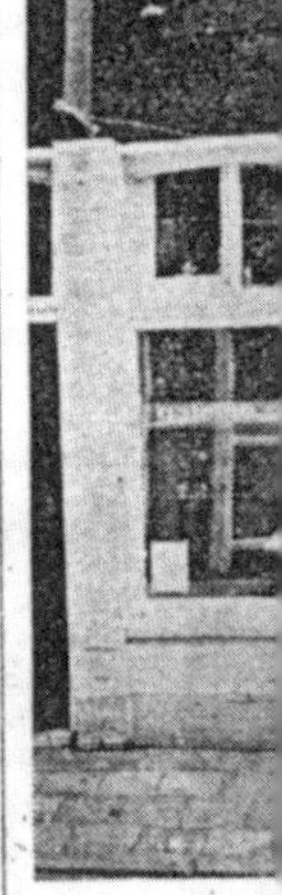

Binnen Vissers wersgracht en
Open van 10 tot ten.

Eigenaar: Th.
Bestaat sinds n

Galerie Petit speciaal figura

Kunstenaars w aanwezig is: boer, Rooske prijzen gaan ook nog klei kaanse en Ind

galerie

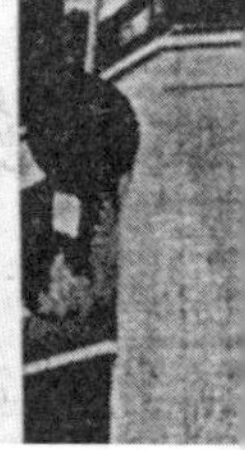

IG AMSTERDAMSE GALERIES

vaarom we hieronder een begin maken met een inventarisatie van onze
especialiseerde en bijvoorbeeld de café's annex galeries aan bod komen.

galerie Balans

Leidsegracht 74, tel. 234805.
Open van 11 tot 17.30 uur, zondag
gesloten.
Eigenaar: Deborah Wolf.

Bestaat sinds maart 1970, er is elke
maand een nieuwe tentoonstelling.
Balans richt zich vooral op de figuratieve kunst in schilderijen, grafiek,
plastieken en binnenkort keramiek.
De prijzen variëren van ƒ 100 tot
ƒ 2000. In stock is er werk van Peter
Vos, Han Mes, Joost Roefsz, Frans
Pannekoek, Hans Roebers, Frank Lodeizen, Willem van Malsen, Jansje
Schut, Paula Thies en Loes van der
Horst met plastic weefsels.

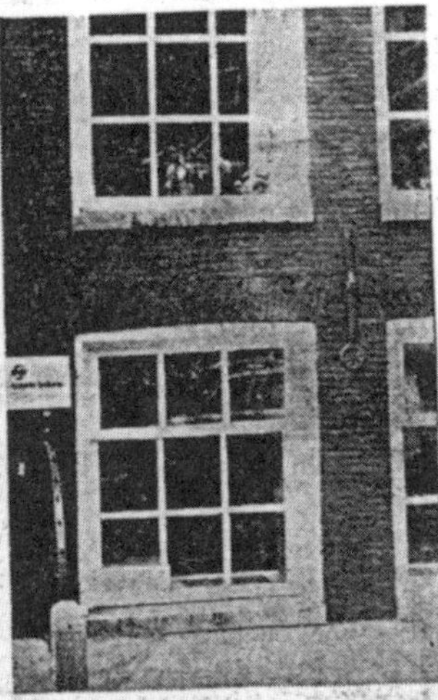

galerie Biesj

Herenmarkt 26, tel. 224261.
Open van 12 tot 18 uur, woensdag tot
21 uur, zondag van 14 tot 17.30 uur,
maandag gesloten.
Eigenaar: Wilhelmien Roomer.

Bestaat anderhalf jaar en wisselt elke maand van expositie. De belangstelling van Biesj gaat voornamelijk uit naar nieuwe figuratie, realisme en surrealisme. De galerie wil
kwalitatief goed werk van onbekende
kunstenaars brengen en dan vooral
een medium zijn tussen de kopers en
de kunstenaar en de kunstenaars onderling. De bezoeker moet niet met
de portemonnaie in zijn hand binnenkomen omdat hij denkt entree te moeten betalen. Biesj ziet ook veel heil
in een beter overleg tussen galeries
die in dezelfde richting werken. Bij
de galerie exposeren: Nan Hoover,
Frans van Bommel, Leo Dooper,
André Dieteren, Gerard van Kerkhof,
Martin van Opdorp, Sylvia Oudkerk,
Jan Verburg, Jan Schoorel, Ben Dekker, Rol van Laar, Rod Dudley, Anton de Ridder. Er zijn schilderijen,
grafiek, kleinplastiek, multipels en
een doorlopende keramiektentoonstelling die om de 2 maanden
wisselt. De prijzen liggen tussen ƒ 40
en ƒ 2600.

galerie Magdalene Sothmann

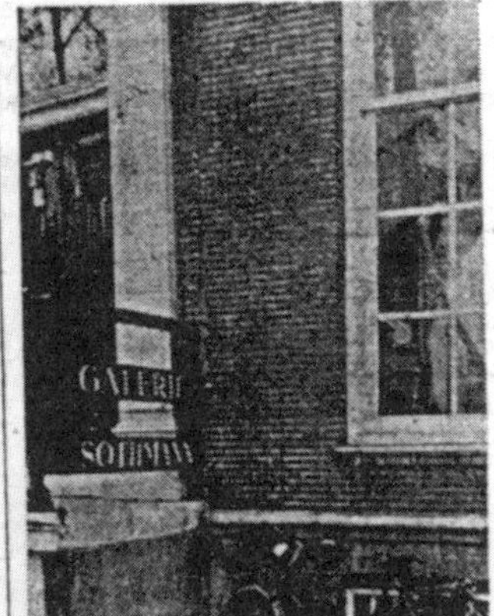

galerie Siau

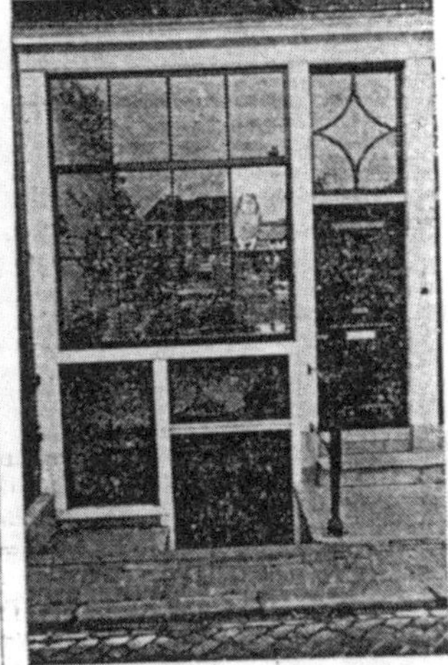

Berenstraat 21, tel. 67621.
Open van 11 tot 18 uur, zondag van
14 tot 17 uur en maandag gesloten.
Eigenaar: Eugene Anatolé Siau,
kunstmandarijn.
Bestaat 2½ jaar en houdt elke
maand een tentoonstelling.
Richt zich hoofdzakelijk op surrealisten en naïeven en heeft naast
schilderijen en grafiek ook ceramiek.
De vaste exposanten zijn Ger Daniels, Pieter Zwaanswijk, Dora van
der Veen en Dini Henkes met ceramiek.
In stock: Ferdinand Erfmann. De
prijzen lopen van ƒ 100,- tot ƒ 6.500,-

kunsthandel K 276

Keizersgracht 276, tel. 235817.
Open van 10 tot 17.30 uur, zondag van
12 tot 17.30 uur, maandag gesloten.
Eigenaar: G. Knubben.

Bestaat sinds oktober 1968 en heeft
onregelmatig tentoonstellingen. K
276 voelt zich niet speciaal tot een
bepaalde richting aangetrokken en
heeft een collectie waarin surrealisme, expressionisme zowel figuratief als abstract en ook wel popart

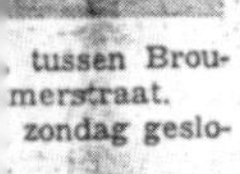

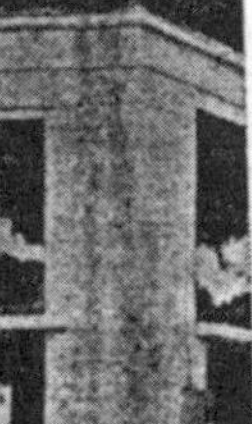

tussen Broumerstraat.
zondag gesloten.

-Bennink.
70.

ch op grafiek,
ealistisch.

werk in stock
uiningen, Hey-
Brands. De
100,- Er zijn
zen van Afrikast.

lke NV

art & project
geert van beijeren/adriaan van ravesteijn
nieuwesluizerweg 42
postbus 9
NL-1774 ZG slootdorp
02277-375/fax 02277-385

geachte collega!

bij vlagen wind ik mij op over het
instituut 'art consultancy'*: meestal dames, die via de p.c. hooft of
denneweg, bij de galeries binnenvallen, foto's van kunstwerken confisqueren
en geheimzinnig doen over collecties die ze samenstellen. in negen van de
tien gevallen hoor je niets. gelukkig maar, want zou iets doorgaan, dan zijn
de marges van deze vliegende galeries niet mis.

zou het nu niet mogelijke zijn dat een
x-aantal galeries deze dames de wind uit de zeilen neemt, door zelf een, laat
ons zeggen, 'informatiebureau' op te zetten, waar bedrijven en instellingen
zich ruim zouden kunnen oriënteren, zonder direct met één galerie te hoeven
onderhandelen? bij deelname van een voldoende aantal galeries, zeg 12, zou bij
een aantal kunstenaars per galerie, zeg 8, totaal werk van zeg 100 kunstenaars
exclusief 'verkrijgbaar' zijn via dat bureau. een kwieke man of vrouw zou dat
part-time moeten leiden. het werk zou o.a. moeten bestaan uit het inzamelen
bij de galeries van gegevens kunstwerken enz. en het uniform maken van het ter
beschikking gestelde documentatiemateriaal (foto's, dia's en biografieën) van
de deelnemende kunstenaars. een en ander zou moeten worden gefinancierd door
een deel-percentage dat na verkoop in het bureau achterblijft. ook zal een
jaarlijkse bijdrage per galerie, per kunstenaar, noodzakelijk zijn.

misschien kan dit bureau ook t.z.t.
een bemiddeling gaan vormen in geval van monumentale opdrachten. dit terrein
wordt nu nauwelijks/niet door de galeries bestreken.

mijn verzoek nu: een geheel vrijblijvende
reactie op dit plan. misschien wordt het wel direct in de wieg gesmoord! maar
misschien doet het ons ook besluiten eens met elkaar om een tafel te gaan zitten!

in afwachting,
hartelijke groet,

adriaan van ravesteijn
30.5.1995

* niet te verwarren met adviseurs in dienst van één bedrijf of instelling!

deze brief verstuur ik naar: paul andriesse, zsa-zsa eyck, michiel hennus,
louk leffelaar, milco onrust, tanya rumpff, martita slewe, riekje swart en
fons welters.

art & project
geert van beijeren/adriaan van ravesteijn
nieuwesluizerweg 42
postbus 9
NL-1774 ZG slootdorp
02277-375/fax 02277-385

Dear Colleague!

Now and then I get worked up about the 'art consultancy'* institute: usually women who drop
into galleries via the P.C. Hooftstraat or Denneweg, confiscate photos of works of art, and
talk mysteriously about collections that they put together. In nine out of the ten cases
you hear nothing. Luckily, because if anything were to go ahead, the margins of these flying
galleries are not inconsiderable.

Might it not now be possible for an x number
of galleries to take these women down a peg by themselves setting up, let's say an 'information
office', where companies and institutions could broadly orientate themselves without having to
bargain directly with a single gallery? If a sufficient number of galleries were to take part,
say 12, with a number of artists per gallery, say 8, then a total number of works by say 100
artists would be exclusively 'available' via that office. A bright man or woman could run it
part-time. The work should include collecting information from the galleries about works of art
and standardising the documentation material (photos, slides and biographies) made available by
the artists taking part. This would have to be funded through a percentage share that remains in
the office after the sale. An annual contribution per gallery, per artist, will also be required.
Perhaps in due time this office can act as a go-
between in cases of monumental commissions. This terrain is barely covered, if at all, by the
galleries at present.

So my request: a completely no strings attached
reaction to this plan. Perhaps it will be nipped in the bud! But perhaps it will also make us
decide to sit around the table with one another!

Awaiting your reply,
Yours sincerely,

Adriaan van Ravesteijn
30.5.1995

* not to be confused with consultants employed by a single company or institution!

I send this letter to: Paul Andriesse, Zsa-Zsa Eyck, Michiel Hennus, Louk Leffelaar, Milco
Onrust, Tanya Rumpff, Martita Slewe, Riekje Swart and Fons Welters.

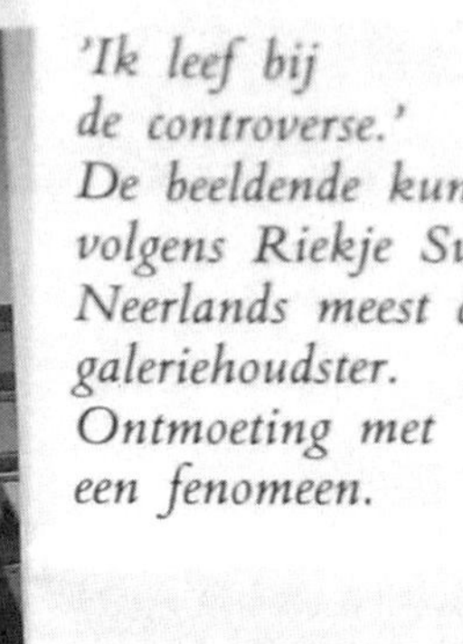

DE KUNSTPAUSIN

door **GUUS VLEUGEL**

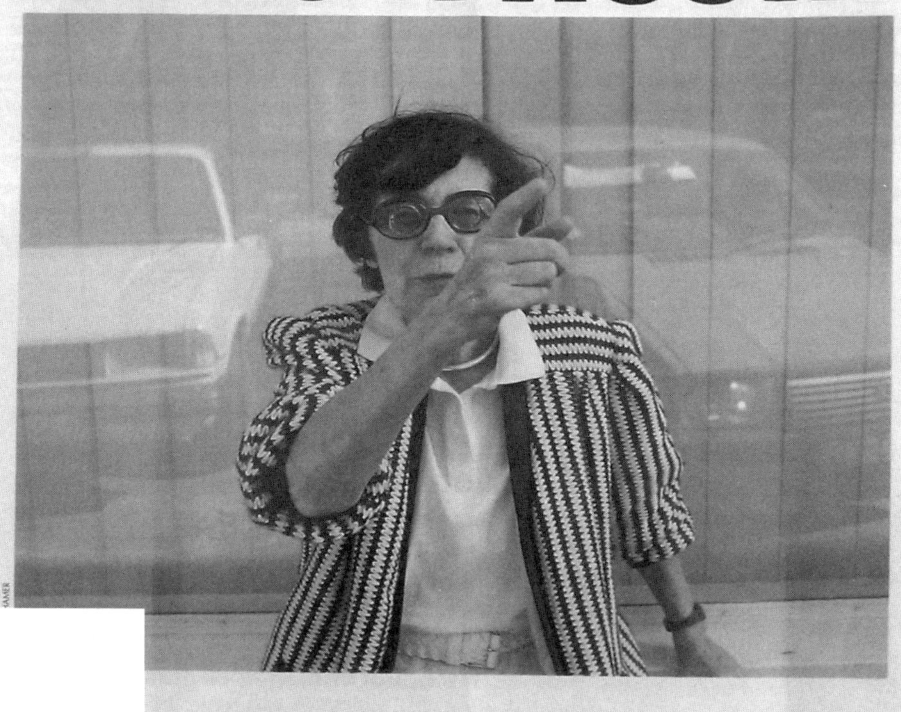

'The Female Art Pope'

Haagse Post, 13.VIII.1988

3 PROGRESSIEVE GALERIES IN DE JAREN ZESTIG EN ZEVENTIG: RIEKJE SWART, ART & PROJECT EN HELEN VAN DER MEIJ

Jan van Adrichem

In de vroege jaren zestig ontstond in Nederland een klein, vooruitstrevend galeriewezen – in een periode van sterke economische groei, die de zin tot experimenteren en ondernemen (in commercieel én artistiek opzicht) stimuleerde en die ook aan nieuwe publieksgroepen de middelen verschafte om kunst te kopen. De progressieve galeries hadden een duidelijk signalerende functie op het gebied van de eigentijdse kunst. Sommige daarvan konden zich handhaven tot ver voorbij de tijd (vanaf het midden van de jaren zeventig) dat musea voor moderne kunst zich in toenemende mate op de actuele kunst gingen richten. Het duidelijkste voorbeeld van die museale koerswijziging is het Kunsthalle-achtige, signalerende beleid van directeur Rudi Fuchs in 1974 in het Eindhovense Van Abbemuseum. Fuchs presenteerde – mede dankzij contacten met bevriende kunstenaars, onder wie Jan Dibbets – zowel vertegenwoordigers van de Amerikaanse conceptuele kunst als, iets later, van het Duitse neo-expressionisme.

PROGRESSIVE GALLERIES IN THE 1960S AND 1970S: RIEKJE SWART, ART & PROJECT AND HELEN VAN DER MEIJ

Jan van Adrichem

The early 1960s in the Netherlands saw the emergence of a small, progressive gallery type in a period of strong economic growth, which stimulated the desire for experimentation and enterprise (in both a commercial and artistic sense), and which provided new groups of public with the means of acquiring art. In the field of contemporary art, the progressive galleries fulfilled a very specific signalling function, and some of them were able to hold their own until long after the time (from the mid-1970s onwards) when modern art museums started to be increasingly oriented towards present-day art. The clearest example of that change of direction in museum policy was provided by director Rudi Fuchs who developed from 1974 his 'Kunsthalle-like' signalling policy in

Sindsdien cultiveren musea voor eigentijdse kunst, meer nog dan in de dagen van Sandberg, het beeld ontdekker te zijn van belangrijke ontwikkelingen in de actuele kunst. Hun directies beroepen zich op het direct contact met jonge, veelbelovende kunstenaars uit binnen- en buitenland; contacten die eerder meer waren voorbehouden aan de galeries. Het 'veld', waarin ook de galeries werkzaam zijn, is ondertussen sterk verbreed: de jonge kunst wordt tegenwoordig zo mogelijk nog nadrukkelijker dan in de galeries en de musea voor het voetlicht gebracht door kunstinstellingen als De Appel, Witte de With, De Pont en de vele kunstinitiatieven in ons land. Daarom is de meer exclusieve signaleringsfunctie die galeries als Swart en Art & Project hadden, en later ook Helen van der Meij, langzaam afgekalfd. Toch zijn de activiteiten van de vooruitstrevende galeries van belang gebleven. De galerie immers vertegenwoordigt aankomende en gereputeerde kunstenaars en creëert vanuit die positie een platform waar kunstenaars, verzamelaars, critici en andere belangstellenden elkaar in een 'microsociaal klimaat' ontmoeten en waar een consensus over artistieke kwaliteit wordt geformuleerd. De galerie vervult ook nu nog een schakelfunctie in een netwerk van verbanden, waarbij de galeriehouders juist door de uiteenlopende contacten, met name die met de kunstenaars, tot specifieke keuzes en programmeringen komen.

Toen in 1993 Stedelijk Museumdirecteur Wim Beeren stelde dat voor een goed functionerend museum voor moderne kunst het contact met de kunstenaar vooropstaat, vervolgde hij met de opmerking dat het museum de activiteiten van sommige galeries en hun duidelijke standpunten daarbij niet kon negeren. Beeren: 'Art & Project en Riekje Swart hebben op een gegeven moment iets in de actuele kunst onderkend en risico's genomen om dat duidelijk te maken.'[1] Beeren vergeleek ze met de veel grootschaliger opererende galeries van Leo Castelli en Ileana Sonnabend, die eenzelfde voortrekkersrol vervulden. Het waren deze New Yorkse galeries die, gezien de activiteiten van het Amsterdamse Stedelijk Museum en het levendige kunstklimaat daaromheen, in 1970 een vestiging in de onmiddellijke nabijheid van het Stedelijk Museum in overweging namen om aldus gemakkelijker toegang tot de Europese markt te krijgen. Een receptief publiek en de talrijke aankopen van het museum leken daarvoor gunstige factoren, maar toen de Amerikaanse galeriehouders zich realiseerden hoe klein de Nederlandse markt feitelijk was, zagen zij van dit plan af.

1   Maarten Bertheux, Martijn van Nieuwenhuyzen, 'Interview met Wim Beeren', appendix bij tent. cat. *Aanwinsten/Acquisitions Stedelijk Museum 1985-1993*. Amsterdam: Stedelijk Museum Amsterdam, 1993, z.p.

the Van Abbemuseum in Eindhoven where – partly due to contacts with artist friends such as Jan Dibbets – he presented not only exponents of American Conceptual Art but also, somewhat later, of German Neo-Expressionism.

Since then, contemporary art museums cultivate – even more than in Sandberg's time – the image of being the discoverers of important developments in present-day art. Their directors make use of the direct contact with young promising artists from both the Netherlands and abroad, contacts which used to be more the preserve of the galleries. In the meantime, the 'field' in which the galleries operate has broadened considerably: today art institutions like De Appel, Witte de With, De Pont and many other Dutch art initiatives are promoting young art even more emphatically – if that were possible – than the galleries and museums. And this is why the more exclusive signalling function adopted by galleries such as Swart and Art & Project and, later, by Helen van der Meij has slowly diminished. Nevertheless, the activities of progressive galleries have remained important. A gallery represents both up-and-coming and established artists and from that position it creates a platform where artists, collectors, critics and other interested parties can meet in a 'micro-social climate' and formulate a consensus on artistic quality. The gallery still forms an important connection, in a network of interrelationships which through its diverse contacts – particularly those with the artists themselves – enables the gallery owner to make specific selections and programmes.

When in 1993 Stedelijk Museum director Wim Beeren said that for a modern art museum to function properly it must lay particular emphasis on the contact with the artist, he went on to add that in implementing this, museums should not negate the activities of some galleries and their very specific standpoint in this respect. Beeren: 'At a given moment, Art & Project and Riekje Swart identified something in present-day art and have taken risks to bring it to general attention.'[1] Beeren compared them with galleries operating on a much larger scale, such as those of Leo Castelli and Ileana Sonnabend, which fulfilled a similar pioneering function. And these New York galleries – having seen the activities of Amsterdam's Stedelijk Museum and the lively surrounding artistic climate (with galleries like Swart and Art & Project) – began in 1970 to consider an outlet in the immediate vicinity of the Stedelijk Museum in order to provide easier

1   Maarten Bertheux, Martijn van
    Nieuwenhuyzen, 'Interview met
Wim Beeren', appendix to exh.
cat. *Aanwinsten/Acquisitions
Stedelijk Museum 1985–1993*,
Amsterdam: Stedelijk Museum,
Amsterdam 1993, n.p.

Rond 1960 kende Amsterdam enkele respectabele galeries, zoals Galerie d'Eendt, Magdalene Sothmann en Galerie Espace, die onder andere Cobra bracht. Al snel openden ook enkele experimentele galeries. Ze droegen (vaak bescheiden en voor korte tijd) bij aan een vooruitstrevend en levendig kunstklimaat in en rond de hoofdstad, waar toen bijvoorbeeld al de Nul-kunstenaars actief waren en Schippers en Van Elk vanaf 1961 gingen samenwerken in de Adynamische Groep, waar Brouwn en Engels aansloten bij een Fluxus-mentaliteit en ook Dibbets, Koetsier en Lucassen werkzaam waren. Tot de experimentele galeries behoorden Galerie 845 (1963–1972) aan de Prinsengracht – hier vonden de eerste exposities van Dibbets, Freijmuth, Holstein en Lucassen plaats en later exposeerde Engels er –, Galerie 207 (1960–1961), en Galerie Amstel 47 (1963–1964). In de laatstgenoemde ruimte toonden Schippers en Vautier hun werk en hield Brouwn zijn eerste 'aktie'. Galerie Swart opende in 1964. In Mickery, vanaf 1965 gevestigd in Loenersloot, gaf initiator van experimentele theatervoorstellingen Ritsaert ten Cate na 1969 ook kunstenaars gelegenheid te exposeren, onder wie Paul Thek. In 1968 startte Art & Project en begonnen Mia Visser, Wies Smals en Ten Cate galerie Seriaal, die multiples en grafiek van onder anderen Beuys, Morris, Panamarenko en Warhol uitbracht. In 1974 richtte Smals de experimentele expositieruimte De Appel

op.[2] Seriaal werd in 1975 overgenomen door Helen van der Meij. In 1977 sloot Seriaal en opende Van der Meij onder haar eigen naam een galerie aan de Prinsengracht.

GALERIE RIEKJE SWART

Op 27 november 1964 opende Riekje Swart (1923–2008) haar galerie aan de Keizersgracht 478 in Amsterdam. Ze toonde er werk van Jan van der Zee en nu in vergetelheid geraakte kunstenaars als Waskowsky, Schiavetto en Fie Werkman. Maar al snel exposeerden ook Freijmuth, Cassée en Van der Heyden bij haar. Swart ontwikkelde een sterke behoefte aan kennis over motivaties en doelstellingen van kunstenaars met betrekking tot hun werk, en aan een intellectueel debat over kunst met kunstenaars en publiek. Hoewel ook toen al eigenzinnig in haar keuzen en voorkeuren, liet Swart haar koers als galeriehoudster mede bepalen door de gesprekken met en suggesties van beeldend kunstenaars. Naast Reinier Lucassen was met name Bob Bonies in de periode 1965–1970

2 Frank Gribling, 'Kunst, kunstenaars en de kunstwereld in Amsterdam, 1960-1980. Feiten en samenhang', in: *Twintig jaar beeldende kunst/Twenty Years of Fine Art. Amsterdam 60/80*, Amsterdam: Museum Fodor, 1982, p. 6-21; Lucky Belder, 'Galeries in Amsterdam', in: *Twintig jaar beeldende kunst/Twenty Years of Fine Art. Amsterdam 60/80*, Amsterdam: Museum Fodor, 1982, p. 80-93.

access to the European market. A receptive public and the museum's numerous acquisitions appeared to be favourable factors, but when the American gallery owners realized exactly how small the Dutch market was, the plan was dropped.

Around 1960 Amsterdam had several respectable galleries, like Galerie d'Eendt, Magdalene Sothmann and Galerie Espace, which exhibited the Cobra artists, among others. Several experimental galleries soon opened and these contributed (often only modestly and for a brief period) to a lively and progressive artistic climate in and around the capital where, for example, the Nul artists were already active and, from 1961 onwards, Schippers and Van Elk were collaborating in the 'Adynamic Group'; where Brouwn and Engels formed part of a Fluxus mentality and Dibbets, Koetsier and Lucassen were working as well. Among the experimental galleries were Galerie 845 (1963–1972) on Prinsengracht – where Dibbets, Freijmuth, Holstein and Lucassen were first exhibited, and later also Engels – Galerie 207 (1960–1961) and Galerie Amstel 47 (1963–1964). Galerie Amstel presented work by Schippers and Vautier and was the venue for Brouwn's first 'action'. Galerie Swart opened in 1964. In Mickery, established in Loenersloot since 1965, Ritsaert ten Cate – the initiator of experimental theatre

performances – also showcased artists from 1969 onwards, among them Paul Thek.

Art & Project was started in 1968 and Mia Visser, Wies Smals and Ten Cate opened the Seriaal gallery which presented multiples and graphics by Beuys, Morris, Panamarenko and Warhol, among others. In 1974 Smals founded De Appel, an experimental exhibition space.[2] And in 1975 Seriaal was taken over by Helen van der Meij. It was closed in 1977 and Van der Meij opened a gallery under her own name on Prinsengracht.

RIEKJE SWART GALLERY

On 27 November 1964 Riekje Swart (1923–2008) opened her gallery at Keizersgracht 478 in Amsterdam where she showed work by Jan van der Zee and now-forgotten artists like Waskowsky, Schiavetto and Fie Werkman. Soon Freijmuth, Cassée and Van der Heyden were added to her list. Swart developed a strong desire to understand the motivations

2　Frank Gribling, 'Kunst, kunstenaars en de kunstwereld in Amsterdam, 1960-1980 Feiten en samenhang', in: *Twintig jaar beeldende kunst/Twenty Years of Fine Art: Amsterdam 60/80*, Amsterdam: Museum Fodor, 1982, pp. 6-21'; Lucky Belder, 'Galeries in Amsterdam', in: *Twintig jaar beeldende kunst/Twenty Years of Fine Art: Amsterdam 60/80*, Amsterdam: Museum Fodor, 1982, pp. 80-93.

(voordat hij zich toelegde op opdrachten voor de openbare ruimte en zich bezighield met de Bond van Beeldende Kunstenaars) door zijn gedreven inzet voor het kunstklimaat voor haar een stimulerende persoonlijkheid. Toen Swart hem in 1965 voor het eerst uitnodigde voor een groepspresentatie met Rous en Staakman, werden daar op zijn initiatief Blans en Eikelenboom nog bij uitgenodigd.

Bonies stimuleerde Swart zich op de hoogte te stellen van wat er in het buitenland gebeurde, zoals hij ook in de zomer van 1968 met Adriaan van Ravesteijn van het toen nog op te richten Art & Project een oriënterende 'kunstreis' naar Zwitserland maakte. Bonies attendeerde Swart eind jaren zestig op het boek *Constructivism: Origins and Evolution* van George Rickey uit 1967, waarin zowel het ontstaan als de nieuwe vertakkingen van het constructivisme worden beschreven. In het overzicht plaatste Rickey ook Nederlandse kunstenaars als Baljeu, Constant, Peeters, Schoonhoven, Visser, Volten, De Vries en de hier later woonachtige Duitse kunstenaar Von Graevenitz in een historisch en internationaal perspectief. Verschillende van de door Rickey besproken Nederlandse en buitenlandse kunstenaars exposeerden inmiddels bij Swart. Het boek hielp haar om haar galerieprogramma – dat toen al verregaand vorm had gekregen – nader te preciseren.

Ook wees Bonies Swart op oudere vertegenwoordigers van het constructivisme, onder wie bijvoorbeeld Richard Lohse, met wie ze in 1968 een tentoonstelling maakte. Daarnaast vroeg Bonies haar aandacht voor sterk van elkaar verschillende kunstenaars uit de Verenigde Staten als Clyfford Still en Ellsworth Kelly (die ook door Ad Dekkers zeer werd bewonderd). Mede door de contacten met kunstenaars ontwikkelde Swart dus een gericht galeriebeleid, dat zich met het programma van een heldere, systematische, maar complex gestructureerde kunst afzette tegen het in de jaren zestig canoniek geworden Cobra-expressionisme.

Evenals Bonies fungeerde Ger van Elk als gesprekspartner en contactpersoon van verschillende galeries. Samen met Jan Dibbets en Marinus Boezem exposeerde hij voor 1970 enkele malen bij Swart en deed hij mee aan het Project Katshoek, dat Bonies in 1968 in het toen nieuw opgeleverde kantoorgebouw Katshoek in Rotterdam organiseerde. Voor dit project maakten kunstenaars van Galerie Swart, onder wie Boezem, Dibbets en Van Elk, Dekkers en Struycken, een aantal werken met nog voorhanden zijnde bouwmaterialen. Hoewel zich in 1970 langzaam een scheiding voltrok tussen de systematische constructivisten in Swarts galerie enerzijds en de meer op de conceptuele kunst georiënteerde Dibbets en de voormalig 'adynamische' Van Elk anderzijds, was daar in 1968 nog geen sprake van. Toen Wim Beeren als conservator in het Stedelijk Museum in 1969 de tentoonstelling 'Op losse schroeven bracht',

and aims behind the artists' work, and she strove to instigate an intellectual dialogue among artists and public. Although already unorthodox in her selection and preferences, Swart allowed the direction she pursued as a gallery owner to be partly determined by discussions with and suggestions from the artists themselves. Along with Reinier Lucassen, Bob Bonies – with his passionate commitment to the artistic climate – was a particularly stimulating influence on her in the years between 1965 and 1970 (before he concentrated on commissions for public spaces and became involved with the Bond van Beeldende Kunstenaars, the artists union). When Swart first invited him to take part in a group exhibition with Rous and Staakman in 1965, it was through his initiative that Blans and Eikelenboom were included as well.

Bonies also encouraged Swart to find out what was happening outside the Netherlands, as he himself did on an exploratory 'art journey' he made to Switzerland in the summer of 1968 with Adriaan van Ravensteijn, later of Art & Project. At the end of the 1960s Bonies drew Swart's attention to the book *Constructivism – Origins and Evolution* by George Rickey, published in 1967, which dealt with the birth of Constructivism and its new ramifications. In this overview, Rickey placed (among others) Dutch artists like Baljeu, Constant, Peeters, Schoonhoven, Visser, Volten, De Vries and the later Dutch-based German artist Von Graevenitz in an historical and international perspective. Several of the Dutch and foreign artists mentioned by Rickey were later to be exhibited by Swart; the book helped her bring a more clear-sighted focus to her already far-reaching gallery programme.

Bonies also introduces Swart to the older exponents of Constructivism, such as Richard Lohse with whom she organized an exhibition in 1968. In addition Bonies drew her attention to such widely divergent American artists as Clyfford Still and Ellsworth Kelly (also much admired by Ad Dekkers). Thus it was partly her contact with the artists that enabled Swart to develop a focused gallery policy that put forward a programme of lucid, systematic but intricately structured art in answer to Cobra Expressionism, which had become the accepted norm in the 1960s.

Ger van Elk, like Bonies, also functioned as an interlocutor and contact person for various galleries. Together with Jan Dibbets and Marinus Boezem, he had exhibited on several occasions at the Galerie Swart before 1970, as well as contributing to the *Project Katshoek* that Bonies organized in 1968 in the newly opened Katshoek office building in Rotterdam. For this project Galerie Swart artists, such

verzorgde Van Elk – die kort daarvoor in Italië in contact was gekomen met vertegenwoordigers van de arte povera en in Engeland met een groep jonge Engelse kunstenaars die later entree kregen bij Art & Project – in Galerie Swart de parallelle tentoonstelling 'Micro Emotive Art', waarin geen systematisch constructivisten maar wel Boezem, Calzolari, Dibbets, Van Elk zelf, Kounellis, Long, Merz en Prini vertegenwoordigd waren met werk waaruit duidelijk een arte povera-mentaliteit sprak.

'Micro Emotive Art' maakte, samen met 'Op losse schroeven', deel uit van een algemene Europese tendens waarin de Amerikaanse kunst en de amerikanisering van de Europese kunst en cultuur (die bijvoorbeeld tot uiting kwam in het toen sterk op New York georiënteerde tentoonstellings- en aankoopbeleid van het Stedelijk Museum), alsmede de Amerikaanse rol in de Vietnamoorlog, zeer kritisch werden bekeken. De eigentijdse Amerikaanse kunst zelf – met pop art en minimal art – werd door de betrokken kunstenaars als vaak oppervlakkig en weinig geestrijk ervaren. Een typisch voorbeeld van hun inbreng op 'Micro Emotive Art' is een werk van Merz, waarin een ei (symbool van de oorsprong van de wereld) aan een draadje boven een landkaart hing, precies boven de locatie van Amsterdam, dat toen een belangrijk flowerpowercentrum was en als zodanig een spirituele vrijplaats. Van Elk toonde een kleine versie van de trapverdeler die hij op dat moment in het Stedelijk presenteerde. Calzolari maakte schroeivlekken op een witte wand door middel van een rij brandende gloeilampen. Door toepassing van alledaagse gebruiksvoorwerpen, ruwe en ongetransformeerde, aardse materialen en elektriciteit 'belichtten' de kunstenaars met minimale ingrepen het idee dat onverwachte combinaties van materie en energie tot metaforen werden van mentale energie, dichterlijke zeggingskracht en artistieke vrijheid. Hoe belangwekkend de tentoonstelling vanuit huidig perspectief ook is, Riekje Swart constateerde dat de *shock-value* van de expositie het niet al te overvloedige bezoekerspubliek – dat voor deze kunst nauwelijks een referentiekader had – destijds het zicht benam op de onverwachte beeldende kwaliteiten en achterliggende ideeënscherpte van het werk.

In 1970 verhuisde Swart naar de Van Breestraat, in de nabijheid van het Stedelijk Museum, waar haar galerie tot in 2000 was gevestigd. In hetzelfde jaar vertrokken Van Elk en Dibbets naar Art & Project, mede omdat Swart zich meer wilde concentreren op de op systematiek, structuur en het gebruik van moderne materialen gerichte kunst van onder anderen De Vries, Dekkers, Von Graevenitz, Struycken en, enkele jaren later, ook op de concrete schilderkunst van bijvoorbeeld Van de Wint en Van Koningsbruggen. In de regel scherpte Swart, zoals ze het zelf uitdrukte, haar blik aan het werk van Nederlandse kunstenaars

as Boezem, Dibbets and Van Elk, Dekkers and Struycken, had created several works out of left-over building materials. Although 1970 was to see a gradual divergence between the systematic Constructivists in Swart's gallery on the one hand, and the more conceptually orientated Dibbets and the former 'adynamic' Van Elk on the other, there was no sign of this yet in 1968. When Wim Beeren, curator of the Stedelijk Museum, mounted the exhibition 'Op losse schroeven' in 1969, Van Elk – who had recently been in contact with exponents of Arte Povera in Italy and, in England, with a group of young English artists who were later presented at Art & Project – organized the parallel show entitled 'Micro Emotive Art' in Galerie Swart. This show included none of the systematic Constructivists, but exhibited instead work by Boezem, Calzolari, Dibbets, Van Elk himself, Kounellis, Long, Merz and Prini, which was clearly stamped with the Arte Povera mentality. 'Micro Emotive Art' and 'Op losse schroeven' both formed part of a general European tendency whereby American art and the Americanization of European art and culture (encapsulated at that time by the Stedelijk Museum's strongly New York oriented exhibition and acquisition policy) and the American involvement in the Vietnam War were being heavily criticized. Contemporary American art itself – along with Pop Art and Minimal Art – was perceived by the artists concerned as often superficial and lacking in originality. An example of the contribution made to 'Micro Emotive Art' is a work by Merz: it shows an egg (symbol of the creation of the world) hanging by a thread above a map and positioned exactly over Amsterdam, which was an important flower power centre at the time and, as such, a spiritual refuge. Van Elk exhibited a small version of his 'staircase partition' – at that moment on show at the Stedelijk Museum – and Calzolari used a row of glowing light bulbs to create scorch marks on a white wall. By using everyday objects, crude and unworked natural materials and electricity, these artists managed with minimal intervention to 'illuminate' the idea that unexpected combinations of matter and energy could become metaphors for mental energy, poetic expression, and artistic freedom. However significant the exhibition now seems in retrospect, Riekje Swart observed that in the eyes of the non-too-numerous public of the time – who had virtually no frame of reference for this form of art – the show's shock value overshadowed the unexpected visual qualities and underlying conceptual clarity of the works.

In 1970 Swart moved to Van Breestraat, in the vicinity of the Stedelijk Museum, and remained there until 2000. In that same year Van Elk and Dibbets went to Art &

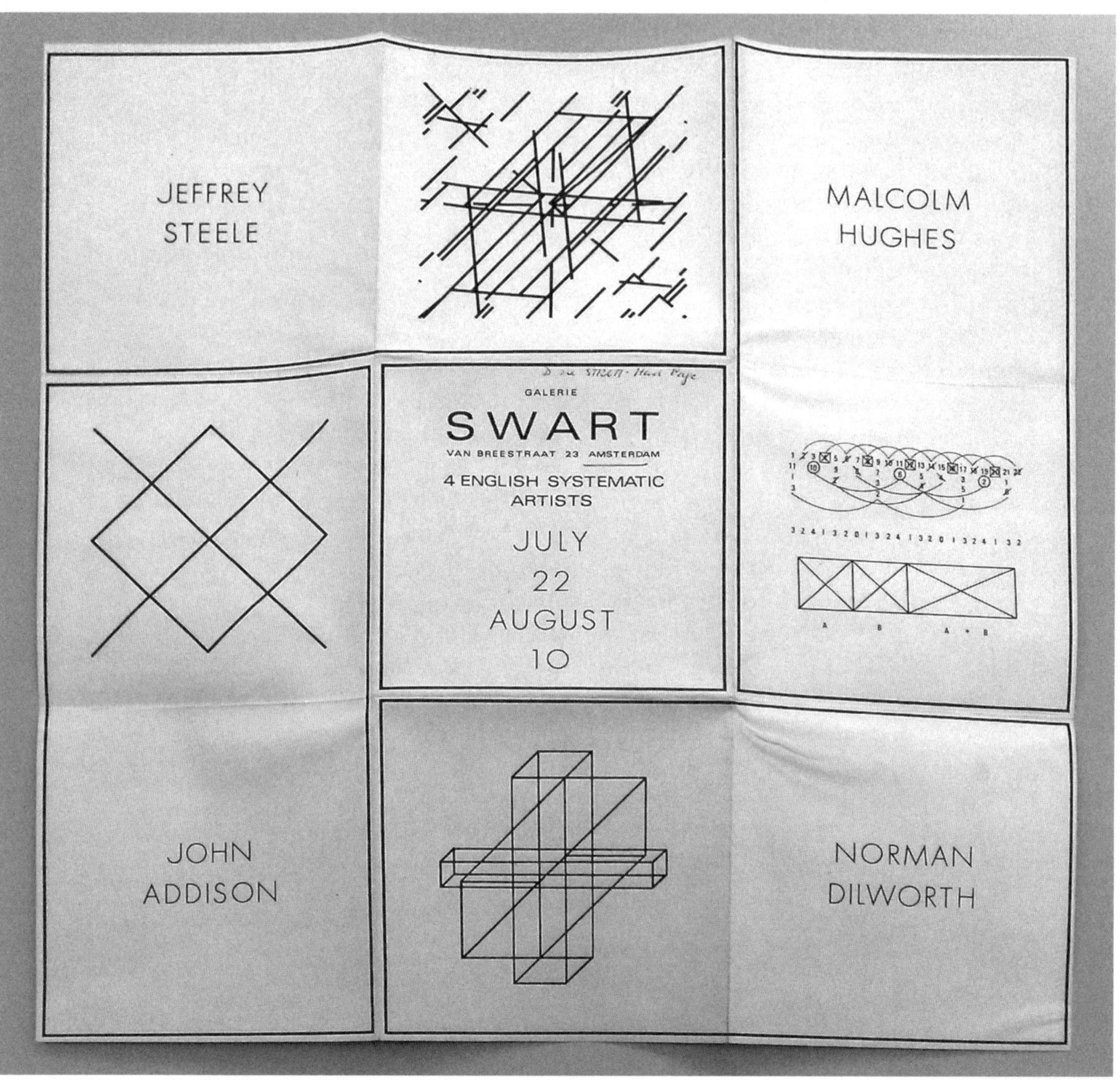

Uitnodiging Galerie Swart voor de tentoonstelling '4 English systematic artists'

Galerie Swart invitation to the exhibition '4 English systematic artists', 1973

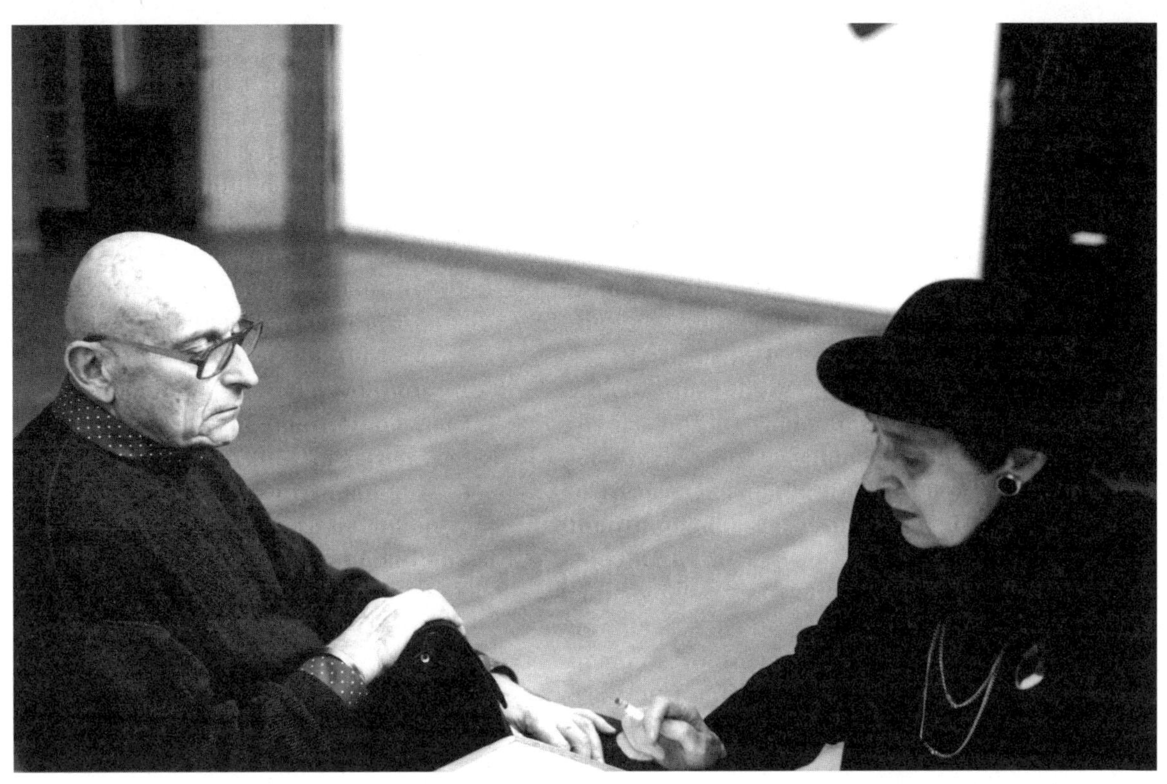

Benno Premsela en Riekje
Swart bij het afscheid van
Wim Beeren als directeur
van het Stedelijk Museum
Amsterdam

**Benno Premsela and Riekje
Swart at the retirement
of Wim Beeren as direc-
tor of the Stedelijk Museum
Amsterdam,** 1993

Foto/Photograph:
© Martijn van
Nieuwenhuyzen, Amsterdam

en zocht daar dan een internationale context bij. Met Zero-kunstenaar Christian Megert uit Bern bijvoorbeeld organiseerde Swart in 1967 een uitwisselingstentoonstelling met jonge Zwitserse kunstenaars, waarbij Megert werk van Bonies, Dekkers, Struycken en Koetsier toonde. Maar ook het omgekeerde gebeurde, zoals in 1967, toen Swart een reeks multiples van de Groupe de Recherche d'Art Visuel (GRAV) selecteerde bij de Parijse Galerie Denise René en de expositie die zij daarvan maakte aanvulde met speciaal daarvoor vervaardigde werken van Nederlandse kunstenaars. Van 1969 tot 1978 bracht Swart bovendien werk van GRAV-kunstenaar Morellet.

Swart oriënteerde zich in de jaren zeventig in Engeland op geestverwante kunstenaars als Kenneth Martin, Norman Dilworth en Jeffrey Steele. Als context voor haar programma van Nederlandse systematisch constructivisten maakte ze in 1974 een tentoonstelling met werk van Donald Judd: doosachtige sculpturen die op systematische wijze aan elkaar waren gerelateerd, maar die afzonderlijk konden worden gekocht. Daarvoor al toonde ze in een groepstentoonstelling enkele multiples van Judd. In 1969 had ze zich in de Verenigde Staten georiënteerd en bracht ze in een groepstentoonstelling werk van landart-kunstenaar Dennis Oppenheim en Peter Hutchinson. Incidenteel presenteerde ze vanaf 1972 (in samenhang met grafiek van kunstenaars van de galerie) grafiek van Agnes Martin, Robert Mangold, Robert Ryman en Richard Tuttle, uitgegeven bij de Parasol Press.

In 1974 overleed Dekkers; Bonies verliet haar galerie enkele jaren daarna. Na 1975 werd het werk van Von Graevenitz en al snel ook dat van Morellet te duur voor de Nederlandse markt; Swart heeft het nadien niet meer gebracht. Struycken bleef haar trouw. Tot ver in de jaren tachtig – toen Swart een op de nieuwe schilder- en beeldhouwkunst gericht beleid ging voeren – was hij aan de galerie verbonden.

ART & PROJECT

Over de conceptuele kunst die rond 1970 sterk in opkomst was, zei Swart later: 'De jaren zestig waren interessant, een opwindende tijd. Maar ik moet zeggen dat in de jaren zeventig Art & Project veel interessanter bezig is geweest dan ik. Zoals zij die conceptuele kunst in de eerste plaats gezien en gebracht, vormgegeven hebben, is een grote verdienste die te weinig is onderkend.'[3]

Geert van Beijeren (1933–2005) en Adriaan van Ravesteijn (1938) leerden elkaar kennen in 1965 en begonnen, gestimuleerd door de activiteiten van Riekje Swart, eind 1968 galerie Art & Project. Het was hun bedoeling om op projectmatige basis kunst in samenhang met

3   Catherine van Houts, 'Altijd op zoek naar het mallotige en verrassende', *Het Parool*, 14 september 1991.

Project, partly because Swart wanted to concentrate more on art which was geared to system and structure and to the use of modern materials. An art which was being produced by people like De Vries, Dekkers, Von Graevenitz, Struycken. Some years later she concentrated on the Concrete painting of artists like Van de Wint and Van Koningsbruggen. In general, Swart focused her sights – as she herself put it – on the work of Dutch artists and sought to place it in an international context. For instance in 1967 she organized an exchange exhibition in collaboration with Zero artist Christian Megert of Bern, whereby she showcased young Swiss artists while Megert exhibited work by Bonies, Dekkers, Struycken and Koetsier. This idea could also be reversed, ashappened in the same year when Swart selected a series of multiples form the Groupe de Recherche d'Art Visuel (GRAV) at the Galerie Denise René in Paris and mounted an exhibition of these works supplemented by pieces specially made for the show by Dutch artists. In addition, from 1969 to 1978 Swart presented the work of GRAV artist Morellet.

During the 1970s Swart's attention in England was focused on like-minded artists such as Kenneth Martin, Norman Dilworth and Jeffrey Steele. And in 1974, as a context for her programme of Dutch Systematic Constructivists, she mounted an exhibition of Donald Judd's work consisting of box-like sculptures which were systematically linked to each other but could be individually bought. In an earlier group exhibition she had already shown a series of multiples by Judd. After an exploratory trip to the United Stated in 1969, that in retrospect can be seen as the start of a new orientation on American art, she also presented the work of Land artist Dennis Oppenheim and Peter Hutchinson in a group exhibition. And from 1972 onwards, along with graphic work by artists associated with the gallery, she also showcased graphic work by Agnes Martin, Robert Mangold, Robert Ryman and Richard Tuttle, produced by the Parasol Press.

Dekkers died in 1974 and Bonies left the gallery a few years later. After 1975 Von Graevenitz's work, and soon afterwards Morellet's as well, became too expensive for the Dutch market and Swart ceased to exhibit it. Struycken, however, remained loyal to her, continuing to be affiliated to the gallery until well into the 1980s when Swart adopted a policy geared to promoting the new painting and sculpture.

ART & PROJECT

Talking about the Conceptual Art that dominated the scene around 1970, Swart was later to say: 'The sixties were interesting years, a stimulation time. But I have to say that what Art & Project was doing

architectuur te tonen, een plan dat voortbouwde op aspecten van het beleid van Galerie Swart en dat verwant was aan Bonies' idee achter Project Katshoek, waarbij overigens Art & Project – door de deelname van de bij Art & Project exposerende architecten Slothouber en Graatsma uit Heerlen – was betrokken. Door gebrek aan belangstelling van de zijde van de architecten bleek de opzet van de galerie in die vorm echter niet uitvoerbaar. Al snel werd duidelijk dat de projectmatige opzet juist beter geschikt was voor de presentatie van een haast immateriële vorm van kunst, waarbij vooral het concept centraal stond. Art & Project toonde ideeënnotities, die soms ook ter plekke werden geconcretiseerd door de internationale groep van kunstenaars waarmee de galerie werkte. De sterk reductieve en ontmaterialiseerde benadering van kunst ging in Art & Project gepaard met een open oog voor een ontgrenzing van de beeldende kunst, en voor de randgebieden van de kunst, zoals fotografie, tekst en andere niet-artistieke vormen die als een zo direct mogelijk registratiemiddel van het concept konden dienen. Zodoende verrichtte Art & Project, dat aanvankelijk weinig werd bezocht, in een relatief isolement baanbrekend werk.

Via de internationale verzending van door de galerie uitgegeven bulletins, die door kunstenaars als Stanley Brouwn, Lawrence Weiner en Robert Barry al in 1969 niet alleen als uitnodigings- of informatiebladen werden gebruikt, maar vooral ook als kunstzinnig medium, kwamen de activiteiten van de galerie onder de aandacht van een select internationaal publiek. Dibbets en Van Elk reisden regelmatig en onderhielden vele buitenlandse contacten. Van Elk legde voor de galerie contacten met Engelse kunstenaars, onder wie Gilbert & George, en met een aantal Westcoast-kunstenaars, zoals Bas Jan Ader, John Baldessari en Allen Ruppersberg. Dibbets, tot in 1976 verbonden aan Art & Project, bracht de galeriehouders in contact met LeWitt. Ten tijde van 'Op losse schroeven' kwamen Geert van Beijeren en Adriaan van Ravesteijn via Coosje van Bruggen, die betrokken was bij de organisatie van de tentoonstelling, in contact met Lawrence Weiner. Door Van Bruggen en Weiner leerden beide galeriehouders Huebler, Kosuth en Barry kennen, die vervolgens bij Art & Project exposeerden. Zo werd een netwerk van internationale relaties opgebouwd. Via de connecties met exposerende kunstenaars participeerde Art & Project in projecten met een aantal buitenlandse galeries, waaronder Konrad Fischer (Düsseldorf), Paul Maenz (Keulen), Yvon Lambert (Parijs) en Gian Enzo Sperone (Turijn).[4]

4   Arjen Kok, 'Art & Project',
    Metropolis M, nr. 5, 1984,
    p. 16-20, p. 17. Zie ook Luca
    Dosi Delfini, Martijn van
    Nieuwenhuyzen, 'Art & Project.
    Een terugblik op de vroege
    jaren', Bulletin Stedelijk Museum
    Amsterdam, nr. 5, mei/juni 1995,
    p. 58-59.

in the seventies was much more interesting than what I did. The way they initially saw and presented Conceptual Art, gave it form, was of inestimable importance and insufficiently recognized.'[3]

Geert van Beijeren (1933–2005) and Adriaan van Ravesteijn (1938) met in 1965 and, stimulated by Riekje Swart's activities, started the gallery Art & Project at the end of 1968. Their idea was to exhibit art in combination with architecture on a project basis – a plan which built on certain aspects of Galerie Swart's policy, as well as being allied to Bonies' idea behind the *Project Katshoek* in which Art & Project were also involved through the participation of the Heerlen architects Slothouber and Graatsma, who exhibited at their gallery. Lack of interest on the part of architects, who should have instigated a collaboration with the artists, made the creation of a gallery in that particular form unfeasible. Moreover, it soon became obvious that a project-based organization was in fact more suitable to the presentation of an almost immaterial form of art in which the concept would be central. Art & Project exhibited notes on ideas which were sometimes given concrete form in situ by the international group of artists working with the gallery. In Art & Project a strongly reductive and dematerializing approach to art went hand-in-hand with an open eye for a breaking-down of boundaries in the visual arts, as well as for the peripheries of art, like photography, text and other non-artistic forms which could serve as the most direct possible means of registering the concept. In this way, Art & Project, which originally only commanded a small public, carried out ground-breaking work in relative isolation.

The activities of the gallery, however, were gradually brought to the attention of a select international public through the international circulation of the gallery's own published bulletins which, as early as 1969, artists like Stanley Brouwn, Lawrence Weiner and Robert Barry took to using not only as invitation or information sheets, but more particularly as an artistic medium in its own right. Dibbets and Van Elk – now exhibiting at Art & Project – travelled abroad regularly and maintained many foreign contacts. Van Elk established contacts on behalf of the gallery with English artists including Gilbert & George, as well as with a number of West Coast artists like Bas Jan Ader, John Baldessari and Allen Ruppersberg. And Dibbets, who remained associated with Art & Project until 1976, brought the gallery owners together with LeWitt. At the time of 'Op losse schroeven', Geert van Beijeren and Adriaan van Ravesteijn

3   Catherine van Houts, 'Altijd
op zoek naar het mallotige
en verrassende', *Het Parool*,
14 September 1991.

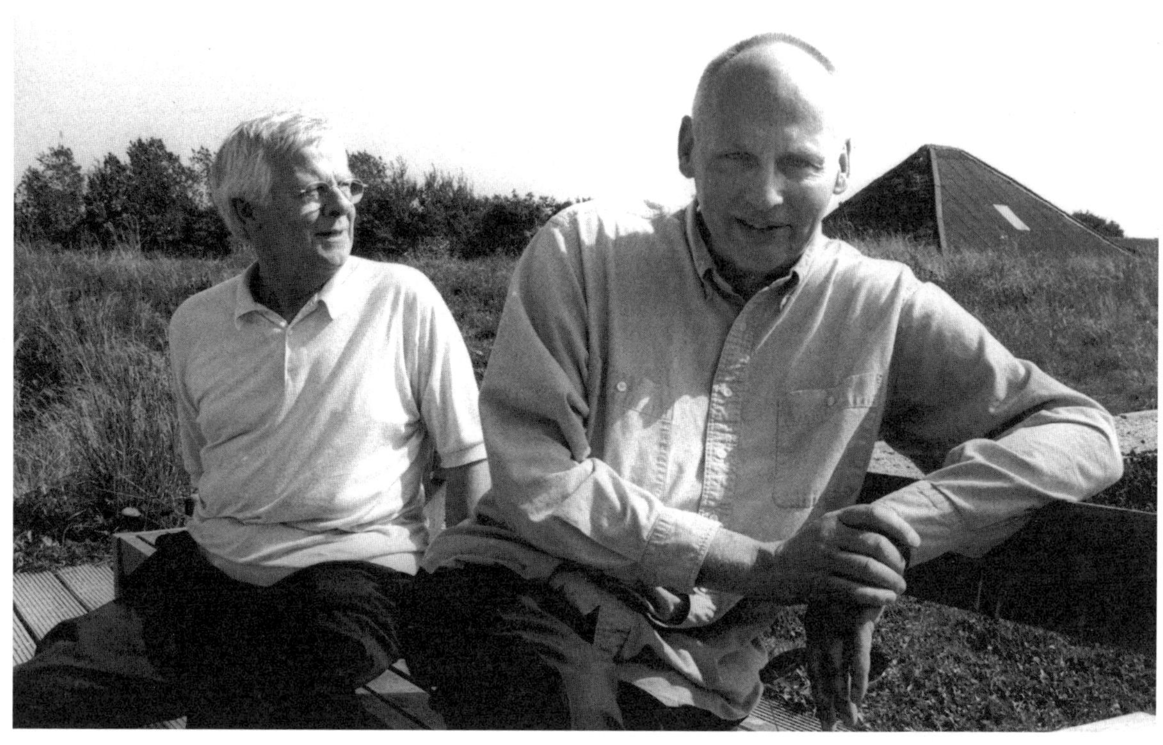

Geert van Beijeren &
Adriaan van Ravesteijn,
Slootdorp, 24.VIII.1997

Foto/Photograph:
© Martijn van Nieuwenhuyzen

Art & Project bulletin 18,
Sol LeWitt, 1970

70

art & project

adriaan van ravesteijn
geert van beijeren bergen en henegouwen

amsterdam 9
richard wagnerstraat 8
(020) 720425

bulletin 18

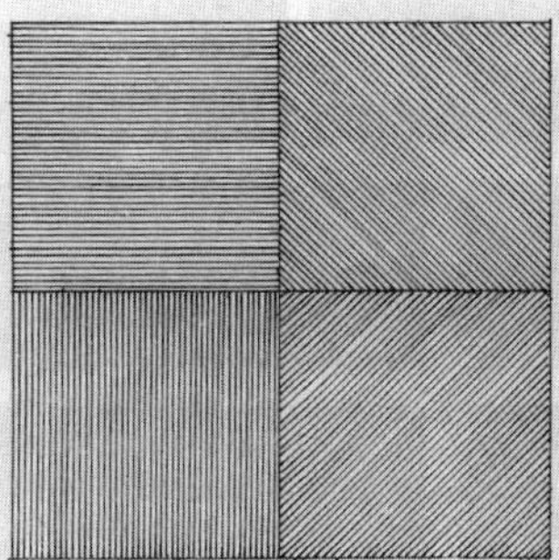

```
drukwerk/
printed matter
```

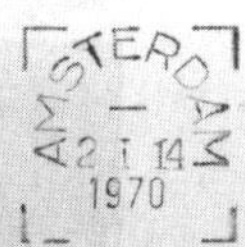


```
aan/to

museum boymans-van beuningen
bibliotheek

rotterdam    holland
mathenesserlaan 18-20
```

Lines and Combinations of Lines/Sol LeWitt

Het internationale, signalerende beleid van Art & Project gaf ruimte aan een kunst die, door de reductieve benadering, het gebruik van teksten en de neiging tot ontgrenzing van de traditionele beeldende media waarmee de kunstenaars hun individuele uitgangspunten uitwerkten, gold als een kunst met een hoge 'moeilijkheidsgraad'. In 1970 bracht de galerie Bochner, Darboven, Knoebel en LeWitt. Een jaar later exposeerden kunstenaars met zulke uiteenlopende opvattingen als Baldessari en Buren. Al vanaf de beginjaren oriënteerden Van Beijeren en Van Ravesteijn zich ook op het werk van Engelse kunstenaars als Richard Long en Gilbert & George. In het najaar van 1969 brachten Gilbert & George een kennismakingsbezoek aan Art & Project; in mei 1970 kregen ze er hun eerste buitenlandse expositie en tijdens de opening daarvan, op 12 mei 1970, presenteerden ze zich twee uur lang als 'living sculptures'. Al eerder, de dag na hun kennismakingsbezoek eind 1969, hadden ze hun beroemd geworden Living Sculpture op de trappen van het Stedelijk uitgevoerd. De aandacht voor de gedistantieerde Engelse kunst is tot in de jaren negentig bepalend voor het beleid van Art & Project, en leidde in de loop van de tijd tot presentaties van onder anderen Charlton, Colton, Cragg, Flanagan, Fulton, Heard, Long, Lord, Pope, Robilliard en Tremlett.

Volgens Van Ravesteijn vloeiden latere veranderingen in het tentoonstellingsprogramma voort uit de verhuizingen van de galerie. De mogelijkheden van een nieuwe ruimte daagden volgens hem uit tot een andere programmering.[5] Vermoedelijk echter zijn zowel de verhuizingen als de daarmee samenhangende veranderingen in het programma uitdrukking van een dieper liggende behoefte aan afwisseling en grensverlegging. Ook het prijspeil van het werk van sommige kunstenaars speelde een rol. Van een aantal van hen werd het werk na verloop van tijd zo duur, dat verkoop op de Nederlandse markt (en in verband daarmee een presentatie in de galerie) onhaalbaar werd.

Art & Project is in totaal viermaal verhuisd. In de periode 1968–1971 was de galerie gevestigd in de Richard Wagnerstraat en van 1971 tot 1973 dichter bij het centrum, in de Van Breestraat. In deze periode was Art & Project nog een kleine galerie en sterk gericht op de conceptuele kunst. Van 1973 tot en met 1978 huisde Art & Project aan de Willemsparkweg, waar het programma, naast de al aan de galerie verbonden buitenlandse kunstenaars, meer bepaald werd door de teken- en schilderkunst van onder anderen Akkerman, Rajlich

5   Zoals Adriaan van Ravesteijn het stelde: 'Nieuwe ruimte werkt verfrissend.' In: Kok, op. cit. (noot 4), p. 17; Ella Reitsma, 'Art & Project. Soms kijk je meer naar hoe de kunstenaars zich gedragen dan naar wat ze maken', *Vrij Nederland* (kleurenbijlage), 22 maart 1986, p. 22.

came into contact with Lawrence Weiner via Coosje van Bruggen who was involved with the organization of the exhibition. And through Van Bruggen and Weiner both gallery owners met Huebler, Kosuth and Barry, who subsequently exhibited at Art & Project. In this way a network of international relations was built up. The connections with exhibiting artists led to Art & Project taking part in various projects with foreign galleries, including Konrad Fischer (Düsseldorf), Paul Maenz (Cologne), Yvon Lambert (Paris) and Gian Enzo Sperone (Turin).[4]

Art & Project's international signalling policy allowed for an art which, through its reductive approach, use of text and tendency to remove the boundaries of the traditional visual media by which artists developed their own individual starting-points, was seen as an art with a high 'difficulty level'. In 1970 the gallery presented Bochner, Darboven, Knoebel and LeWitt. The following year the gallery was showing artists of such divergent approaches as Baldessari and Buren. From the earliest years Van Beijeren and Van Ravesteijn had also explored the work of English artists like Richard Long and Gilbert & George. The latter paid an exploratory visit to Art & Project in the autumn of 1969; in May 1970 the gallery hosted their first foreign show where during the opening on 12 May 1970 they presented themselves for two hours as 'living sculptures'. They had already performed their by then famous *Living Sculpture* on the steps of the Stedelijk Museum the day after their initial visit at the end of 1969. English art, with its sense of detachment, was a central feature of Art & Project's policy down to the 1990s and has led over the years to presentations of work by Charlton, Colton, Cragg, Flanagan, Fulton, Heard, Long, Lord, Pope, Robilliard and Tremlett, among others.

According to Van Ravesteijn, later changes in the exhibition programme were a result of the gallery's various moves to different premises. He maintained that the opportunities presented by a new space challenged them to create a different programming.[5] Probably both the changes of premises and the

4   Arjen Kok, 'Art & Project',
■   *Metropolis M*, no. 5, 1984,
pp. 16-20, p. 17. See also
Luca Dosi Delfini, Martijn van
Nieuwenhuyzen, 'Art & Project:
Een terugblik op de vroege
jaren', *Bulletin Stedelijk Museum
Amsterdam*, no. 5, May/June 1995,
pp. 58-59.

5   As Adriaan van Ravesteijn
■   put it: 'A new space has a
stimulating effect.' Kok, op.
cit. (note 4), p. 17; E. Reitsma,
'Art & Project: Soms kijk je
meer naar hoe de kunstenaars
zich gedragen dan naar wat ze
maken', *Vrij Nederland* (colour
supplement), 22 March 1986,
p. 22.

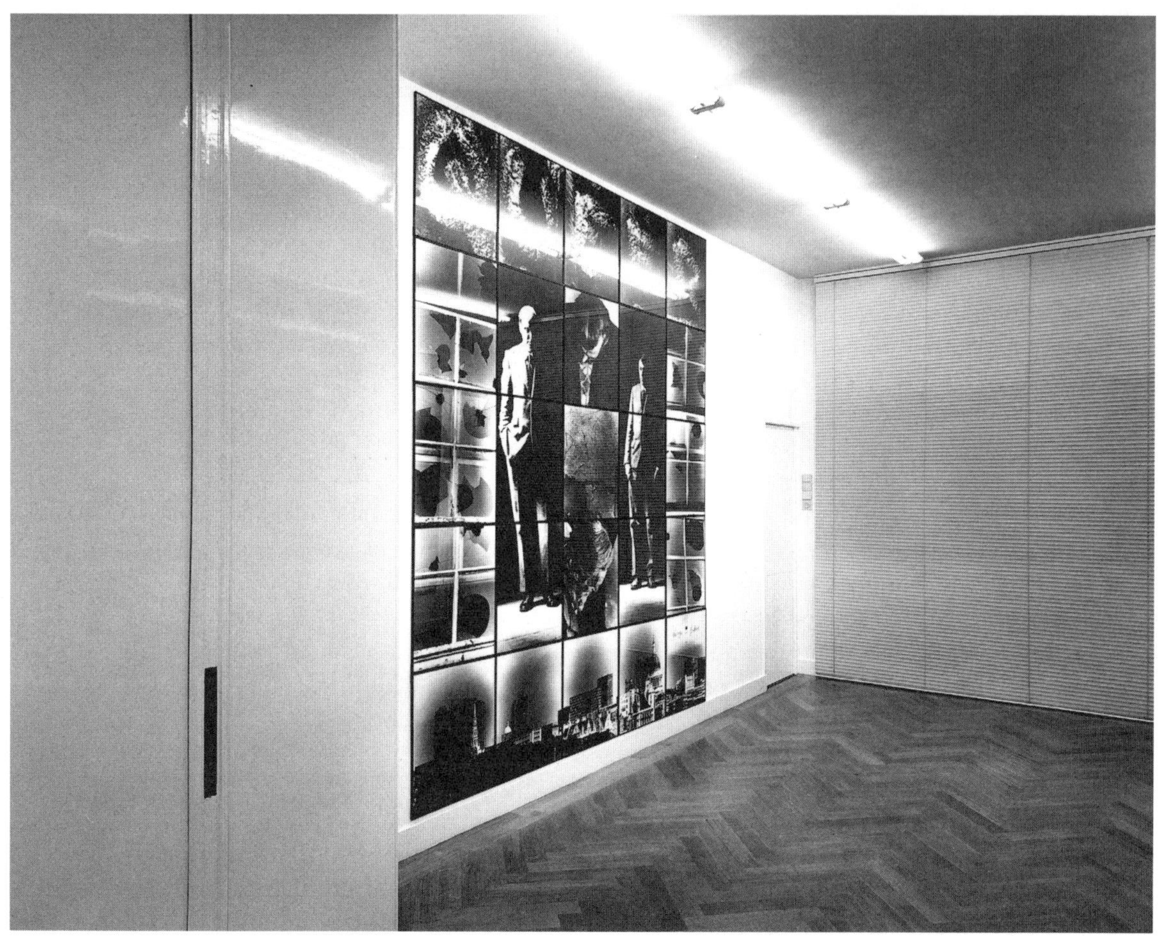

Art & Project,
Gilbert & George, 1977

Foto/Photograph:
© Cor van Weele/MAI

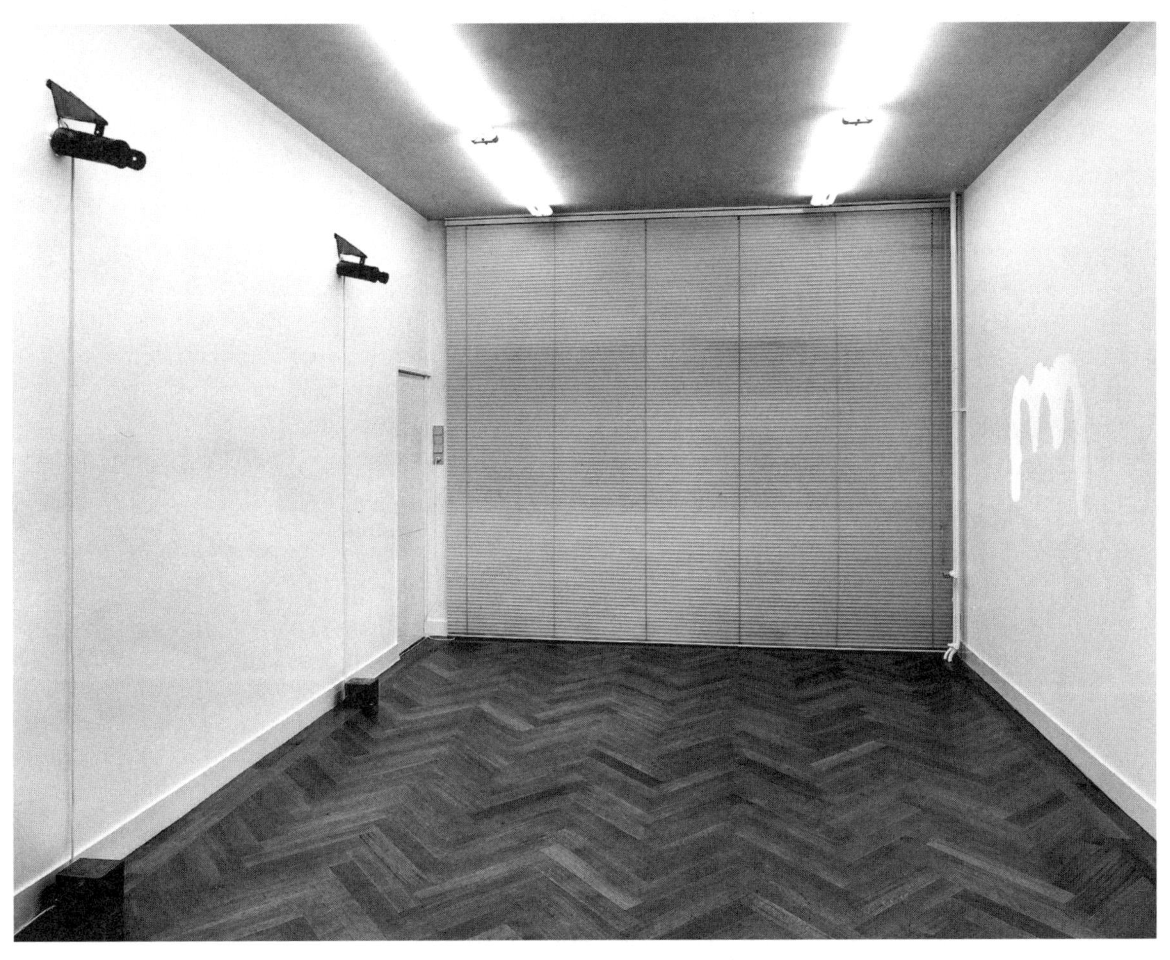

Art & Project,
Barry Flanagan, 1977

Foto/Photograph:
© Cor van Weele/MAI

75

en Verhoef en door Vissers grotere, driedimensionale werk. Van 1979 tot 1990 was Art & Project gevestigd aan de Prinsengracht en bracht daar onder meer werk van de Italianen Clemente, Chia, Cucchi en Salvo. Tegelijkertijd oriënteerden Van Beijeren en Van Ravesteijn zich op de Nederlandse schilder- en beeldhouwkunst. Dit beleid continueerden ze toen Art & Project in 1990 naar Slootdorp vertrok, op het platteland van Noord-Holland, waar de galerie actief was tot 2001.

GALERIE
HELEN VAN DER MEIJ

De derde toonaangevende galerie in het Amsterdam van de jaren zeventig was die van Helen van der Meij (1938). Van der Meij bleek gevoelig voor de sterk op de individuele beleving gerichte kunst uit het Duitse cultuurgebied en bewonderde het tentoonstellingsbeleid dat Johannes Gachnang van 1971 tot 1973 had gevoerd in het Goethe Institut in Amsterdam. Gachnang presenteerde daar werk van D'Armagnac, Penck, Polke, Baselitz, Kiefer en anderen. In Seriaal toonde Van der Meij – nadat ze de galerie in 1975 had overgenomen – onder andere grafiek, politieke affiches, ansichtkaarten en objecten van Staeck en tekeningen, gouaches en schilderijen van Penck, die later nogmaals in Seriaal zou exposeren. Al in 1976 volgden presentaties van Immendorff, Lüpertz, Polke en Raetz en het jaar daarop van Broodthaers.

In oktober 1977 betrok Van der Meij een ruimte aan de Prinsengracht 116, waar ze tot 1982, net als in Seriaal, naast buitenlandse kunst ook werk van Nederlandse kunstenaars exposeerde. Tot hen behoorden Buisman, Daniëls, Gijzen, Mol en de in Nederland woonachtige IJslander Gudmundsson. Bovendien bracht ze, prominenter dan voorheen, het Duitse neo-expressionisme. Tussen 1977 en 1982 exposeerden Höckelmann, Immendorff en Kirkeby ieder één keer in haar galerie. Kiefer, Baselitz, Penck en Lüpertz hadden er met regelmaat (respectievelijk vier, drie, drie en twee maal) presentaties. In het begin van de jaren tachtig ging Van der Meij, inmiddels geassisteerd door Paul Andriesse, over op vertegenwoordigers van een jongere Duitse generatie, onder wie Dahn, Dokoupil, Oehlen en Büttner. Eerder nog bracht ze Boltanski en Messager en werk van Italiaanse kunstenaars als Anselmo en Penone. Toen Paul Andriesse Galerie Helen van der Meij vanaf 1982 ging leiden, bleef de naam nog tot 1984 ongewijzigd, om daarna in Galerie Paul Andriesse over te gaan.

Net als Galerie Swart en Art & Project vervulde Galerie Helen van der Meij een signalerende functie met betrekking tot de actuele internationale beeldende kunst. Waar de programma's van Swart en Art & Project echter gekleurd werden door een voorkeur voor een sterk reductieve en precies gearticuleerde kunst, week Van der Meij af van

attendant changes in the programme are expressions of a deeper-lying need for diversity and breaking new ground. The price levels of some of the artists' work also played a part. Over the years, the work of various artists became so expensive that it became impossible to sell on the Dutch market and thus also to exhibit in a Dutch gallery.

Art & Project changed premises four times: the period between 1968 and 1971 saw the gallery on Richard Wagnerstraat and from 1971 to 1973 it was situated closer to the city-centre on Van Breestraat. At that time Art & Project was still a small gallery with a strong focus on Conceptual Art. From 1973 to 1978 Art & Project established itself on Willemsparkweg where, alongside the foreign artists already associated with the gallery, the programme was more determined by the drawings and paintings of Akkerman, Rajlich and Verhoef, among others, and by Vissers's large three-dimensional work. Between 1979 and 1990 Art & Project was established on Prinsengracht where it presented the work of the Italian artists Clemente, Chia, Cucchi and Salvo, and others. At that same time Van Beijeren and Van Ravesteijn were focusing on Dutch painting and sculpture, a policy which they continued when the gallery moved in 1990 to Slootdorp, in the North Holland countryside, where the gallery remained active until 2001.

HELEN VAN DER MEIJ GALLERY

The third pioneering gallery in Amsterdam during the 1970s was that of Helen van der Meij (1938). Van der Meij felt an affinity for the German cultural climate whose art drew strongly on individual experience. She admired the exhibition policy of Johannes Gachnang in the Goethe Institute in Amsterdam between 1971 and 1973, where he presented the work of D'Armagnac, Penck, Polke, Baselitz, Kiefer and others. After taking over the Seriaal gallery in 1975, Van der Meij presented, among other things, graphics, political posters, postcards and objects by Staeck and drawings, gouaches and paintings by Penck, who was later to exhibit in Seriaal again. By 1976 she was showing work by Immendorf, Lüpertz, Polke and Raetz, and the following year by Broodthaers.

In October 1977 Van der Meij took over a space at Prinsengracht 116 where she continued her Seriaal policy of presenting both Dutch and foreign artists until 1982; the Dutch artists included Buisman, Daniëls, Gijzen, Mol and the Dutch-based Icelander Gudmundsson. In addition these years saw an even stronger focus on German Neo-Expressionism. Between 1977 and 1982 works by Höckelmann, Immendorff and Kirkeby were exhibited once in her gallery. Kiefer, Baselitz, Penck and

dit laatmodernistisch beeld door een nadrukkelijk gesticulatieve schilderkunst te brengen die eerder op het persoonlijk perspectief en op historische en nationale thema's was gericht dan op objectivering en formele vernieuwing. Van der Meij: 'Mij fascineerde het feit dat er een groep mensen was, Duitsers, die bereid waren een traditie op te nemen die taboe was. (...) Wat ik nu zeg is wel achteraf geïnterpreteerd. Toen ik het op dat moment zag, dacht ik eigenlijk alleen: "Wat fantastisch".'[6] In presentaties met titels als 'Heroische Sinnbilder' (Kiefer, 1977) en 'Fünf Bilder über den Faschismus' (Lüpertz, 1980) toonde ze de expressieve, inhoudelijk beladen schilderkunst die haar zo intrigeerde.

In 1982 stelde Van der Meij in een interview: 'Wij, Art & Project, Riekje Swart en ik, zijn internationaal georiënteerd. Op alle grote manifestaties zijn er mensen van ons bij. (...) De kunstenaars die bij mij werken, weten wie hier komen kijken: de professionals.'[7] Aan het begin van haar carrière had Van der Meij nog grote moeite moeten doen om publiek te trekken en het te overtuigen. 'Je zat in je galerie met een tentoonstelling en niemand kwam. Toch dacht je van de buitenwereld dat het stommeriken waren. Dat gaf een enorme kracht. Je was samen met je kunstenaars. Wanneer een werk (...) was weggegaan gingen we lekker met elkaar eten: weg centjes! Maar wij hadden gelijk. Niemand wist nog hoe onoverwinnelijk we waren. We (...) zouden het allemaal wel eens even laten zien. Nou, dat hebben we gedaan. Een hele hoop zijn er beroemd geworden.'[8] In 1987, terugkijkend op haar Amsterdamse galeriejaren, verklaarde ze echter: 'Ik was acht jaar intensief bezig geweest. Als ik een tentoonstelling maakte wist ik dat die of die wel weer wat zou kopen, welke musea net bij me waren geweest... Je kon het allemaal zo uittellen. Artistiek zat ik niet aan een plafond, maar commercieel wel. Met jongere kunstenaars opnieuw beginnen, weer hetzelfde traject aflopen, dat kon ik niet. Ik wilde verder.'[9] In de periode van 1977 tot 1984 was ze al werkzaam geweest als exclusief vertegenwoordiger van Kiefer en in 1983 vestigde ze zich als internationaal agente van onder anderen Sigmar Polke en Mario Merz.

REPUTATIES, IDEALEN EN GRENZEN

Ondanks de tegenstellingen in het werk waar de galeriehouders voor

6 Wilma van Asseldonk e.a., 'Kent u Lüpertz? Nee? Zal ik er u wat over vertellen?', *Code*, nr. 8 (december 1987), p. 8-11, p. 10.

7 Ella Reitsma, 'Kunst kopen. De avant-garde en het grote geld: "Iedere kunstenaar gaat gewoon door, ook al is er geen publiek"', *Vrij Nederland*, 6 februari 1982, p. 17.

8 Van Asseldonk e.a., op. cit. (noot 6), p. 9.

9 Van Asseldonk e.a., op. cit. (noot 6), p. 10.

Lüpertz were regularly represented (on four, three, three, two and one occasion respectively). At the beginning of the 1980s Van der Meij, now assisted by Paul Andriesse, turned her attention to representatives of a younger generation of German artists such as Dahn, Dokoupil, Oehlen and Büttner. Prior to that she had exhibited Boltanski and Messager, as well as the work of Italian artists like Anselmo and Penone. When Paul Andriesse took over the direction of the Galerie Helen van der Meij in 1982, it kept its name until 1984 when it was changed to Galerie Paul Andriesse.

Like Galerie Swart and Art & Project, Galerie Helen van der Meij fulfilled a signalling function with regard to contemporary international visual art. But where Swart and Art & Project's programmes were coloured by a preference for a strongly reductive and meticulously articulated art, Van der Meij broke away from this late modernist image by presenting emphatically gesticulative painting which was focused more on personal perspective, and historical and national themes, than on objectification and formal renewal. Van der Meij: 'What fascinated me was that there was a group of people, Germans, who were prepared to take on a tradition that was taboo. (...) I'm speaking with hindsight now, of course. When I first saw it, I only thought: "How fantastic".'[6] In shows with titles like 'Heroische Sinnbilder' [Heroic Emblems] (Kiefer 1977) of 'Fünf Bilder über den Faschismus' [Five Paintings on Fascism] (Lüpertz 1980), for instance, she presented examples of the expressive, thematically charged painting that so fascinated her.

In an interview in 1982 Van der Meij said: 'We – Art & Project, Riekje Swart and myself – are internationally oriented. All major art manifestations include some of our people. (...) The artists who work with me, know who visit my gallery: the professionals.'[7] At the beginning of her career, Van der Meij had to go to considerable trouble to attract a public and win them over. 'You'd sit there in the gallery with an exhibition and nobody came. But all you could think was that the outside world were just fools. And that gave you enormous strength. You had a bond with your artists. When a work (...) had been bought we'd go off to have a meal together: spend the money! But we were right. At that time nobody knew how invincible

6   Wilma van Asseldonk et al.,
    'Kent u Lüpertz? Nee? Zal ik
er u wat over vertellen?', *Code*,
no. 8 (December 1987), pp. 8-11,
p. 10.
7   Ella Reitsma, 'Kunst kopen:
    De avant-garde en het grote
geld: "Iedere kunstenaar gaat
gewoon door, ook al is er geen
publiek"', *Vrij Nederland*, 6
February 1982, p. 17.

WIES SMALS: TE VEEL GEZEUR OVER DURF

Onbekend werk verkoop je

DE Amerikaanse pop art-kunstenaar Andy Warhol maakte een paar jaar geleden een serie zeefdrukken van 1 x 1 meter naar een foto van Marilyn Monroe in de wonderlijkste kleuren. De serie is in Engeland nagemaakt, even perfect en van even hoge kwaliteit als de originele serie uit Amerika, maar natuurlijk niet gesigneerd en niet genummerd. De Engelse uitgever bleef met zijn Marilyns zitten. Het publiek wil alleen de echte Warhols, ook al zijn die niet te betalen. De handtekening van de kunstenaar maakt het verschil.

Wies Smals van Galerie Seriaal heeft de Marilyns niet, maar wel de even beroemde zeefdruk, die Warhol van Mao maakte. Prijs 1700 gulden per stuk.

Zij kent het probleem van de grote kunstenaarsnaam, waarop het werk wordt verkocht. Er zijn kunstkopers die een Joseph Beuys kopen, omdat het een Joseph Beuys is. En het dondert eigenlijk niet wat ze dan mee naar huis nemen.

„Het probleem", zegt Wies Smals, „dat er mensen bekende namen willen kopen. Als ik een tentoonstelling houd van een onbekende, verkoop ik meestal niets. Later, als er over die kunstenaar is geschreven, of als hij op een biennale in het buitenland wordt getoond, komen de kopers. En dat kan dan nog maanden doorgaan."

In het voorjaar '73 hing de toen nog weinig bekende Estes in Seriaal. De galerie verkocht niet één ding. Van de zomer hing Estes op de Dokumenta in Kassel. En Seriaal verkocht daarna alle werken van Estes, die nog in huis waren. En er is nu nog steeds vraag naar."

Museumpje

„Ik heb er destijds lang over nagedacht of we niet een gewone galerie moesten beginnen waar we de originele werken van de internationale avant-garde zouden brengen", zegt

door
Martin Ruyter

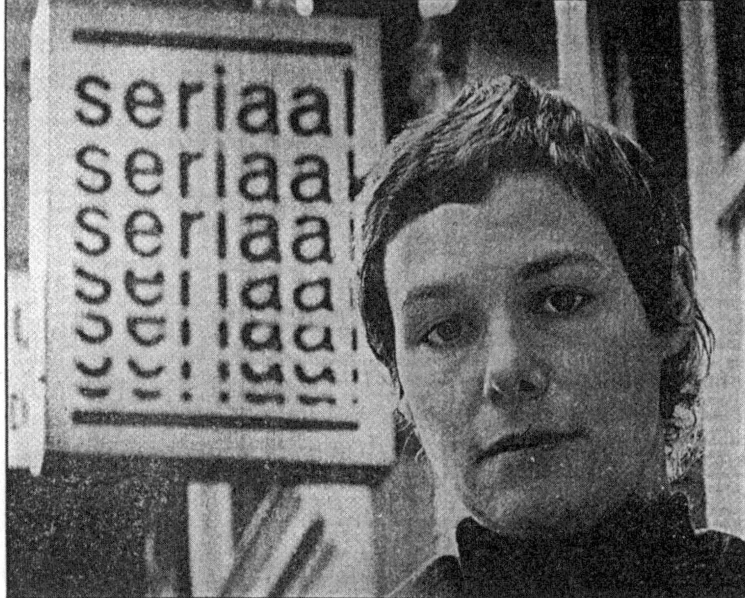

Wies Smals: Galeine Seriaal uit idealisme geboren

Foto Wim Ruigrok

produkten en op de multiples van die kunstenaars."

Nu is ze wel wat illusies armer. Wat vijf jaar geleden nog betaalbare kunst was moet nu enorme prijzen opbrengen, ook als het grafiek is. De catalogus van Seriaal bewijst het. Alle grote namen zijn er in te vinden, maar achter de meeste staan fabelachtige prijzen. Ook de grafiek van de internationale avant-garde is duur geworden.

... ten in het begin al ... Wies Smals. „Dat er in ... ale kunsthandel gespe... met de goedkope gra... rote namen". Ze noemt ... van een Engelse kun... wie ze het eerste jaar ... oplaag van 150 voor ... gulden verkocht. Die ... u 1500 gulden."

... jaar verkocht de En... r die etsen goedkoop ... handel. Dat is bij een ... tenaar geen probleem. ... van zo'n serie komen

GALERIE SERIAAL aan de Amsterdamse Nieuwe Zijds Voorburgwal „is uit idealisme geboren", zoals Wies Smals tijdens het gesprek twee keer vaststelt.

„Ik ontdekte, dat er in Amsterdam geen plaats was, waar je internationaal bekende kunstenaars, die nu bezig zijn met nieuwe dingen — de internationale avantgarde dus — kon kopen. Wel Picasso en Chagall en Appel, maar bijvoorbeeld niet Warhol of Jim Dine".

Zij wilde die avantgarde-kunstenaars tegen betaalbare prijzen te koop aanbieden. Zo ontstond op 5 november 1968 Seriaal, „een winkel", zoals Wies Smals met nadruk zegt, waar je kunst kunt kopen. Omdat ze ook mensen met een kleine beurs wilde bedienen, koos zij voor „vermenigvuldigbare kunst", dus etsen, litho's, zeefdrukken, enzovoorts, die in series worden gedrukt en daardoor goedkoper zijn dan unica's.

Wies Smals werkte daarvóór in de bibliotheek van het Stedelijk Museum in Amsterdam. Ze begon de galerie samen met Mia Visser, die met haar man een grote collectie kunst bezit.

Vijf jaar lang heeft Seriaal zich in grafiek gespecialiseerd. Dit jaar zijn er voor het eerst tentoonstellingen van tekeningen en schilderijen gehouden. „We legden de laatste tijd wat meer nadruk op verscheidenheid in de collectie. Ik vroeg me toen af: Waarom zou je geen tekeningen en schilderijen mogen hebben?"

over de hele wereld bij kunsthandelaren terecht. De uitgever was zijn oplaag toen dus kwijt en er was dus geen basisbedrag meer. De kunsthandel kon zijn gang gaan. De prenten gingen in de verkoop met forse sprongen omhoog."

„De tweede prent, die de uitgever

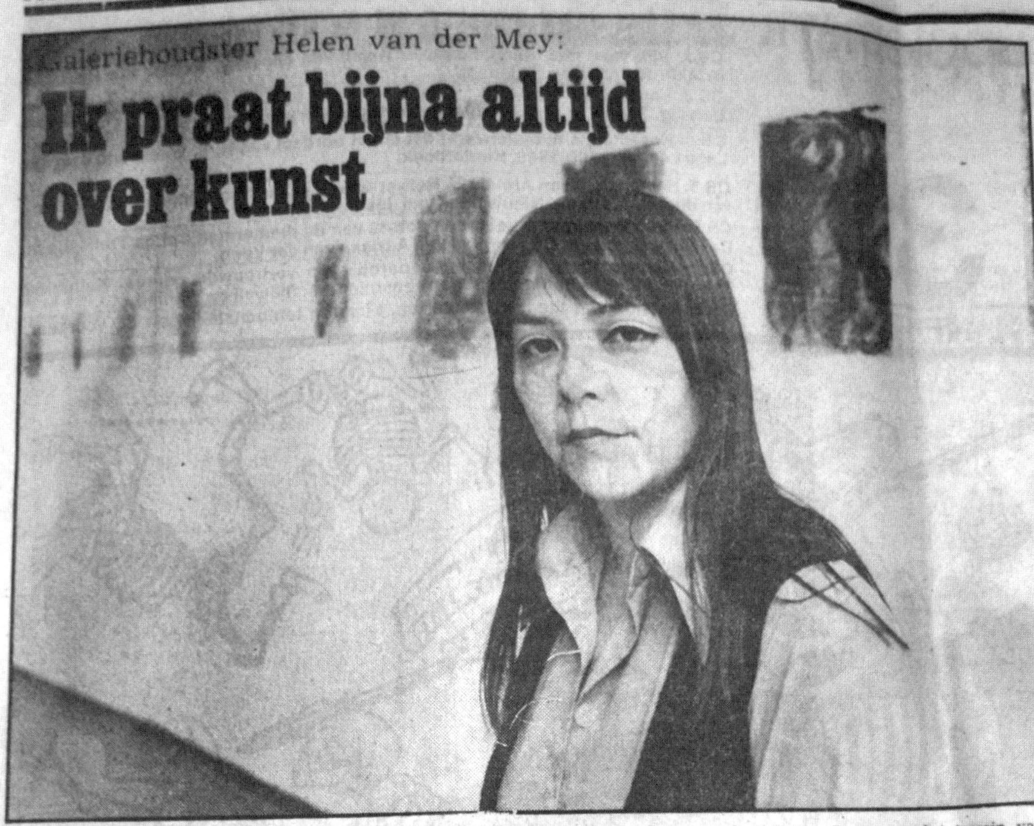

door Philip Peters

Het fenomeen galerie staat niet bij iedereen even goed aangeschreven. De gedachte dat kunsthandel per definitie een kwestie is van slapende rijk worden over de ruggen van arme ploeterende kunstenaars heen, is wijd verbreid, evenals het idee, dat hele stromingen door de kunsthandelaars als verzamelobjecten in het leven worden geroepen, waardoor kunstenaars weer worden aangezet tot het leveren van middelmatige prestaties om aan de kunstmatig opgeklopte vraag te voldoen. In sommige gevallen zijn die veronbezighouden trett verder vaak het verwijt dat zij zich tegenover het grote publiek elitair opstellen en in een ivoren toren opereren, waarbij alleen diegenen die al a priori geïnteresseerd zijn aan hun trekken komen.

Ik sprak met Helen van der Mey (38), die in 1975 de galerie Seriaal (N.Z. Voorburgwal 348) overnam, toen Mia Visser (van het bekende verzamelaarsechtpaar uit Bergeyk) ermee ophield en haar medewerkster Wies Smals in Amsterdam aan de Brouwersgracht de Appel begon, een instelling die zich uitsluitend met Body Art bezighoudt. Seriaal neemt een vooruitgeschoven positie in de kunstwereld in, samen nenkort weer geopende Venster van de Rotterdamse Kunst Stichting: zij presenteren, op basis van een internationaal programma, uitsluitend actuele kunststromingen.

„Mijn beleid wordt bepaald door wat er nu aan de hand is, ik wil die dingen laten zien, die iets toevoegen a... wat er al is. In de praktijk he... meen wein... akademies... ken, je ziet... galeries en... het buitenl...

Eigen pro...

„Het werk... hangt moe... bewegen op het terrein van hedendaagse kunst. Er is sprake van een eigenlijke currentiepositie, er is een collegialiteit tussen de Amdamse galeries. Hoewel ik tendeels van de galerie mo... ven brengt het commerciël... lang de integriteit van mijn... ze niet in gevaar. Ik heb...

information

robert mangold

'distorted square within a circle' 1,2,3

3 silkscreens

70 x 70 cms

1973

75 copies

each: fl. 780,–

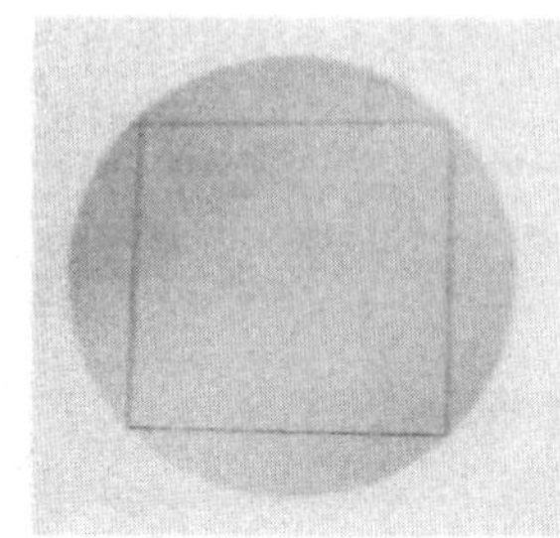

ellsworth kelly

'grape leaves' III

lithograph

80,5 x 122 cms

1973

50 copies

fl. 1500,–

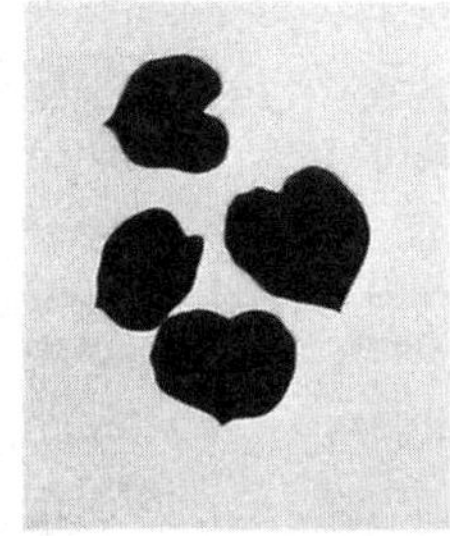

gina pane

'azione sentimentale 9 nov. 1973'

box with 16 photographs

20 x 29 cms

1973

80 copies

fl. 470,–

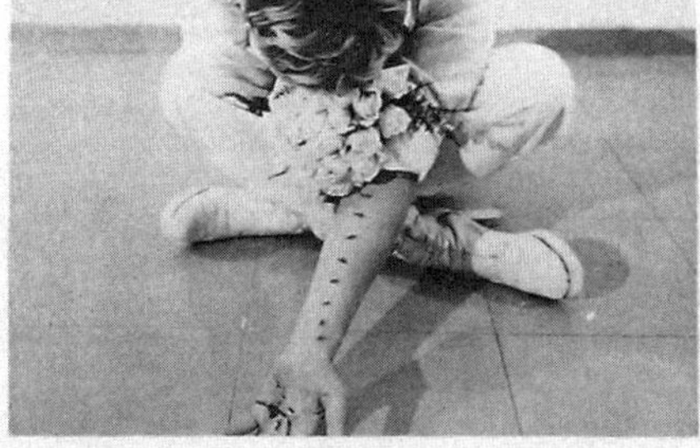

patrick caulfield

'curtain and bottle'

silkscreen

73 x 95 cms

1973

72 copies

fl. 800,–

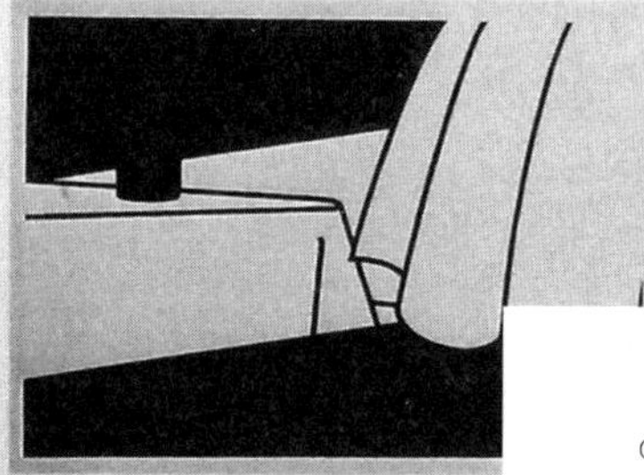

seriaal bv

n.z. voorburgwal 348, amsterdam
tel. 243886

we were. We'd (...) show them all one day. And we did just that. Many of them have gone on to become famous.'[8] In 1987, looking back on her years as an Amsterdam gallery owner, she explained: 'I was deeply involved for eight intensive years. When I mounted an exhibition I knew exactly who would be buying something, which museums had just visited the gallery... You knew exactly what was going to happen. I was artistically free though bounded commercially. But starting all over again with young artists – going down that same road – I couldn't do it. I wanted to move on.'[9] Between 1977 and 1984 she was Kiefer's exclusive representative and in 1983 she set herself up as an international agent for Sigmar Polke and Mario Merz, among others.

REPUTATIONS, IDEALS AND BOUNDARIES

Despite the very different types of work that the gallery owners chose to present, they had a high regard for each other precisely because of the process of value transference that each strove to generate with a select public. The support they received from each other when the market was unresponsive, coupled with their position as progressive controversial galleries pitted against a generally more conservative artistic climate, were important contributory factors. The programming of the Swart, Art & Project and Van der Meij galleries offered the public an early insight into the latest tendencies both in the Netherlands and abroad, and this conferred status on the gallery owner which grew along with that of the artists.

That for example Swart's reputation increased is shown by the fact that she was invited to participate in the Salon des Galeries Pilotes in Lausanne in 1970. That Galerie Swart managed to acquire an international name was not only the result of Swart's activities abroad, but also because of the participation of Bonies and Struycken, Boezem, Dibbets and Van Elk in exhibitions that Beeren mounted in the Stedelijk Museum which could count on international interest, like 'Vormen van de kleur' (1966–1967) and 'Op losse schroeven'. Exhibitions such as those attracted many foreign visitors and gallery owners, who also took the opportunity to visit Amsterdam's galleries.

Van Ravesteijn and Van Beijeren also featured regularly at international gallery biennials and art fairs, like the prestigious 1969 'Prospekt' exhibition in Düsseldorf and the then modestly scaled Kunstmesse in Cologne. Van Ravesteijn's relations with foreign exhibitors enabled him to set up and

8   Van Asseldonk et al., op. cit. (note 6), p. 9.

9   Van Asseldonk et al., op. cit. (note 6), p. 10.

kozen, waardeerden ze elkaar, juist vanwege het proces van waardeverlegging dat ieder bij een select publiek probeerde te bewerkstelligen. De steun die ze aan elkaar hadden bij een weinig intensieve markt en hun positie als progressieve, spraakmakende galeries tegenover een in het algemeen behoudender kunstklimaat speelde hierbij een doorslaggevende rol. De programmering van de galeries Swart, Art & Project en Van der Meij bood het publiek in een vroeg stadium zicht op actuele tendensen uit binnen- en buitenland, wat de galeriehouders een status opleverde die meegroeide met die van de kunstenaars.

Dat Swarts reputatie toenam, blijkt onder andere uit de invitatie voor (en haar deelname aan) de Salon des Galeries Pilotes, in Lausanne in 1970. Dat Galerie Swart een internationale naam verwierf, had, naast Swarts activiteiten in het buitenland, ook te maken met de deelname van Bonies en Struycken, Boezem, Dibbets en Van Elk aan exposities die Beeren in het Stedelijk Museum organiseerde en die op internationale aandacht konden rekenen, zoals 'Vormen van de kleur' (1966–1967) en 'Op losse schroeven'. Dergelijke tentoonstellingen trokken veel buitenlandse bezoekers en galeriehouders, die bij zo'n gelegenheid ook de Amsterdamse galeries bezochten.

Ook Van Ravesteijn en Van Beijeren namen regelmatig deel aan internationale galeriebiënnales en kunstbeurzen, zoals in 1969 aan de prestigieuze tentoonstelling 'Prospekt' in Düsseldorf en aan de toen nog kleine Kunstmesse in Keulen. Door de relaties met buitenlandse exposanten kon Van Ravesteijn nieuwe internationale contacten leggen. Zonder de voorkeur voor een koele, gedistantieerde kunst te verliezen, oriënteerde Art & Project zich later meer op de Nederlandse kunst.

Misschien nog actiever dan Swart en Art & Project opereerde Helen van der Meij in het buitenland. Al voor 1975 correspondeerde ze met de Duitse galeriehouders Konrad Fischer en Michael Werner, die haar, mede via Gachnang, in contact met Kiefer brachten. Via Werner kreeg ze in 1975 werk van Penck en Immendorff in consignatie. Vanaf 1977 reisde Van der Meij zelf naar Oost-Duitsland om Penck te bezoeken en werk van hem mee te nemen voor haar galerie. Mede door haar activiteit fungeerde Nederland als een belangrijke basis voor de internationale carrière van de Duitse kunstenaars. Hetzelfde kan worden gezegd van Art & Project, dat door het vroegtijdige moment waarop de galerie onder andere werk van Gilbert & George toonde, bijdroeg aan de internationale erkenning van het kunstenaarsduo.

Niet alleen de contacten met kunstenaars en andere galeries speelden voor de galeriehouders een rol bij het aanbrengen van nieuwe exposanten, soms deden collectioneurs dat ook. Doordat Swart hierover in interviews – explicieter dan haar collega's – heeft

maintain new international contacts. Later, however, Art & Project began to focus more on Dutch art, without abandoning its preference for a cool detached art.

Helen van der Meij was perhaps even more active abroad than Swart and Art & Project. Even before 1975 she corresponded with the German gallery owners Konrad Fischer and Michael Werner who, partly via Gachnang, put her in contact with Kiefer. And it was through Werner that in 1975 she acquired work by Penck and Immendorff on consignment. From 1977 Van der Meij travelled to East Germany herself to visit Penck and to take work of his back for her gallery. Due in part to her activities, the Netherlands came to be an important springboard for the international career of those German artists. The same can be said of Art & Project whose timely presentation of Gilbert and George's work, for instance, contributed to the international recognition of this artists' duo.

But if was not only the contact with the artists and other galleries that generated new exhibitors, these were sometimes introduced via collectors. Because Swart has talked more explicitly in interviews than some of her colleagues on the subject of generating contacts, her experiences in this field serve as good examples. It was the doctor and art collector Jan Sommers, for instance, who stimulated her interest in the work of Dekkers and Struycken in 1965. And she gave both those artists their first shows in January and February 1966 respectively; Dekkers exhibited wall reliefs with Volten. Sometimes, however, it was a museum that prompted a long-standing relationship between a gallery and a particular artist: Riekje Swart was so fired by the light and movement art (kinetic art), showcased by the Van Abbemuseum in 1969, under the title 'Kunst Licht Kunst', that she approached various artists herself – among whom Colombo, Morellet and Von Graevenitz – and presented their work.

If Swart is distinguished by her desire to engender an intellectual discussion on contemporary art, Art & Project's policy is hallmarked by the notable attention and allure in the presentation of the art that makes its presence felt in the gallery as a quiet, insistent incunabulum. In her bare space, Van der Meij opted for a less polished form of presentation. But the differences between the three galleries were perhaps never more pronounced than at the openings: Swart's openings were attended by collectors and an inner circle of interested parties who showed a marked propensity for intense discussion. At Art & Project openings the atmosphere was more low key

verteld, valt dat te illustreren met de manier waarop zij met sommige kunstenaars in contact kwam. Zo was het de arts-verzamelaar Jan Sommers die in 1965 haar interesse wekte voor het werk van Dekkers en Struycken. In de maanden januari en februari 1966 hadden deze kunstenaars successievelijk – Dekkers exposeerde wandreliëfs, samen met Volten – hun vroegste expositie bij Swart. Soms stonden ook de musea aan de basis van een langdurige relatie tussen de galerie en een bepaalde kunstenaar. Riekje Swart was zo enthousiast over de licht- en bewegingskunst (kinetische kunst) die in een tentoonstelling als 'Kunst Licht Kunst' in het Van Abbemuseum in 1969 naar voren kwam, dat ze later met verschillende kunstenaars, onder wie Colombo, Morellet en Von Graevenitz, contact opnam en vervolgens hun werk toonde.

Waar Swart zich zonder twijfel onderscheidt door haar behoefte aan een intellectueel debat over eigentijdse kunst, wordt het beleid van Art & Project gekenmerkt door een voorname zorg en allure in de omgang met het werk, dat als een stil, indringend incunabel in de galerie aanwezig is. In haar kale ruimte gaf Van der Meij de voorkeur aan een minder gepolijste vorm van presenteren. De verschillen van de drie galeries kwamen misschien het sterkst tot uiting in de openingen, die bij Swart werden bezocht door verzamelaars en een inner circle van geïnteresseerden, die een onmiskenbare behoefte tot druk overleg aan de dag legden. Bij Art & Project ging het rustiger toe; de geserreerde presentaties openden in de regel met een klein gezelschap van kunstenaars van de galerie en enkele verzamelaars. Die edele eenvoud contrasteerde met de openingen van Galerie Helen van der Meij, die meestal juist heel druk waren en waar existentiëler gevoelsnuances heersten bij een overwegend Amsterdams en Zuid-Nederlands kunstenaarspubliek, dat zich met Duitse gasten mengde.

Ondanks de verschillen hadden de galeriehouders met elkaar gemeen dat ze een optimale verstandhouding tussen verzamelaars, galerie en kunstenaar en tussen de vertegenwoordigde kunstenaars onderling nastreefden, gebaseerd op affiniteit met het werk. De eigenzinnige keuzen van Swart, Van der Meij en Art & Project verlangden extra inspanningen in de richting van het publiek, die vooral Swart nadrukkelijk heeft geleverd. Swart: 'Je kan mensen die dat willen, motiveren om regelmatig te kijken. (...) Ik wil mensen motiveren om nieuwsgierig te zijn. Mijn persoonlijk enthousiasme kan heel belangrijk zijn om anderen te stimuleren.'[10]

10 'Het is allemaal heel
    spannend geweest en ik ben er
niet eens failliet aan gegaan.'
Riekje Swart geciteerd in: Evert
van Straaten, 'Galerie Riekje
Swart, en waarom ze kunst zonder
glamour wil tentoonstellingen',
Vrij Nederland, 29 maart 1980,
p. 19.

with the pithy presentations generally attended by a small group of the gallery's own artists and a few collectors. This noble simplicity contrasted starkly with the openings at the Galerie Heleen van der Meij, which were usually packed with a predominantly Amsterdam and South Holland artists' public with an admixture of German guests, and where existential feelings prevailed.

Despite their differences, the gallery owners shared a common objective in their striving for an optimum understanding between collector, gallery and artist, and among the represented artists themselves, based on an affinity with the work. Swart, Van der Meij and Art & Project unorthodox selection required an extra effort with regard to the public, which Swart in particular provided. Swart is quoted as saying: 'You can motivate people who are so inclined to come and look regularly. (…) I want to engender a curiosity in people. And here my own personal enthusiasm can be an important factor in stimulating others.'[10] The belief in the significance of the art she presented was what prompted her to make an artist's work the

subject of discussion. Swart: 'To me a gallery owner's task is not just to mount exhibitions but also to reflect what is wanting to be revealed. The idea that a work of art should speak for itself… Our way of looking is strongly conditioned. (…) It's not so easy for us to place something which is happening on another wavelength. The first modern art exhibition I ever saw was a Cobra show. (…) I was completely lost.'[11]

Swart emphasized that she perceived the art she presented as a radical visualization of artistic thought-processes which contained a model for an equally revolutionary attitude to society. 'I'm in search of the ideal', said Swart in 1970. 'I want to set people free. I'm not interested in just running a gallery, I want to create a new society, a better society. By distilling the means,

10 'It has all been very exciting and I didn't even go bankrupt.' Riekje Swart quoted in: E. van Straaten, 'Galerie Riekje Swart, en waarom ze kunst zonder glamour wil tentoonstellingen', *Vrij Nederland*, 29 March 1980, p. 19.

11 Lidy van Marissing, 'Riekje Swart na vijf galerie-jaren: "Gevoelens maken geen kunst"', *de Volkskrant*, 17 January 1970. Fourteen years later Swart specified the factors which could lead to the public's misunderstanding of artworks and of the artists' under lying intentions as a 'lack of a frame of reference' and the 'formation of false ideologies'; Riekje Swart, 'Problemen bij de waardering van kunst, in het bijzonder t.a.v. het werk van Peter Struycken: ervaringen van een galeriehouder', exh. cat. *Struycken: Structuur, verscheidenheid en verandering*, Groningen: Groninger Museum, 1984, pp. 86–88, p. 87.

Het geloof in de betekenis van de kunst die ze presenteerde, was voor haar een stimulans om het werk van een kunstenaar bespreekbaar te maken. Swart: 'Ik vind, een galeriehouder moet niet alleen tentoonstellen maar ook laten zien wat zichtbaar gemaakt wil worden. Het idee dat een kunstwerk voor zichzelf moet spreken... Wij kijken sterk geconditioneerd. (...) Iets wat op een andere golflengte gebeurt kunnen we zo gauw niet plaatsen. De eerste expositie van moderne kunst die ik zag was van Cobra (...) en ik wist er gewoon geen raad mee.'[11]

Swart benadrukte dat zij de kunst die ze bracht, opvatte als een radicale visualisering van artistieke denkprocessen die een model inhielden voor een al net zo revolutionair denken over de maatschappij. Swart in 1970: 'Ik ben op het ideële af.

Mensen bevrijden, hè. Ik wil niet zomaar bezig zijn met een galerie, maar bezig zijn met een nieuwe samenleving, een betere samenleving. Door de zuivering van de middelen, de bestrijding van onechte sentimenten, door demystificatie.'[12]

Dat toen sterk aanwezige sociaal engagement doet nu gedateerd aan. Gegeven de huidige acceptatie van de kunst die de drie galeries brachten, is het ook moeilijk voorstelbaar geworden dat die kunst eertijds vaak als ontoegankelijk gold (maar daarom ook een zekere aantrekkingskracht uitoefende). De door het publiek vaak maar half begrepen vertrekpunten van kunstenaars die bijvoorbeeld in Art & Project een platform vonden, plaàtste deze galerie lange tijd in een isolement ten opzichte van de meeste andere Nederlandse galeries en van het overgrote deel van de critici. Van Ravesteijn: 'Er was weinig te koop, er werd weinig verkocht en er kwam weinig bezoek. Je leefde in een klein wereldje van enthousiastelingen, met een paar kunstenaars en een enkele collectioneur.'[13]

11 Lidy van Marissing, 'Riekje Swart na vijf galeriejaren: "Gevoelens maken geen kunst"', de Volkskrant, 17 januari 1970. Veertien jaar later benoemde Swart de factoren die bij het publiek tot misverstanden ten aanzien van kunstwerken en intenties van de makers konden leiden als 'gebrek aan referentiekader' en 'oneigenlijke ideologievorming': Riekje Swart, 'Problemen bij de waardering van kunst, in het bijzonder t.a.v. het werk van Peter Struycken. Ervaringen van een galeriehouder', tent. cat. Struycken. Structuur, verscheidenheid en verandering, Groningen: Groninger Museum, 1984, p. 86-88, p. 87.

12 Van Marissing, op. cit. (noot 11). Vergelijk Van der Meij, die twaalf jaar later zei: 'Men geloofde in een hoger doel en beter iets dat voor iedereen zou gelden. Dat was in de politiek zo en ook in de kunst. Daarna is men teruggevallen in subjectiviteit.' In: Anna Tilroe, 'Waar zijn de "Jonge Hollanders"', Avenue, juli 1982, p. 100.

13 Kok, op. cit. (noot 4), p. 17.

by stripping away false sentiments, by demystifying.'[12]

Today, that powerfully pervasive social engagement seems dated. Given the present-day acceptance of the art that those three galleries presented, it has become difficult to conceive that it was often regarded as inaccessible (although that in itself exerted a certain attraction). The fact that the public only half understood the basic premises of those artists who found a platform at, for instance, Art & Project, isolated the gallery for a long time from most other Dutch galleries and from the great majority of critics. Van Ravesteijn: 'There wasn't much for sale, not much was bought, and there were few visitors. You lived in a small enclosed world of enthusiasts with a few artists and an occasional collector.'[13]

There is a striking similarly between Riekje Swart's comments of 1970 and those of Geert van Beijeren when he was looking back in 1986: 'It was extremely idealistic.

We showcased Hanna Darboven's work for three weeks [October–November 1970] and only seven of eight people came. It was an expensive exercise. We earned almost nothing.'[14] Riekje Swart had a similar experience: not a single museum showed any interest in Donald Judd's work which she was exhibiting. Swart explained: 'It's all a question of give and take. I would gladly have shown Minimal Art, but I couldn't afford the freight charges. The nature of the Dutch market makes those things impossible. Maybe someone who was more commercially astute might have managed it, but I couldn't.'[15]

In 1970 Swart noticed that eighty per cent of her approximately 300-strong gallery public was made up of artists, designers and collectors drawn from the autonomous professions.[16] In 1977 Helen van der Meij estimated that she had around 350 visitors a month, but the museums purchased regularly. Both Swart and Art & Project, as well as Helen van der Meij, had to contend with the limitations of the Dutch market. International competition increased enormously at the beginning of the 1980s as a

12 Van Marissing, op. cit.
    (note 11). Compare Van der Meij, who said twelve years later: "People believed that there was something higher and better that belonged to everyone. That held true for politics and art. Then people reverted to subjectivity.' In: A. Tilroe, 'Waar zijn de 'Jonge Hollanders', Avenue, July 1982, p. 100.
13 Kok, op. cit. (note 4),
    p. 17.

14 Reitsma, op. cit. (note 5),
    p. 23.
15 Elbrig de Groot, 'Riekje Swart', Modern Denken, no. 2, November 1980, p. 10.
16 F. Kolk, '...Galerie is mijn geloof', Het Parool, 17 August 1970.

Opmerkelijk verwant met Riekje Swarts uitspraak uit 1970 is de terugblik van Geert van Beijeren in 1986: 'Het was zeer idealistisch. We hebben drie weken het werk van Hanne Darboven getoond [oktober–november 1970] en er kwamen zeven of acht mensen. Het was een duur transport. We verdienden bijna niets.'[14] Eenzelfde ervaring had Riekje Swart. Voor het werk van Judd dat zij heeft geëxposeerd, toonde geen enkel museum interesse. Swart: 'Het is dan toch een beetje schipperen. Ik had graag minimal art gehad, maar die transporten kon ik niet betalen. De markt in Nederland is niet van dien aard dat zulke dingen mogelijk zijn. Misschien iemand die commercieel handiger is dan ik, maar ik kon het niet.'[15]

In 1970 constateerde Swart dat 80 procent van haar ongeveer driehonderd personen omvattende galeriepubliek bestond uit kunstenaars, ontwerpers en verzamelaars uit de vrije beroepen.[16] Helen van der Meij schatte dat zij in 1977 zo'n driehonderdvijftig bezoekers per maand had, maar de musea kochten regelmatig. Zowel Swart en Art & Project als Helen van der Meij hadden niettemin te kampen met de beperkingen van de Nederlandse markt. De internationale concurrentie nam in het begin van de jaren tachtig sterk toe als gevolg van de explosieve groei in de internationale kunstmarkt. Het werk van de Duitsers die Van der Meij bracht bijvoorbeeld, en dat van Clemente en Chia in Art & Project eind jaren zeventig, begin jaren tachtig, werd al snel te duur om in Nederland te presenteren. De door de overheid al in de jaren zestig ingestelde rentesubsidieregelingen voor werk van Nederlandse kunstenaars werkten weliswaar aankoopbevorderend, maar door de elkaar snel opvolgende veranderingen in de regelgeving, waren ze ook lastig. Mede door de beperkte Nederlandse markt en de mogelijkheden ervan gaf Helen van der Meij er de voorkeur aan in het buitenland te werken. Voor Swart en Art & Project was de marktsituatie een reden om bepaalde kunstenaars van hun voorkeur dan maar niet of niet meer te tonen. Daarbij speelde ook een rol dat, waar voorheen galeriehouders veel reisden om hun tentoonstellingsprogramma te organiseren en zodoende collectioneurs op de thuisbasis van nieuwe ontwikkelingen in de beeldende kunst op de hoogte brachten, de verzamelaars nu zelf vaak meer gingen reizen en elders aankopen gingen doen. Bovendien ligt het voor de hand dat de galeries in Nederland zich, door een groeiende aandacht voor een op regionale beeldende dialecten georiënteerde eigentijdse kunst, meer op de kunstproductie in eigen land gingen richten.

Terwijl achteraf geconstateerd kan worden dat het museumwezen

14 Reitsma, op. cit. (noot 5),
    p. 23.
15 Elbrig de Groot, 'Riekje
    Swart,' *Modern Denken*, nr. 2,
    november 1980, p. 10.
16 F. Kolk, '... Galerie is
    mijn geloof', *Het Parool*,
    17 augustus 1970.

result of the explosive expansion of the international art market. For instance, the work of German artists presented by Van der Meij, and that of Clemente and Chia at Art & Project at the end of the 1970s and early 1980s, soon became too expensive to be exhibited in the Netherlands. And although the interest subsidy ruling to help the work of Dutch artists, brought in by the Dutch government as early as the 1960s, may have promoted the sale of artworks, the rapid succession of alterations to the implementation of the regulations finally made it more of a hindrance. The limitations of the Dutch market and of the opportunities it afforded were largely responsible for Helen van der Meij's decision to work outside the Netherlands. Moreover, the market situation also formed one of the reasons why Swart and Art & Project rejected certain artists of their choice or decided to stop presenting them. And here an additional factor came into play: where gallery owners had previously travelled extensively for the organization of their programmes, thereby keeping collectors abreast of new home-grown developments in the visual arts, collectors were now travelling more often themselves and therefore making their purchases elsewhere. Moreover, a growing interest in contemporary art which reflected a regional vernacular meant that Dutch galleries were naturally turning towards representing their own native art production.

In retrospect we can see that from the mid-1970s onwards the museums gradually took over the signalling function and that the attendant freight and insurance costs of presenting foreign art had sometimes become too high for the galleries. But it is also clear that a change in demand on the Dutch market led to a change in the galleries' supply. In the mid-1980s Adriaan van Ravesteijn observed that Art & Project's major clients were museums, the State (the Netherlands Office for Fine Arts, today Cultural Heritage Agency of the Netherlands) and the Dutch Post Office.[17] The increasing interest of government and semi-government institutions in collecting preferably contemporary Dutch art – and possibly the comparative decrease in interested young private collectors – partly explains the growing proportion of Dutch art in the galleries' programmes.

It is open to question whether the integral way galleries presented Dutch and foreign art in the 1960s and 1970s was more challenging than the current gallery practice. Whatever, it is notable that Galerie Swart, Art & Project and Galerie Helen van der Meij acquired an international

17 Reitsma, op. cit. (note 5), pp. 25-26; Kok, op. cit. (note 4), pp. 19-20.

vanaf medio jaren zeventig de signaleringsfunctie langzamerhand overnam en dat de transport- en verzekeringskosten die gemoeid zijn met presentaties van buitenlandse kunst voor de galeries soms te hoog werden, heeft ook een veranderde vraag op de Nederlandse markt geleid tot een gewijzigd aanbod bij de galeries. Halverwege de jaren tachtig merkte Adriaan van Ravesteijn op dat Art & Project het museum, het Rijk (de Rijksdienst Beeldende Kunst, tegenwoordig Rijksdienst voor het Cultureel Erfgoed) en de PTT als belangrijkste klanten had.[17] Het toegenomen belang van (semi-)overheidsinstanties voor het verzamelen van bij voorkeur eigentijdse Nederlandse kunst – en mogelijk de in vergelijking daarmee verminderde inbreng van jonge particuliere verzamelaars – verklaart mede het groeiende aandeel van de Nederlandse kunst in de programmering van de galeries.

Het is de vraag of de integrale wijze waarop de galeries Nederlandse en buitenlandse kunst toonden in de jaren zestig en zeventig, uitdagender was dan in het tegenwoordige galeriewezen. Het is in ieder geval opvallend dat Galerie Swart, Art & Project en Galerie Helen van der Meij juist met die integrale programmering en de daarmee samenhangende, duidelijk uitgesproken standpunten een

internationale reputatie veroverden. De lijst van tentoonstellingen en presentaties van de drie galeries toont aan dat ze samen een goed overzicht van de toenmalige actualiteit hebben geboden. Tekenend echter voor de uitzonderlijkheid van die vroegere situatie is de reactie van Helen van der Meij na lezing van het bovenstaande: 'Het is ontzettend voorbij.'

NASCHRIFT AUTEUR

De oorspronkelijke versie van deze tekst verscheen in 1996 in *Art Gallery Exhibiting. The Gallery as a Vehicle for Art* (P. Andriesse et al., Amsterdam: Galerie Paul Andriesse/De Balie, p. 105-120). Bij herlezing valt mij op dat de scoutende en signalerende functie, die ik in 1996 de Nederlandse musea van moderne en eigentijdse kunst toekende, na het verschijnen van de tekst verregaand verleden tijd is geworden. Niet alleen hebben de mondialisering van de kunstwereld en de daarmee samenhangende pluriformiteit van het kunstaanbod het actuele totaalbeeld van de eigentijdse kunst veelzijdiger – en daarmee onoverzichtelijker – gemaakt (waardoor het maken van scherpe keuzes en het uitzetten van een signalerend beleid bemoeilijkt wordt), maar ook zijn fondsenwerving en het vergroten van het publieksbereik in de Nederlandse musea zozeer tot accent van het beleid gemaakt dat het belang om een duidelijke signalerende positie in te nemen tegenover de actuele internationale kunst minder op de voorgrond is komen te staan. Dat bepaalt mijns inziens ook het geslonken aanzien van de Nederlandse musea van moderne en actuele kunst in het buitenland.

17 Reitsma, op. cit. (noot 5), p. 25-26; Kok, op. cit. (noot 4), p. 19-20.

reputation specifically through that integral programming and the outspoken viewpoints it reflected. The list of exhibitions and presentations mounted by those three galleries shows that together they offered an outstanding overview of the artistic climate of that time. Indicative, however, of the singularity of that earlier situation is Helen van der Meij's reaction on reading this text: 'That really is a bygone era'.

AUTHOR'S POSTSCRIPT

The original version of this essay was published in *Art Gallery Exhibiting. The Gallery as a Vehicle for Art* (P. Andriesse et al., Amsterdam: Galerie Paul Andriesse/De Balie, p. 105-120). Upon re-reading it, I was struck by the fact that, since its publication in 1996, the scouting and signalling function that I then attributed to the Dutch museums of modern and contemporary art by now belongs to a bygone era. The internationalisation of the art world and the related pluriformity of the range of art on offer have made the total picture of contemporary art both more multifaceted and harder to get into focus. This has made it more difficult to make clear-cut choices and to design a signalling policy. Moreover, money-raising and enlarging outreach to the public have become such a priority in the Dutch museums that the importance of adopting a clear signalling position vis-à-vis contemporary international art has been pushed into the background. In my view, this is what accounts for the declining reputation of Dutch museums of modern and contemporary art in other countries.

KEUZES EN HET ONTDEKKEN VAN TALENT

Fons Welters

Omdat ik mij wilde onderscheiden binnen de Amsterdamse kunstwereld, heb ik meteen toen ik de galerie startte de keuze gemaakt om alleen kunstenaars te brengen die sculpturen en installaties maken. Ook koos ik ervoor om voornamelijk te werken met kunstenaars die net hun opleiding aan een (post)academie hebben voltooid. Op die manier heeft de galerie naam gemaakt als ontdekker van talent. Kunstenaars als Joep van Lieshout, Aernout Mik, Berend Strik, Job Koelewijn, Maria Roosen, Thomas Houseago, Matthew Monahan, Tom Claassen, Jan De Cock, Gabriel Lester, Renzo Martens, Claire Harvey hebben allen hun eerste expositie in de galerie kunnen maken.

Ik selecteerde uitsluitend kunstenaars van wie ik vond dat ze oorspronkelijk waren, wier werk me niet meteen aan dat van iemand anders deed denken. Vaak was dit werk dat ik niet meteen begreep, maar dat me fascineerde. Je ontwikkelt jezelf door de keuzes die je maakt. Daarbij heb ik het voorrecht altijd te hebben samengewerkt met fantastische medewerkers, en mede dankzij hen is de galerie geworden wat ze nu is.

Al vroeg gingen we met kunstenaars naar internationale podia, zoals de beurzen Art Cologne, Art Basel, Frieze Art Fair en Art Brussel, waar hun werk onder de aandacht werd gebracht van buitenlandse verzamelaars en curatoren. In de jaren negentig was de Art Cologne de belangrijkste beurs. Je kon kunstenaars voordragen voor de gratis stand 'Förderkoje'. Joep van Lieshout werd hiervoor geselecteerd en zijn werk werd opgemerkt door Udo Kittelmann, destijds directeur van de Kölnischer Kunstverein. Een expositie in deze instelling volgde, en de weg naar een internationaal podium lag voor Joep open. Later had ik met Jan De Cock een solostand bij Art Brussels. Zijn installatie werd opgemerkt door Saskia Bos, destijds directeur van De Appel. Zij nodigde hem uit voor een solo-expositie, en die droeg er weer toe bij dat hij werd geselecteerd voor Manifesta in San Sebastian. Hij werd gelanceerd in de internationale scene, en exposities in onder andere Tate Modern en MoMA New York volgden.

Amsterdam heeft het voorrecht over twee belangrijke instituten te beschikken, namelijk de Rijksakademie en De Ateliers. Ze zorgen voor een levendig klimaat van jonge kunstenaars die wereldwijd naam maken en vaak tot de top van de internationale kunstwereld behoren. Nu de overheid door de financiële crisis steeds verder terugtreedt, zijn het commissies die beslissingen nemen terwijl de reputatie van een instituut de doorslag zou moeten geven. Ik pleit dan ook vol overtuiging voor het voortbestaan van de Rijksakademie en De Ateliers. Ze zijn de voedingsbodem voor de Nederlandse kunstwereld.

CHOICES AND THE DISCOVERY OF TALENT

Fons Welters

Because I wanted to stand out within the Amsterdam art world, when I started the gallery I immediately decided only to present artists who make sculptures and installations. I also chose to work primarily with artists who have just completed (post-)academy training. Artists such as Joep van Lieshout, Aernout Mik, Berend Strik, Job Koelewijn, Maria Roosen, Thomas Houseago, Matthew Monahan, Tom Claassen, Jan De Cock, Gabriel Lester, Renzo Martens, and Claire Harvey all made their début in the gallery.

I only selected artists whom I considered to be original, whose work did not immediately remind me of somebody else's. This was often work that I did not immediately understand but which fascinated me. You develop yourself through the choices you make. In doing so, I have always had the privilege of being able to work with fantastic assistants, and it is partly thanks to them that the gallery has become what it now is.

It was not long before we took the artists to international platforms such as Art Cologne, Art Basel, Frieze Art Fair and Art Brussels, where their work was brought to the attention of foreign collectors and curators. Art Cologne was the most important of these art fairs in the 1990s. You could propose artists for the free stand 'Förderkoje'. Joep van Lieshout was selected for this and his work was picked up by Udo Kittelmann, director of the Kölnischer Kunstverein at the time. An exhibition in this institution followed, and the gateway to an international platform was open to Joep.

Later I had a solo stand with Jan De Cock at Art Brussels. His installation caught the eye of Saskia Bos, who was director of De Appel at the time. She invited him to put on a solo exhibition, and that in turn led to his being selected for Manifesta in San Sebastian. He was launched on the international scene, and exhibitions in the Tate Modern, MoMA New York and elsewhere followed.

Amsterdam has the privilege of having two important institutes at its disposal: the Rijksakademie and De Ateliers. They provide a lively climate for young artists who achieve world fame and often belong to the top level of the international art world. Now that the financial crisis is leading the government to retreat into the wings, it is commissions that are making decisions whereas the reputation of an institute should be the decisive factor. I am therefore full of conviction when I call for the Rijksakademie and De Ateliers to continue. They are the breeding ground of the Dutch art world.

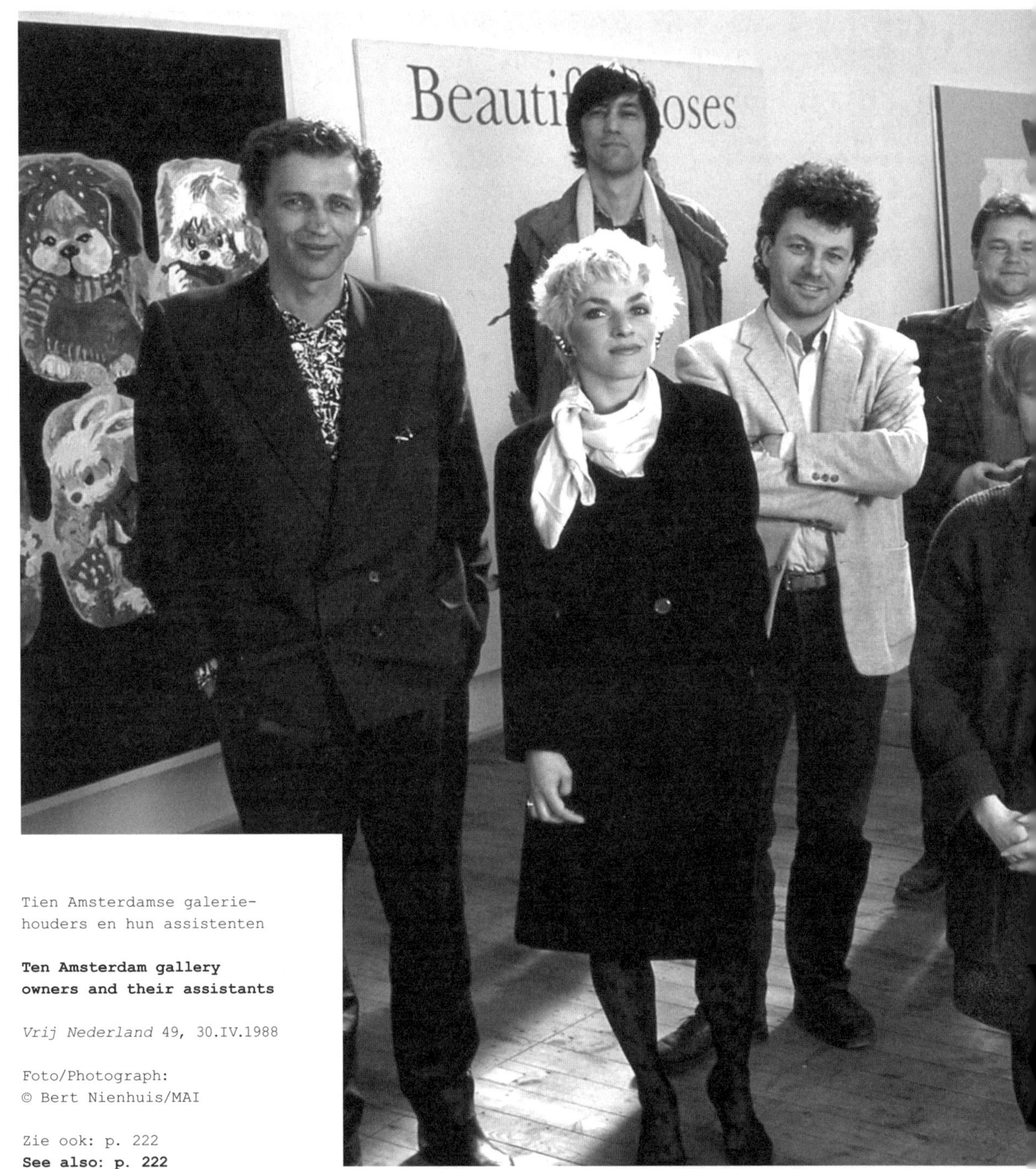

Tien Amsterdamse galerie-
houders en hun assistenten

**Ten Amsterdam gallery
owners and their assistants**

Vrij Nederland 49, 30.IV.1988

Foto/Photograph:
© Bert Nienhuis/MAI

Zie ook: p. 222
See also: p. 222

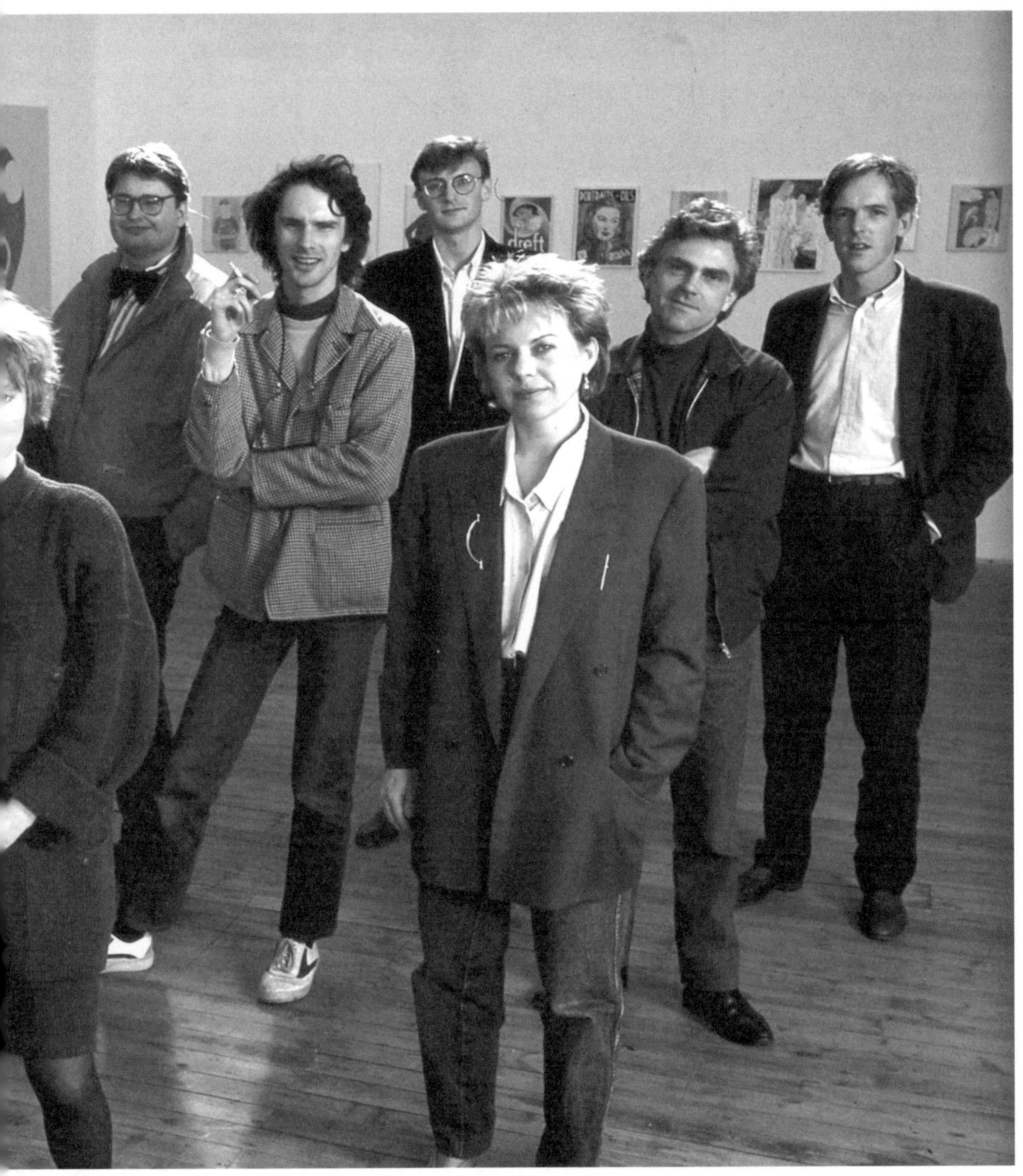

Avant-garde in de

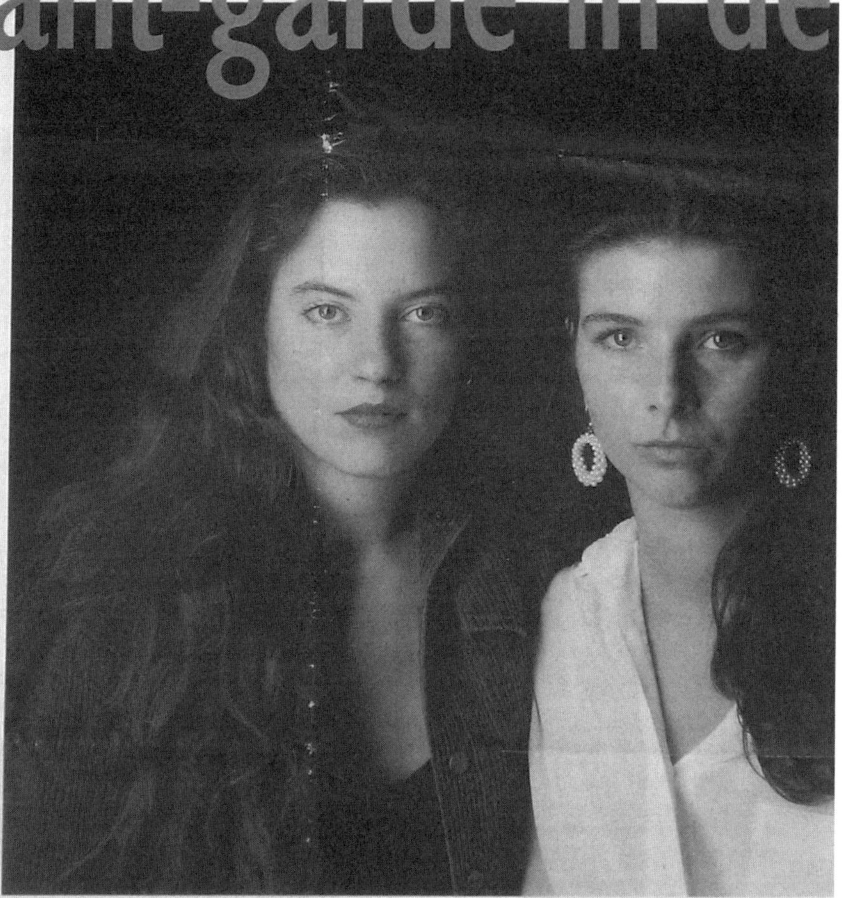

De kunstmarkt mag dan in elkaar gezakt zijn, de kunst floreert en er staat een hele nieuwe generatie kunstenaars te trappelen. Annet Gelink en [...] e deuren open.

WIEKE VAN OORDT

„Hi! Can I take a picture?" Een snaakse snuit vult de deuropening van galerie Bloom. Voor de derde keer in twee uur staat een toerist die de Amsterdamse Jordaan doorkruist, te popelen om de ruimte in de Bloemstraat op de gevoelige plaat vast te leggen. De kale, witte wanden zijn er dan ook dramatisch genoeg voor en de nog maagdelijke, zachtgele betonnen vloer zet de galerie in een zonnige gloed. Binnenkort zal de ruimte gevuld zijn met schilderijen, foto's en beeldhouwwerken van 'de jongste generatie beeldende kunstenaars' en zal het op zich al niet geringe

'Avant-garde in de Bloemstraat'

'Avant-garde in the Bloemstraat'

HP/De Tijd, 28.VIII.1992

'GOOD BUSINESS IS GREAT ART' (ANDY WARHOL)
NIEUW ELAN IN AMSTERDAMSE GALERIES
Dominic van den Boogerd

'GOOD BUSINESS IS GREAT ART' (ANDY WARHOL)
NEW ÉLAN IN THE AMSTERDAM GALLERIES
Dominic van den Boogerd

De galeries in Amsterdam waar hedendaagse kunst van internationaal niveau wordt getoond, vormen een circuit dat voor het grootste deel in twee fasen vorm heeft gekregen. Niet toevallig vallen beide fasen samen met een krachtige opleving van de kunsthandel. De eerste periode was in de jaren tachtig, toen Paul Andriesse, Fons Welters en, iets later, Annet Gelink en Diana Stigter een galerie begonnen. De tweede golf tekende zich af in de jaren 2004–2006 met de komst van Juliètte Jongma, Martin van Zomeren, Gabriel Rolt, Upstream, Grimm Fine Art en ZINGERpresents. Samen met enkele collega's bepalen zij het huidige gezicht van de Amsterdamse galeriewereld. Het is een circuit dat sterk internationaal is georiënteerd en dat mede dankzij ondersteuning door de overheid zichtbaar aanwezig is op belangrijke kunstbeurzen als de Frieze Art Fair in Londen, The Armory Show in New York en Liste Art Basel. Het zijn ook deze galeries die prominente Nederlandse kunstenaars vertegenwoordigen en dus in belangrijke mate bijdragen aan het aanzien van de Nederlandse kunst. Wat drijft ze? Hoe manifesteren ze zich? Wat zijn de beperkingen waarmee ze moeten werken

The Amsterdam galleries that show contemporary art of an international standard form a circuit that largely took shape in two stages. Not surprisingly, the two stages coincided with periods of a strong upsurge of the art market. The first period was in the 1980s, when Paul Andriesse, Fons Welters and, slightly later, Annet Gelink and Diana Stigter opened a gallery. The second period was in the years 2004–2006 with the arrival of Juliètte Jongma, Martin van Zomeren, Gabriel Rolt, Upstream, Grimm Fine Art and ZINGERpresents. They and a few other colleagues determine the present configuration of the Amsterdam gallery world. It is a circuit with a wstrong international orientation, which is reflected, partly thanks to financial support from the government, in its presence at such major art fairs as the Frieze Art Fair in

en waar liggen mogelijkheden voor de toekomst? Een rondgang.

1. DE GENERATIE 80

Begin jaren tachtig kreeg de internationale kunsthandel een krachtige impuls. De schilderkunst kwam in het volle licht van de schijnwerpers te staan. In tegenstelling tot de conceptuele kunst, die supranationaal was, toonde de nieuwe schilderkunst zich in nationale kleuren: de Neue Wilden uit Duitsland, de Transavanguardia uit Italië, de Figuration Libre uit Frankrijk. De markt groeide explosief. Kunstcriticus Wolfgang Max Faust signaleerde een 'honger naar beelden'. Het waren de jaren van spraakmakende megatentoonstellingen die de omvang van de negentiende-eeuwse salons naderden: 'A New Spirit in Painting' (Londen, 1981), 'Westkunst' (Keulen, 1981), 'Zeitgeist' (Berlijn, 1982), 'Von hier aus' (Düsseldorf, 1984). De trans-Atlantische uitwisseling was dynamisch, met Keulen en New York als belangrijkste kunstcentra. Geen slecht moment om een galerie te beginnen.

Paul Andriesse, student kunstgeschiedenis in Utrecht, kwam in 1979 naar Amsterdam om als assistent te gaan werken in Galerie Helen van der Meij aan de Prinsengracht. Van der Meij vertegenwoordigde de zogeheten *Malerfürsten* Markus Lüpertz, Georg Baselitz en Anselm Kiefer in Nederland. Andriesse: 'Amsterdam was toen heel overzichtelijk. Italiaanse schilders zag je bij Art & Project, de Fransen exposeerden bij Riekje Swart, de Amerikanen bij Barbara Farber en de Duitse neo-expressionisten bij ons.' Vanaf 1984 zet Paul Andriesse zijn galeriewerk voort onder zijn eigen naam.

De hoofdstedelijke galeriescene was op dat moment klein. De Prinsengracht was een vervallen hoek van de Jordaan met veel kraakpanden en leegstand. Verzamelaars van hedendaagse kunst waren op de vingers van één hand te tellen; Visser, Becht, Sanders en Wildenberg hoorden tot de bekendste. Het galeriewezen was weinig professioneel. Andriesse: 'Een galerie was drie dagen open van twee tot vijf. In Nederland was het galeriehouderschap een liefhebberij. Een galeriehouder verdiende zijn brood elders.' De branche mocht dan weinig voorstellen, ze was wel internationaal up-to-date. Rob Jurka maakte in 1979 op de Vijzelgracht een tentoonstelling met Robert Mapplethorpe nog vóór iemand van deze Amerikaanse fotograaf had gehoord. Wim van Krimpen ging voortvarend te werk met Günther Förg en Isa Genzken. Barbara Farber toonde het nieuwste werk van Keith Haring en Kenny Scharf. Andriesse: 'Het was een gemoedelijke tijd, minder hard en commercieel als tegenwoordig. Tegen het eind van de dag was het zoete inval. Dan trok je een fles open en sprak je over tentoonstellingen. Of je zag elkaar in café Het Paleis.' Paul Andriesse haalde Marlene Dumas en zijn broer Erik Andriesse bij de galerie, die samen met René Daniëls de kern

London, The Armory Show in New York, and Liste Art Basel. These are also the galleries that represent prominent Dutch artists and thus contribute to a significant extent to the image of Dutch art. What are their motives? How are they manifested? What are the limitations within which they have to work, and where are the opportunities for the future? A tour.

1. THE 1980S GENERATION

The international art market received a powerful impulse at the beginning of the 1980s. All eyes were focused on painting. Unlike Conceptual Art, which was supranational, the new painting appeared in national colours: the Neue Wilden in Germany, the Transavanguardia in Italy, and Figuration Libre in France. The market grew explosively. The art critic Wolfgang Max Faust noted a 'hunger for images'. These were the years of the blockbuster exhibitions that approached the scale of the nineteenth-century salons: 'A New Spirit in Painting' (London, 1981), 'Westkunst' (Cologne, 1981), 'Zeitgeist' (Berlin, 1982), 'Von hier aus' (Düsseldorf, 1984). The transatlantic exchange was dynamic, with Cologne and New York as the major art centres. It was not a bad moment to start up a gallery.

Paul Andriesse, a student of art history in Utrecht, came to Amsterdam in 1979 to work as an assistant in Galerie Helen van der Meij on the Prinsengracht. Van der Meij represented the so-called 'painter princes' (*Malerfürsten*) Markus Lüpertz, Georg Baselitz and Anselm Kiefer in the Netherlands. Andriesse: 'Amsterdam was very clearly laid out at the time. You could see Italian painters at Art & Project, the French showed with Riekje Swart, the Americans with Barbara Farber, and the German Neo-Expressionists with us.' From 1984 on Paul Andriesse continued his gallery activity under his own name.

The gallery scene in the capital was small at that time. The Prinsengracht was a dilapidated corner of the Jordaan district with many squats and empty houses. You could count the collectors of contemporary art on the fingers of one hand; Visser, Becht, Sanders and Wildenberg were the best known. The galleries did not operate in a very professional way. Andriesse: 'A gallery was open three days a week from two to five. Running a gallery was a hobby in the Netherlands. A gallery owner earned a living elsewhere.' Still, even if the branch was rather insignificant, it was internationally up to date. Rob Jurka put on a show of Robert Mapplethorpe on the Vijzelgracht in 1979 before anyone had heard of the US photographer. Wim van Krimpen put a lot of energy into Günther Förg and Isa Genzken. Barbara Farber showed

van zijn stal vormden. 'Ik had alles mee. In Duitsland zeiden ze: "Der Paul ist ein Senkrechtstarter."'

Er waren meer initiatieven in de jaren tachtig. Marianne van Tilborg opende Lumen Travo, Adriaan ten Have begon TORCH. Kees van Gelder, Milco Onrust en Fons Welters startten elk een galerie onder hun eigen naam. Soms leken de galeries op rivaliserende clans met zeer verschillende kunstopvattingen. Art & Project stond voor geserreerde esthetiek, TORCH voor vette camp.

Een galerie die de opwinding op de kunstmarkt begin jaren tachtig goed weerspiegelde, was The Living Room, van start gegaan in een woonkamer in Amsterdam-Oost en vervolgens verhuisd naar de Laurierstraat. De galerie kwam voort uit een Brabantse vriendenclub rond kunstgeschiedenisstudent Bart van de Ven en beeldhouwer Peer Veneman en groeide in korte tijd uit tot de hipste galerie van de stad. Onbetwiste spil was de mediagenieke Rob Scholte, die ook bij Paul Maenz in Keulen exposeerde en de Mazzo en de RoXY frequenteerde, hotspots van de creatieve scene. Scholte en zijn entourage stonden model voor Joost Zwagermans *Gimmick!* (1989), een roman over de postmoderne leegte van de kunstwereld. Fons Welters, een Limburger die in 1988 een galerie in Amsterdam opende: 'The Living Room was een belangrijk ijkpunt. Elke kunstenaar die zij brachten, stond meteen aan de top. Beginnende galeriehouders als ik spiegelden zich daaraan.' Maar The Living Room ging even snel ten onder als dat ze was opgebloeid. De nooit opgehelderde aanslag waarbij Scholte beide benen verloor, markeert het einde van een heftige periode van glamour en succes.

Assistente in The Living Room was in die jaren Diana Stigter. Stigter: 'Ik herinner me dat het er altijd koud was en dat ik daar in een bontjas zat. The Living Room heeft goed verkocht, maar het ging vooral om de kunst. Er waren stevige discussies over postmodernisme waarbij de glazen door de galerie vlogen.' In 1992 begon Stigter met Annet Gelink Bloom Gallery in de Bloemstraat. Het duo viel op door frisse ondernemingszin en internationale ambities. Stigter: 'We brachten Young British Artists, kunstenaars van onze eigen generatie zoals Douglas Gordon en Gillian Wearing. Er waren maar weinig galeries die zoiets deden. We hoorden al snel bij de gevestigde orde. Aan geld verdienen dachten we niet. Pas na zeven jaar maakten we winst.' Bloom Gallery werd in 1999 opgeheven om tweevoudig te reïncarneren in Galerie Annet Gelink (2000) en Galerie Diana Stigter (2001).

In de jaren negentig waagde zich slechts een enkeling aan een galerie voor hedendaagse kunst, zoals Martita Slewe, Leila Akinci, Ellen de Bruijne en Zsa-Zsa Eyck (De Expeditie). Slewe onderscheidde zich met een focus op abstracte schilderkunst, Ellen de Bruijne Projects presenteerde geëngageerd en interdisciplinair werk. De uitbreiding van

the latest work by Keith Haring and Kenny Scharf. Andriesse: 'It was a congenial time, less hard and commercial than it is today. Open house began towards the end of the afternoon. Then you uncorked a bottle and talked about exhibitions, or met up in café Het Paleis.' Paul Andriesse introduced his brother Erik Andriesse and Marlene Dumas to the gallery, and together with René Daniëls they formed the core of his circle. 'I had hit a lucky streak. In Germany they used to say: "Paul is a vertical take-off."'

There were other initiatives too in the 1980s. Marianne van Tilborg opened Lumen Travo, Adriaan ten Have started up TORCH. Kees van Gelder, Milco Onrust and Fons Welters each launched a gallery under his own name. Sometimes the galleries resembled rival clans with very different ideas about art. Art & Project stood for serene aesthetics, TORCH for exuberant camp.

A gallery that reflected the excitement on the art market in the early 1980s well was The Living Room, which started in a living room in East Amsterdam before relocating to the Laurierstraat. The gallery was the product of a group of friends in Brabant connected with the art history student Bart van de Ven and the sculptor Peer Veneman. It soon became the coolest gallery in town. Its undisputed focal point was the mediagenic Rob Scholte, who also showed with Paul Maenz in Cologne and frequented the Mazzo and RoXY discos, hotspots of the creative scene. Scholte and his entourage were the model for Joost Zwagerman's Gimmick! (1989), a novel about the postmodern vacuity of the art world. Fons Welters, who moved from Limburg to start a gallery in Amsterdam in 1988: 'The Living Room was an important benchmark. Every artist they presented was immediately at the top. Gallery owners like me looked up to them.' But the demise of The Living Room was as rapid as its rise. The explosion that cost Scholte both legs – a case that has never been solved – marked the end of a heady period of glamour and success.

Diana Stigter was an assistant in The Living Room during those years. Stigter: 'I remember that it was always cold and that I sat there in a fur coat. The Living Room sold well, but what really counted was art. There were heated discussions about postmodernism that led to glasses flying through the gallery space.' Stigter and Annet Gelink launched the Bloom Gallery in the Bloemstraat in 1992. The duo attracted attention for their fresh entrepreneurial attitude and international ambitions. Stigter: 'We presented Young British Artists, artists of our own generation like Douglas Gordon and Gillian Wearing. And there weren't many galleries who did anything like that. We were soon accepted as part of the establishment.

het aanbod aan galeries voltrok zich met een slakkengang, tot zich in 2004 en 2005 plots een nieuwe generatie meldde. Martin van Zomeren, Gabriel Rolt en Jorg Grimm begonnen een galerie in de Jordaan, de galeriebuurt van de hoofdstad, terwijl Juliètte Jongma, Steven van Grinsven (ZINGERpresents) en Nieck de Bruijn (Upstream) een galerie openden in de Pijp. Nieck de Bruijn: 'De Jordaan is een soort Madurodam, totaal veryupt. De Pijp voelt dynamischer en rauwer en dat past beter bij onze galerie.' Ineens was Amsterdam zes ambitieuze galeries rijker. Enkele daarvan hebben in korte tijd een goede reputatie opgebouwd en een plek veroverd op belangrijke kunstbeurzen. Hun razendsnelle opkomst valt samen met een sterke groei van de internationale kunsthandel, die pas met de wereldwijde financiële crisis van 2009 werd afgeremd.

2. DE GENERATIE 00

Wat drijft iemand een galerie voor hedendaagse kunst te beginnen? Wat zijn de dromen en ambities van een beginnend galeriehouder? Jorg Grimm, die drie jaar aan de kunstacademie studeerde en vervolgens een studie economie afrondde: 'In mijn optiek ligt het vak van galeriehouder dicht tegen het kunstenaarschap aan: je werkt samen met de kunstenaar om een idee, een beeld, over te brengen, je denkt mee, maakt projecten mogelijk. Aanvankelijk adviseerde ik ook privéverzamelaars maar, hoe raar dat ook klinkt, dat is saai. Wat spannend is, is talent ontdekken, ateliers bezoeken en carrières begeleiden.'

Gabriel Rolt, geboren in 1977 als zoon van een Nederlandse galeriehouder en een antiquair uit Barcelona, kreeg de liefde voor de kunsthandel van huis uit mee. Na zijn studie kunstgeschiedenis opende hij een galerie aan de Elandsgracht. Rolt: 'Mijn galerie staat bekend als jong, verrassend en internationaal. Ik werk ook samen met nieuwe galeries in het buitenland, zoals Team Gallery in New York en Paradise Row in Londen.'

Juliètte Jongma, opgeleid aan de kunstacademie, leerde het vak als assistente van Diana Stigter. Jongma: 'De uitdaging is een kunstenaar goed in de markt te zetten. Ik wist dat ik kunstenaars kon vinden voor wie een markt te creëren is. Daar heb ik bij Diana mee kunnen experimenteren.'

Martin van Zomeren heeft een verleden als kok, schilder en websitedesigner. Een blauwe maandag werkte hij voor Rob Malasch in kunsthandel Serieuze Zaken. Dat hij ooit een galerie zou beginnen zat altijd in zijn achterhoofd, al had hij geen idee van een programma. Van Zomeren: 'Ik zocht kunstenaars met een sterke persoonlijkheid. Ik toon alleen kunstwerken die ik zelf zou willen hebben.'

Nieck de Bruijn, marketeer voor uitgeverijen Reed Elsevier en NAi Uitgevers, verzamelde zelf kunst voor hij een galerie begon. De Bruijn: 'Mijn voorkeur gaat uit naar sterk geëngageerd werk dat onderwerpen

We didn't think about making money. We didn't make a profit until seven years later.' Bloom Gallery was closed down in 1999 to appear in a double reincarnation as Galerie Annet Gelink (2000) and Galerie Diana Stigter (2001).

There were few who risked a gallery for contemporary art in the 1990s, such as Martita Slewe, Leila Akinci, Ellen de Bruijne and Zsa-Zsa Eyck (De Expeditie). Slewe profiled itself with a focus on abstract painting, Ellen de Bruijne Projects presented engaged and interdisciplinary work. The broadening of what the galleries had to offer proceeded at a snail's pace until a new generation suddenly appeared on the scene in 2004 and 2005. Martin van Zomeren, Gabriel Rolt and Jorg Grimm opened galleries in the Jordaan, the district where most of the galleries in the capital are concentrated, while Juliètte Jongma, Steven van Grinsven (ZINGERpresents) and Nieck de Bruijn (Upstream) launched galleries in the Pijp district. Nieck de Bruijn: 'The Jordaan district is a sort of miniature city like Madurodam, completely yuppified. The Pijp district has a more dynamic and rough feel to it and that fits our gallery better.' Amsterdam had suddenly gained six ambitious new galleries in one go. Some of them have built up a good reputation in a short time and secured a place at the major art fairs. Their lightning appearance coincided with a strong growth of the international art market until the worldwide financial crisis put an end to that in 2009.

2. THE 2000S GENERATION

What motives does a person have to open a gallery for contemporary art? What are the dreams and ambitions of a gallery owner who is just starting up? Jorg Grimm, who studied at the academy of art for three years before graduating in economics: 'I see the task of the gallery owner as lying close to that of the artist: you work together with the artist to communicate an idea, an image, you exchange ideas, enable projects. At first I also advised private collectors but, however strange it may sound, that is boring. What is exciting is to discover talent, visit studios and promote careers.'

Gabriel Rolt (b. 1977), the son of a Dutch gallery owner and an antiques dealer from Barcelona, grew up with a love of the art market in his veins. After studying art history he opened a gallery on the Elandsgracht. Rolt: 'My gallery has the reputation of being young, surprising and international. I also work together with new galleries abroad, such as Team Gallery in New York and Paradise Row in London.'

Juliètte Jongma, who studied at the academy of art, learnt the profession as an assistant to Diana

als geweld en seksualiteit niet schuwt. Kunst met ballen, noem ik het maar. En ik val voor kunstenaars die monumentale sculpturen of installaties maken. Een galerie voor dat type kunst ontbrak in Amsterdam. Dat sterkte me in het plan zelf een galerie te beginnen.'

Voor galeriehouder bestaat geen opleiding. Vaak heeft een galeriehouder als assistent bij een kunsthandel gewerkt, ervaring opgedaan, een netwerk opgebouwd, totdat tijdens een met veel wijn besprenkeld etentje met bevriende kunstenaars het plan ontstaat zelf een galerie te beginnen. Zo verging het Diana Stigter, Juliètte Jongma en Hans Gieles van Vous Êtes Ici. Jorg Grimm had die leerschool niet. Hij begon op een zolder aan de Bloemgracht, zonder enige ervaring. Zijn eerste expositie omvatte alle grafiek van Philip Guston, die hij had losgekregen van een Amerikaanse galerie. Van Victoria Miro in Londen kreeg hij toestemming etsen van Peter Doig te exposeren. De doorbraak kwam toen het Bonnefantenmuseum een set grafiekbladen bij hem kocht voor 10.000 euro. Grimm: 'Het nadeel was dat ik werd gezien als een handelaar in edities. Maar voor mij was dit de enige manier om een galerie te kunnen beginnen.'

Zo is de jongste generatie begonnen: in een kleine ruimte, met een startkapitaal dat ongeveer een jaar soelaas biedt. Met kleine leningen werden grote ambities gefinancierd. Ondernemingszin is wat zij gemeen hebben: *the sky is the limit*. In het streven naar professionaliteit, internationalisering en commercieel succes onderscheidt de internetgeneratie zich van haar voorgangers.

3. DE STAL

Veel van de nieuwe galeries hebben in korte tijd een eigen profiel weten te ontwikkelen. Martin van Zomeren bijvoorbeeld kreeg de naam 'conceptuele sculptuur' te brengen, wat dat ook moge zijn. De galeriehouder kan met die kwalificatie niet uit de voeten: 'Het werk dat ik breng is indirect. Ik heb vroeger zelf geschilderd. Ik schilderde op de achterkant van het doek, ik schilderde mezelf het werk uit; het ging over schilderkunst zonder een schilderij te maken. Dus viel ik op kunstenaars die hetzelfde doen. Matt Bryan gumde krantenfoto's uit. Negatief schilderen! Prachtig! Dat had ik zelf wel willen verzinnen.'

Gebruikelijk is dat een galerie een beperkt aantal kunstenaars vertegenwoordigt van wie regelmatig werk wordt getoond. Eens in de twee of drie jaar een soloshow, en verder in groepstentoonstellingen en op kunstbeurzen. De keuze voor de stal is precair. Grimm: 'De stal kan voor een kunstenaar een reden zijn bij mij te exposeren en niet bij een ander.'

De kunst die door Paul Andriesse wordt gebracht, is wel omschreven als intens en reflectief. Andriesse: 'De kunsthistoricus in mij houdt van kunstenaars die een eigen

Stigter. Jongma: 'The challenge is to position an artist well in the market. I knew I could find artists for whom a market can be created. I was able to experiment with that when I was with Diana.'

Martin van Zomeren has a background as a chef, painter and website designer. He also worked for a brief spell for Rob Malasch in the art dealer's Serieuze Zaken. He always had the idea of starting up a gallery at the back of his mind, even if he did not have any idea of a programme. Van Zomeren: 'I was looking for artists with a strong personality. I only show works of art that I would like to keep for myself.'

Nieck de Bruijn, marketing manager for Reed Elsevier and NAi Publishers, was a collector before he opened his own gallery. De Bruijn: 'I prefer work with a strong engagement that does not shun themes like violence and sexuality. I call it art with balls. And I fall for artists who make monumental sculptures or installations. There was no gallery for that kind of art in Amsterdam. That encouraged me to start up a gallery myself.'

There are no training courses for gallery owners. Often they have worked as an assistant in an art dealer's, acquired experience and built up a network until the plan to start up a gallery themselves is hatched during a meal with artist friends and a liberal supply of wine. That is the story of Diana Stigter, Juliètte Jongma, and Hans Gieles (Vous Êtes Ici). Jorg Grimm did not have that apprenticeship. He started in an attic on the Bloemgracht, without any experience. His first exhibition was of all the graphic work of Philip Guston that he had managed to get from a gallery in the United States. Victoria Miro in London gave him permission to exhibit etchings by Peter Doig. The breakthrough came when the Bonnefantenmuseum purchased a set of graphic sheets from him for € 10,000. Grimm: 'The disadvantage was that I was regarded as a dealer in editions. But for me it was the only way to be able to start up a gallery.'

That is how the youngest generation began: in a small space, with enough starting capital to last a year or so. Big ambitions were funded with small loans. What they all have in common is an entrepreneurial spirit: The sky is the limit. What sets the internet generation apart from their predecessors is the ambition of professionalism, internationalisation and commercial success.

3. THE GALLERY ARTISTS

Many of the new galleries soon managed to develop a profile of their own. Martin van Zomeren, for example, gained the reputation of presenting 'conceptual sculpture', whatever that is supposed to mean. The gallery owner does not find the label useful: 'The work I present is

oeuvre bouwen, waar elk nieuw werk het voorafgaande verrijkt. Kunstenaars die voor hun werk leven en die hun eigen weg volgen. Naast elke Nederlandse positie zocht ik een buitenlandse. Toen ik Henk Visch toonde, bracht ik Shirazeh Houshiary; zij zijn van dezelfde generatie en werken vanuit vergelijkbare ideeën over sculptuur. Bij Pieter Laurens Mol koos ik voor Richard Wentworth, net als Mol sophisticated in zijn materiaalgebruik en zijn gevoeligheid voor taal.'

De meeste Amsterdamse galeries brengen een combinatie van Nederlandse en buitenlandse kunstenaars. Daaronder zijn altijd wel enkele schilders, want wat het profiel van de galerie ook mag zijn, schilderijen zijn de kurk waar de galerie op drijft. Van Zomeren: 'De schilders trekken de galerie. De meeste verzamelaars in Nederland kopen schilderkunst.'

Het opbouwen van een stal vergt tijd. Nieck de Bruijn: 'Voor ik begon had ik in gedachten al talloze lijstjes gemaakt van kunstenaars met wie ik zou willen starten. Daarop stonden de namen van Marc Bijl en Folkert de Jong. Ik dacht naïef: die hebben geen Nederlandse galerie en als ik daar met een enthousiast verhaal kom, zijn ze dolblij. Maar dat viel tegen. Ze wilden eerst de kat uit de boom kijken. Daar had ik niet op gerekend. Pas toen Marc zei: "Als Folkert het doet, doe ik het ook", konden we beginnen.'

De stal van Galerie Juliëtte Jongma is wel eens getypeerd met de term 'fluisterkunst', waarmee het tegendeel wordt bedoeld van de luidruchtige machokunst waar Upstream zich mee onderscheidde. Jongma: 'De jongens met wie ik werk zijn heel zachtaardig en hun kunst is dat ook, het neigt naar het romantische.'

Steven van Grinsven woonde jaren in Londen voor hij op zijn 28e een galerie begon. Hij toont veel Britse kunstenaars: 'Ik hou van werk dat schizofreen is: ogenschijnlijk heel simpel, bijna nonchalant, maar als je er een beetje aan krabt, geeft het laag na laag zijn conceptuele rijkdom prijs.'

Naast de vertegenwoordiging van de stal hebben de meeste galeries een initiërend programma. Daarin fungeren groepstentoonstellingen als proeftuin voor onbekend talent. Zo introduceerde Gabriel Rolt vier jonge kunstenaars uit Noorwegen. Annet Gelink nodigde het collectief Art At Work uit om werk te selecteren van hier nog onbekende Italianen. Jorg Grimm vroeg zijn kunstenaar Matthew Day Jackson een expositie samen te stellen met Amerikaanse collega's. De Engelse curator Tom Morton stelde een groepstentoonstelling samen voor Diana Stigter. Ron Mandos en Fons Welters tonen jaarlijks hun keuze uit de nieuwe lichting academieverlaters. Een enkele keer sluit een deelnemer aan een dergelijke tentoonstelling zich aan bij de stal van de galerie.

Een stal kan ook van samenstelling veranderen. Fons Welters heeft een voortdurende verjonging zelfs hoog op zijn agenda. Welters: 'Ik maak tentoonstellingen omdat ik iets wil leren.

indirect. I used to paint myself. I painted on the back of the canvas, I painted myself out of the work; it was about painting without making a painting. So I went for artists who do the same thing. Matt Bryan rubbed out newspaper photographs. Negative painting! Wonderful! I would have liked to have invented that myself.'

It is customary for a gallery to represent a limited number of artists whose work it regularly shows: a solo show once every two or three years, plus presentations in group exhibitions and at art fairs. The choice of the gallery artists is precarious. Grimm: 'The names associated with the gallery may be a motive for an artist to show with me and not with someone else.'

The art that Paul Andriesse presents is described as intense and reflective. Andriesse: 'The art historian in me likes artists who build up an oeuvre of their own in which every new work enriches the previous ones. Artists who live for their work and follow their own direction. I looked for a foreign counterpart to every Dutch position. When I showed Henk Visch, I presented Shirazeh Houshiary; they are from the same generation and work on the basis of similar ideas about sculpture. In the case of Pieter Laurens Mol I chose Richard Wentworth because he is sophisticated like Mol in his use of material and his sensitivity to language.'

Most of the galleries in Amsterdam showcase a combination of Dutch and foreign artists. They always include some painters, because whatever the profile of the gallery may be, paintings are what keep the gallery afloat. Van Zomeren: 'The painters keep the gallery going. Most collectors in the Netherlands buy paintings.'

It takes time to build up a circle of gallery artists. Nieck de Bruijn: 'Before I started, I had already made up numerous lists in my mind of artists I would like to open with. They included Marc Bijl and Folkert de Jong. I was naïve when I thought: they haven't got a Dutch gallery and they will be delighted if I turn up with an enthusiastic story. But it wasn't like that. They first wanted to wait and see. I hadn't counted on that. We weren't able to get started until Marc said: "If Folkert is in, I'm in too."'

The circle of Galerie Juliètte Jongma has been characterised as 'whispering art', i.e. the opposite of the loud macho art typical of Upstream. Jongma: 'The people I work with are very gentle and so is their art, it tends towards romanticism.'

Steven van Grinsven lived for several years in London before opening his gallery at the age of twenty-eight. He shows many British artists: 'I like schizophrenic work: very simple, almost nonchalant on the surface, but if you scratch it a

Het is leuk iets te ontdekken wat niet aan iets anders doet denken, waar nog geen mening over gevormd is, wat blanco is. Ik vind, anders dan andere galeries, dat er steeds vers bloed bij moet. De kunstenaars met wie ik al jaren werk, zoals Berend Strik, Maria Roosen en Job Koelewijn, komen daardoor in een nieuw licht te staan.'

Nieck de Bruijn: 'In de stal is altijd verloop. Soms neem je afscheid van een kunstenaar, als je te weinig voor elkaar kunt betekenen. En soms komt er een kunstenaar bij. Ronald Ophuis stond al jaren op mijn lijstje, ik bewonder hem zeer. Hij werkte met Dirk Vermeulen van Galerie De Praktijk. Toen De Praktijk sloot, kwam Dirk bij mij met de vraag of Ophuis in mijn galerie zou passen. De wens om samen te werken bleek wederzijds. Nu gaan we hem internationaal op de kaart zetten. We hebben hem groot gebracht op Zoo in Londen en alles verkocht.'

4. DE RELATIE MET DE KUNSTENAARS

Steven van Grinsven ziet zichzelf als klankbord voor de kunstenaar: 'Graham Hudson zegt altijd: "Ik blijf bij Steven omdat hij mijn werk beter maakt." Ik ben een sparringpartner, ik daag hem uit groter te denken. Hij heeft met mij een dialoog zoals hij die vroeger had met zijn *tutors*.'

Als galeriehouder en kunstenaar succesvol, langdurig en intensief willen samenwerken, is een voorwaarde dat zij elkaar goed liggen. Jongma: 'De band met je kunstenaars is onduidelijk, veeleisend en gecompliceerd. In het begin ken je elkaar amper, maar die relatie wordt alsmaar intenser. Er is een dunne lijn tussen vriendschap en zakenrelatie en je bent ook nog eens wederzijds financieel afhankelijk. Je brengt samen veel tijd door in het buitenland. Met de een verloopt dat vlekkeloos en met de ander heb je een permanente communicatiestoornis. Irritaties kunnen dan escaleren.'

Nieck de Bruijn beaamt dat de band tussen galeriehouder en kunstenaar veel meer omvat dan een zakelijke afspraak. Het gaat over oprechte passie en het levenswerk van zowel kunstenaar als galeriehouder. Pijnlijk was daarom de breuk met Folkert de Jong, na drie jaren van succesrijke samenwerking. De Bruijn: 'Op een gegeven moment ging het heel goed met Folkert. Daar had de galerie een belangrijke bijdrage aan geleverd. Ik heb hem twee jaar met grote installaties op Liste gebracht. Belangrijke verzamelaars hebben dat direct gekocht. Daar kwam een tentoonstelling uit voort in Londen en die bracht hem weer in het circuit van grote internationale galeries. Toen kreeg Folkert het op zijn heupen. Hij eiste dat er een manager tussen hem en mij zou komen te staan. Ik kon daar niet mee leven. De samenwerking zou totaal anders worden. Onverkochte werken zou ik na twee maanden weer moeten teruggeven. Ik zou dealer worden in plaats van galeriehouder. We konden niet meer tot

bit, it reveals its conceptual richness layer after layer.'

Besides representing their own artists, most galleries have a launching programme, within which group exhibitions function as a test-bed for unknown talent. Gabriel Rolt, for instance, introduced four young artists from Norway. Annet Gelink invited the Art At Work collective to select work by Italians who are unfamiliar names in the Netherlands. Jorg Grimm asked his artist Matthew Day Jackson to put together an exhibition with US colleagues. The English curator Tom Morton curated a group exhibition for Diana Stigter. Ron Mandos and Fons Welters present their selection from the new batch of academy graduates every year. Very occasionally a participant in one of those exhibitions joins the gallery circle.

The composition of a gallery's artists may also change. Fons Welters gives priority to an ongoing rejuvenation. Welters: 'I put on exhibitions because I want to learn something. It's fun to discover something that doesn't remind you of anything else, about which no opinion has yet been formed, an unwritten page. Unlike other galleries, I find that you have to keep bringing in new blood. It places the artists with whom I've been working for years, like Berend Strik, Maria Roosen and Job Koelewijn, in a new light.'

Nieck de Bruijn: 'There is always a turnover among the artists. Sometimes you say goodbye to an artist if you can't mean enough to one another. And sometimes an artist joins. Ronald Ophuis was on my list for years, I'm a great admirer of his work. He used to work with Dirk Vermeulen from Galerie De Praktijk. When De Praktijk closed down, Dirk came to see me to ask if Ophuis would fit in with my gallery. The desire to work together proved to be mutual. Now we're going to put him on the international map. We presented him in a big way at Zoo in London and sold everything.'

4. THE RELATION
WITH THE ARTISTS

Steven van Grinsven sees himself as a sounding-board for the artist: 'Graham Hudson always says: I stick with Steven because he makes my work better. I'm a sparring partner, I challenge him to think bigger. He has a dialogue with me like the one he used to have with his tutors.'

If a gallery owner and an artist want to work together successfully, intensively and over a long period, they have to be able to get on with one another. Jongma: 'The bond with your artists is unclear, demanding and complicated. At the start you hardly know one another, but that relation grows more and more intense. There is a thin line between friendship and a business relationship, and besides you are financially dependent on one another. You both

een dialoog komen, moesten het via de rechtbank uitvechten. Dat was geen prettig afscheid. Ik vind het nog steeds jammer dat het zo gelopen is.'

Jo Baer, grande dame van de Amsterdamse kunst, vertegenwoordigd door Paul Andriesse, adviseert haar jongere collega's te kiezen voor een galerie in je woonplaats. Het vergemakkelijkt het contact en komt de werkrelatie ten goede. Gelink nuanceert: 'Met kunstenaars die goed georganiseerd zijn, zoals David Maljković, maakt het niet uit. Als hij een expositie heeft in Madrid, ga ik daar heen en bespreken we in anderhalf uur alles wat besproken moet worden. Maar met emotionelere types gaat dat niet, die vragen voortdurend aandacht.'

5. DE ONDERNEMING

De communis opinio is dat Nederlandse galeriehouders oprechte kunstminnaars zijn, maar geen gehaaide zakenlui. Een tycoon als Iwan Wirth (New York, Londen, Zürich) geniet van de kunstmarkt als 'a beautifully unregulated market', waar kartelvorming, prijsafspraken en andere middelen worden gebruikt die in elke andere markt zijn verboden. Paul Andriesse daarentegen houdt zich verre van de markt en gaat af op wat hij goede kunst vindt (*Het Financieele Dagblad*, 7 januari 2006).

In navolging van Andriesse zien de meeste galeriehouders van de jonge generatie zich als tentoonstellingsmaker, eerder dan als handelaar.

Grimm: 'De galerie staat op het snijvlak tussen museum en winkel. Je doet er goed aan het zo museaal mogelijk te houden.'

Jongma: 'De meeste galeriehouders hebben de ballen verstand van economie. Het ironische is dat we wel zaken doen met geharde ondernemers. Toen ik begon met de galerie, toonde ik films van Guido van der Werve, in een editie van zeven. Daar was geen verzamelaar voor te vinden. Eentje hebben we ten slotte gevonden, en die wist ons het vel over de oren te trekken. Hij bedong een enorme korting. Als we die hele editie voor die prijs hadden verkocht, hadden we verlies geleden op de productiekosten. Later, op Liste, verkocht ik er opeens twee. Als je dan merkt dat er interesse ontstaat, ook bij musea, moet je een strategie bedenken. Ik heb Guido toen voorgesteld te stoppen met verkoop. Ik wilde een solo met hem doen op The Armory Show in New York, maar dan moesten we er wel voor zorgen dat we edities voorradig hadden. De films die hij op de Noordpool had gemaakt, hadden een enorme aantrekkingskracht, dat voelde ik. En dat bleek ook. Het MoMA New York kocht er een, het Hirshhorn Museum in Washington, en toen ging het lopen.'

Gebruikelijk is dat galerie en kunstenaar elk 50 procent krijgen van de verkoopprijs minus de productiekosten. Wanneer de vraag toeneemt en de kunstenaar meer institutionele erkenning krijgt, stijgen de prijzen navenant. Verkoopt een kunstenaar werk

spend a lot of time abroad. That can run smoothly in one case, while you may have permanent communication problems in another. When that happens irritations can escalate.'

Nieck de Bruijn considers that the relation between the gallery owner and the artist is much more than a business agreement. It is about genuine passion and the life's work of both the artist and the gallery owner. That made the rift with Folkert de Jong, after three years of successful cooperation, all the more painful. De Bruijn: 'At a certain moment Folkert was doing very well for himself. The gallery had played a large part in that. I presented him twice with large installations at Liste. Major collectors bought it immediately. It led to an exhibition in London and that introduced him to the circuit of the big international galleries. Then Folkert threw one of his tantrums. He demanded a manager as an intermediary between him and me. I couldn't go along with that. The cooperation would have become completely different. I would have to return unsold works after two months. I would have become a dealer instead of a gallery owner. We couldn't discuss it any more and had to fight it out in court. It was an unpleasant divorce. I still regret that it happened that way.'

Jo Baer, *grande dame* of art in Amsterdam and represented by Paul Andriesse, advises her younger colleagues to choose a gallery in the place where they live. It facilitates the contact and is beneficial to the working relationship. Gelink does not agree: 'In the case of artists who are well organised, like David Maljković, it doesn't make any difference. If he has an exhibition in Madrid I go there and we discuss everything that has to be discussed in an hour and a half. But it doesn't work with more emotional artists who demand constant attention.'

5. THE ENTERPRISE

The generally shared view is that Dutch gallery owners are genuine art lovers but not razor-sharp businessmen. A tycoon like Iwan Wirth (New York, London, Zurich) enjoys the art market as 'a beautifully unregulated market' in which the formation of cartels, agreements on prices and other devices are used that are forbidden in every other market. Paul Andriesse, on the other hand, remains aloof from the market and goes in search of what he considers good art (*Het Financieele Dagblad*, 7 January 2006).

Like Andriesse, most of the younger generation of gallery owners see themselves as exhibition curators rather than dealers. Grimm: 'The gallery is at the interface of the museum and the shop. It's good to keep it as close to a museum as possible.'

Jongma: 'Most gallery owners don't know a thing about economics. The irony lies in the fact that we

via een andere dan de moedergalerie, dan ontvangt de moedergalerie meestal een *agent's fee* van 10 procent, maar dat is geen standaard. Fons Welters: 'Als iemand met Jan De Cock een expositie wil maken, breng ik geen *fee* in rekening, omdat de productiekosten al torenhoog zijn.'

Nog altijd is het niet bon ton over de commerciële aspecten van het galeriewezen te praten. Annet Gelink vindt de zakelijke kant juist leuk: 'Vroeger kon je daar niet voor uitkomen. Dat was te min. Maar hoe kun je nou een galerie leiden als je niet zakelijk bent?' Door schade en schande wordt ook de beginnend galeriehouder *sadder and wiser*. Jongma: 'Het begin was jachtig. Je rent van kunstbeurs naar kunstbeurs, je hebt de ene opening na de andere. Er waren allerlei groeistuipen. Je had geen tijd je back-office te organiseren. Mijn boekhouder vroeg steeds: waar gaat al dat geld naar toe? Wat doe je aan kostenbeheersing?'

Voor een beginnende galerie is het van levensbelang naamsbekendheid op te bouwen. Om die reden bezuinigt Gabriel Rolt nooit op uitnodigingskaarten en advertenties. Rolt: 'Die stuur ik ook naar heel veel mensen die ik niet ken, maar die twee jaar later opeens op de stoep staan te zwaaien met die kaart in hun hand.' Van Zomeren zegt wel eens presentaties op kunstbeurzen te realiseren die commercieel riskant zijn, maar die voor de promotie van de galerie goud waard zijn: 'Op de beurs in Miami heb ik in 2007 een werk van Wilfredo Prieto laten zien dat bestond uit een nachtblauwe ruimte met een gouden zakhorloge aan een kettinkje met een spot erop. Een minimale installatie met maximale impact. Mensen onthouden zoiets, daar praten ze nog over.'

Een galeriehouder is een winkelier, maar dat betekent niet dat hij zijn klanten van alles kan aansmeren. Gelink: 'Voorwaarde is dat de andere partij interesse heeft. Je hebt er niks aan mensen ergens in te praten, want dan krijg je dat werk later gegarandeerd retour.' Jongma: 'Als het werk mij overtuigt, kan ik een ander van de kwaliteit overtuigen. Ik heb drie jaar lang mijn best gedaan om het werk van Guido van der Werve aan te prijzen. Men vond het te romantisch, te verleidelijk. Maar veel mensen die er van alles op hadden aan te merken, willen nu graag tentoonstellingen met hem maken.' Naast geloofwaardigheid is vakkennis van belang. Gelink: 'Mijn medewerkers weten alles van de kunstwerken die we verkopen. Het niveau van collega's is af en toe bedroevend, vooral in Amerika. Als je hoort wat ze daar allemaal uitkramen over een kunstwerk...'

6. DE MARKT

Volgens vrijwel alle galeriehouders is de groep verzamelaars in Nederland in de afgelopen twintig jaar aanmerkelijk gegroeid. Ook voor kunstwerken van meer dan een ton is een markt. Grimm: 'Er zijn heel goede, grote verzamelaars in Nederland, maar het

have to do business with hardened entrepreneurs. When I started the gallery, I showed films by Guido van der Werve in an edition of seven. No collector was interested in them. In the end we did find one, and he managed to pull the wool over our eyes. He demanded an enormous discount. If we had sold the whole edition for that price, we would have been selling below the production costs. Later, at Liste, I suddenly sold two of them. If you notice then that there are interested parties, including the museums, you have to think up a strategy. I proposed to Guido that we should stop selling the films. I wanted to do a solo with him at The Armory Show in New York, but if we did that we would have to make sure that we had editions in stock. I felt that the films he had made at the North Pole had a tremendous power of attraction. That turned out to be true. The MoMA New York bought one, so did the Hirshhorn Museum in Washington, and then business got under way.'

It is customary for the gallery and the artist to receive fifty per cent each of the retail price less the production costs. If the demand grows and the artist achieves more institutional recognition, the prices rise accordingly. If an artist sells a work through a gallery that is not his own, his own gallery usually receives an agent's fee of ten per cent, but that is no standard. Fons Welters: 'If somebody like Jan De Cock wants to do an exhibition elsewhere, I don't charge any fee because the costs of production are already sky-high.'

It is still not done to talk about the commercial aspects of running a gallery. For Annet Gelink the commercial side is what she enjoys: 'In the past you couldn't talk about it. It was beneath your dignity. But how can you run a gallery if you're not commercially minded?' Beginning gallery owners become sadder and wiser as they learn from their mistakes. Jongma: 'The start was hectic. You had to run from one art fair to another and had one opening after another. There were all kinds of growing pains. There was no time to organise your back office. My accountant kept asking: where is all that money going? What are you doing to control expenses?'

When a gallery is starting up, it is essential to build up a reputation. That is why Gabriel Rolt never economises on invitations and advertisements. Rolt: 'I send them to a great many people I don't know too, but who suddenly turn up on the doorstep two years later holding that invitation.' Van Zomeren sometimes organises presentations at art fairs that are commercially risky, but are worth their weight in gold for the promotion of the gallery: 'I showed a work by Wilfredo Prieto at the fair in Miami in 2007 that consisted of a space the colour of the night sky with a gold watch and chain illuminated by a spotlight – a minimal

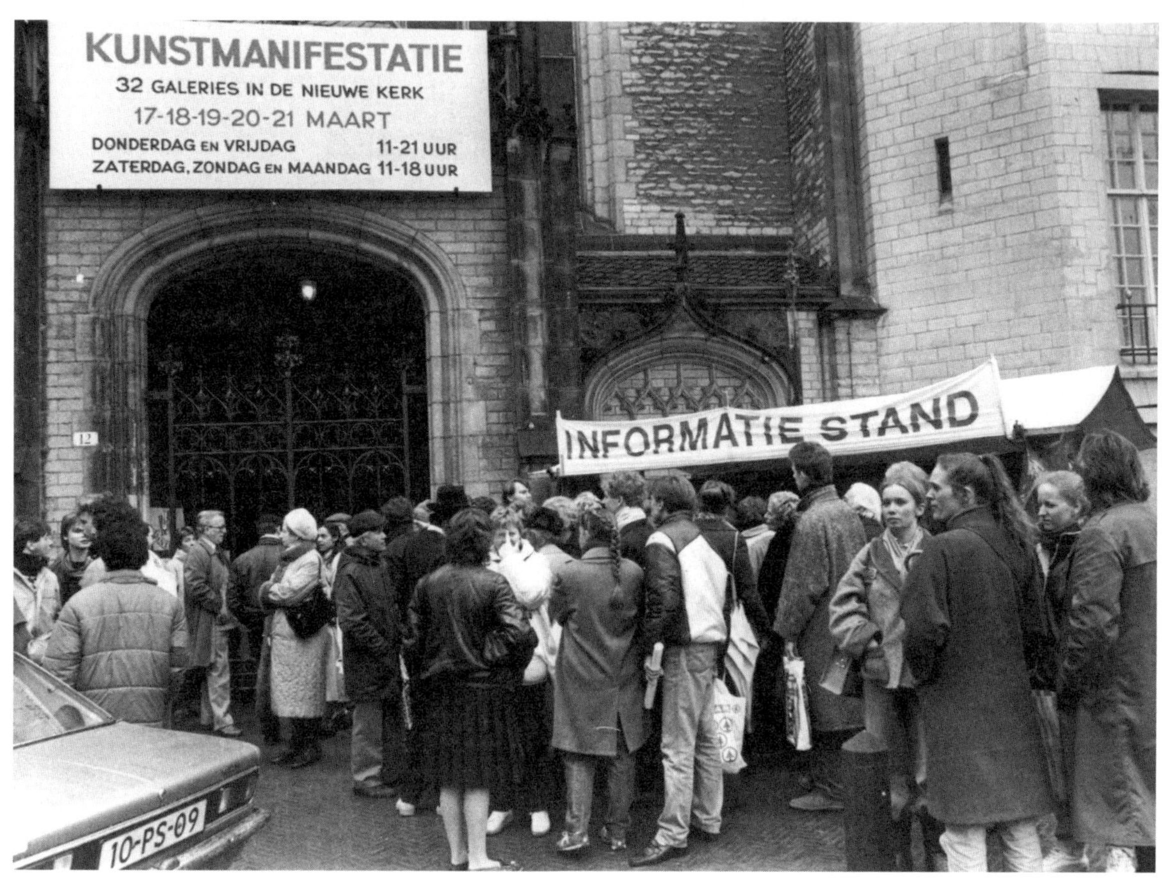

'Informatiestand' van TORCH gallery, opgezet naar aanleiding van een afwijzing voor de Kunstmanifestatie in de Nieuwe Kerk in Amsterdam

TORCH gallery information stand, put up in connection with a rejection for the Kunstmanifestatie in the Nieuwe Kerk in Amsterdam, 1983.

installation with a maximal impact. People remember something like that; they're still talking about it.'

A gallery owner is a shopkeeper, but that does not mean that he can talk his clients into buying just anything. Gelink: 'A condition is that the other party is interested. There is no point in trying to talk people into something, because you're bound to get the work back later on.' Jongma: 'If the work convinces me, I can convince someone else of its quality. I spent three years doing my best to recommend the work of Guido van der Werve. People found it too romantic, too seductive. But a lot of people who had all kinds of criticisms are now eager to do exhibitions with him.' Besides credibility, knowledge of the profession is also important. Gelink: 'My assistants know everything about the works of art we sell. The level of colleagues is occasionally pitiful, especially in the United States. If you hear all the nonsense they talk about a work of art there…'

6. THE MARKET

Almost all the gallery owners claim that the number of collectors in the Netherlands has grown considerably in the last couple of decades. There is a market even for works of art costing more than € 100,000. Grimm: 'There are some very good, big collectors in the Netherlands, but it is typically Dutch that you never hear about them. There are not many of them, but more than people think. They just don't attract publicity the way some collectors abroad do.' Steven van Grinsven: 'Collectors are beautiful people. Even if they already have a Polke hanging on the wall, they continue to be interested in what young artists are doing. They are the modern patrons.'

An important client is the museum, because museum acquisitions enhance the prestige of the gallery and the artist. But big sales to museums abroad are not easy. Andriesse: 'If you want to introduce an expensive work to a museum collection abroad, you have to organise a support group to pay for it. The Tate was only able to buy a Daniëls thanks to the support of a Greek collector. No one stops to think about how much work it takes to organise that from Amsterdam.'

Less prestigious but no less important are the acquisitions by large corporate collectors. Artists prefer to see their work displayed in a museum rather than in an office in Nieuwegein, but corporate collections with a specific focus and a recognisable profile, such as AkzoNobel, are important players.

Influential collectors such as Saatchi, Pinault, Rubell, Olbricht, Boros and Goetz have bought works in Amsterdam galleries, but it is not easy for Dutch gallery owners to gain a footing abroad. The German

is typisch Nederlands dat je daar nooit over hoort. Het zijn er niet veel, maar meer dan men denkt. Ze schreeuwen het alleen niet van de daken, zoals sommige buitenlandse verzamelaars.' Steven van Grinsven: 'Verzamelaars zijn mooie mensen. Al hebben ze een Polke aan de muur, ze blijven geïnteresseerd in wat jonge kunstenaars maken. Zij zijn het moderne mecenaat.'

Een belangrijke afnemer is het museum, want museale aankopen verhogen het prestige van galerie en kunstenaar. Grote verkopen aan buitenlandse musea zijn echter niet makkelijk. Andriesse: 'Als je een duur werk in een buitenlandse museumcollectie wilt onderbrengen, moet je een supportgroep organiseren die dat gaat betalen. De Tate kon alleen een Daniëls kopen met steun van een Griekse verzamelaar. Niemand staat er bij stil hoeveel werk het kost om dat vanuit Amsterdam te organiseren.'

Minder prestigieus maar niet onbelangrijk zijn de aankopen door grote bedrijfscollecties. Een kunstenaar ziet zijn werk liever in een museum hangen dan in een kantoor in Nieuwegein, maar bedrijfscollecties met een specifieke focus en een herkenbaar profiel, zoals AkzoNobel, zijn een belangrijke speler.

Invloedrijke verzamelaars als Saatchi, Pinault, Rubell, Olbricht, Boros en Goetz kochten werken in Amsterdamse galeries. Maar Nederlandse galeriehouders krijgen niet gemakkelijk voet aan de grond in het buitenland. De Duitse markt

heet chauvinistisch te zijn en moeilijk toegankelijk. De Britse kunstmarkt, hoe dynamisch ook, heeft onzichtbare wortels in het sociale klassenstelsel en daar komt een buitenstaander moeilijk tussen. Uitzondering is Italië, een belangrijke afzetmarkt voor Nederlandse kunst, met particuliere collectioneurs die avontuurlijk verzamelen. Van Zomeren wijst richting zuiden: 'Ik heb goede klanten in Vlaanderen, met interesse in conceptuele kunst. Enkelen van mijn kunstenaars hebben geëxposeerd in Belgische musea en zo leer je ook hun sponsoren en vriendenverenigingen kennen. We spreken dezelfde taal, delen dezelfde cultuur. En als je als galerie de betere verzamelaars en instituten in België achter je hebt, ben je ook een graag geziene gast op de kunstbeurzen.'

7. DE GALERIE ALS PRODUCTIEHUIS

Een apart fenomeen is de ondernemende kunstenaar die leiding geeft aan een groot atelier met tientallen werknemers. Sommige van deze ateliers zijn uitgegroeid tot volwassen ondernemingen die grootschalige producties realiseren. Joep van Lieshout is zo'n kunstenaar, ooit gedebuteerd bij Galerie Fons Welters, maar inmiddels de galerie ontgroeid.

Voor veel kunstenaars is echter niet het atelier maar de galerie het productiehuis. Gelink: 'Voordat wij het kunstwerk kunnen verkopen, moeten wij eerst geld bijeenzoeken om het

market has a reputation for being chauvinistic and hard to enter. The British art market, however dynamic it may be, has invisible roots in the class system and it is difficult for an outsider to gain entry. Italy is the exception. It is an important retail market for Dutch art, with private collectors who collect adventurously. Van Zomeren looks south: 'I have good clients in Flanders who are interested in Conceptual Art. A few of my artists have shown in Belgian museums and that's how you get to know their sponsors and circles of friends. We speak the same language, we share the same culture. And if you have the better collectors and institutes in Belgium behind you as a gallery, you are also welcome at the art fairs.'

7. THE GALLERY AS PRODUCTION CENTRE

The artist-entrepreneur who runs a large studio with dozens of assistants is in a category of its own. Some of these studios have grown to become full-blown enterprises that create large-scale productions. Joep van Lieshout is one of those artists; he made his début with Galerie Fons Welters, but has outgrown the gallery by now.

For many artists, however, it is not the studio but the gallery that is the centre of production. Gelink: 'Before we can put the work of art on sale, we first have to find the money to make it. The only way to put on an exhibition with Muzi Quawson is to fund it yourself. Two years ago I gave her a sum of money to make a film in the United States. By now I've invested € 20,000 in it and we have sold two of her works. That doesn't even cover the costs, but you have to think in the long term. That is exciting as well. I've been working with Yael Bartana for eight years and it is only now beginning to bring something in. We have sold her films to the MoMA and the Tate. It simply takes years for an artist to secure wide recognition.'

As in so many aspects of the gallery world, trust plays a crucial role here. Welters: 'By now I've invested tens of thousands in the work of Zilvinas Landzbergas. He's a good artist who still surprises me every time – I'm prepared to invest in that; I'm bound to get it back one day.' Of course, no gallery can be a hundred per cent sure that it will recover its investments. Besides, during periods of recession it can be awkward if your capital for productions is tied up. Cooperation may offer a way out. Gelink: 'As a gallery, you can't produce a film for € 200,000 on your own, you have to do it with partners. But that only works if you can get on with the other party, otherwise it's bound to lead to trouble. We have produced works by Bartana in cooperation with museums abroad. In this respect the Dutch museums are

Een galerie op driehoog in Oost

door CATHERINE VAN HOUTS

Een galerie op 3-hoog in Oost. Alleen een bordje met de woorden *Living Room* duidt op een wat on-conventioneel gebruik van de der-de verdieping van het woonhuis Wagenaarstraat 5, Amsterdam. Aanbellen, een paar trappen op — omzichtig de was vermijden die in de gang hangt te drogen — en bo-ven aangekomen betreedt de be-zoeker een etage die wordt gehuurd door Peer Veneman en Bart van de Ven. Niet alleen wonen ze er, maar ze hebben de ruimte bovendien be-stemd als galerie. Ze presenteren *'werk van jonge Nederlandse kun-stenaars in ongedwongen sfeer in de huiskamer'*.

Peer Veneman en Bart van de Ven hebben beiden iets met beel-dende kunst, komen beiden uit Eindhoven, kennen elkaar al jaren en zijn allebei 29 jaar. Veneman volgde de St. Joostacademie in Breda, tekent en schildert en Van de Ven studeert kunstgeschiedenis aan de Universiteit van Amster-dam. Omdat zij van mening waren dat jonge kunstenaars nauwelijks aan bod komen in de bestaande galerieën begonnen ze een galerie op de plek waar ze wonen.

„Galerieën hebben bepaalde mensen en kunnen niet meer dan twee nieuwe mensen per jaar bren-gen. Bovendien bleek er behoefte te zijn aan een nieuwe galerie die geleid werd door mensen van rond de dertig jaar. Wij willen de jonge kunst van Nederland vertegen-woordigen."

Met de „Living Room" werd in februari van dit jaar gestart. „We begonnen met mensen die we ken-nen, van wie we wisten wat ze de-den en die we goed vonden. En die mensen kenden weer anderen. Bij de opening van het eerste gebeu-ren, installaties en performances van Peter Baren, kwamen er tach-tig mensen. De tweede van wie we hier werk exposeerden, was Frank van den Broeck die nu in Museum Fodor is te zien met houtskoolteke-ningen. Hij heeft hier gedebuteerd en Fodor heeft 'm hier gevonden."

Daarna volgden Peter Kantelberg, Marinus van Dijk, Leo Mennen, George Korsmit en Cecile van der Heiden."

Optimistisch

Nu zijn er — vandaag voor het laatst — schilderingen (op grote vellen papier en op kleinere platen) te zien van Arie Schippers. Het werk hangt in de huiskamer, een witte ruimte van 3.80 bij 7 meter waarin een bank staat en een tafel met vier stoelen. De kunstenaar heeft bovendien de slaapkamer van Veneman geannexeerd. Schip-pers' schilderwerk is ruig, perspec-tiefloos en dynamisch met herken-bare elementen (zoals dieren) en past in de herontdekking en her-nieuwde waardering voor het schil-deren. Zodoende past hij ook in de „Living Room", waar de nadruk op schilderen ligt.

Van de Ven en Veneman zoeken vooral naar 'optimistische' beel-dende kunst. Naar vitaliteit. „*Kunst die zich niet overgeeft aan het doemdenken*". Want waar is dat voor nodig? Niet zeuren, ge-woon dóen. Hoe 't allemaal afloopt met de wereld, zien we wel. Maar voorlopig *lééf* je!"

„We zoeken de allernieuwste ten-densen op. Gaan naar de Biennale, naar de Westkunst-tentoonstelling en wat ons daar aansprak, probe-ren we hier te zoeken. En dat is dan vooral *het nieuwe enthousiasme in de beeldhouwkunst en schilder-kunst*. 't Moet kwaliteit hebben, goed geschilderd zijn en inhoude-lijk goed zijn. *De popcultuur is heel belangrijk voor ons*. Paradiso, Mazzo en de New Wave-groepen. Met die levensstijl voelen we ons verbonden. Dat is ónze levensstijl. Bij de openingen is hier ook altijd muziek. We hebben een atmosfeer die andere galerieën niet hebben. 't Heeft alles met ónze generatie te maken en onze levensstijl."

Van de Ven en Veneman kennen elkaar al een jaar of zestien. „We gingen al op ons veertiende naar openingen in het Van Abbemu-seum in Eindhoven. Eerst natuur-lijk vooral om de drank. Iedereen wilde naar de kunstacademie en muziek was voor iedereen belang-rijk en is dat gebleven. Arie Schip-pers heeft alles, houdt alles bij op muziekgebied. De teksten, de poë-zie heeft ook veel invloed op je. Het gaat niet alleen om het geluid."

„Als we hier werk van iemand exposeren, is niet alleen dat werk belangrijk, maar ook de persoon. Een chagrijn komt er niet in. Je werkt veel met de kunstenaars sa-men, hebt constant contact. Het is ook een soort begeleiding voor bei-de kanten, want zij fungeren ook als een kritisch publiek. Er is altijd overleg, je ziet elkaar veel. Op een speelse manier worden er besluiten genomen. Je bent enthousiast be-zig. We hebben weinig geld. Wij betalen de huur, de kunstenaar de uitnodigingen, wij de porto en sa-men betalen we de drank voor de opening."

„De kunstenaar is hier meestal een week om zijn werk op te han-gen. Ze logeren hier, gaan mee uit, mee naar concerten. 't Is een cultu-reel circuit waar die beeldende kunst een onderdeel van is. De kunstenaar die hier exposeren zijn niet jonger dan 25 jaar. Ze zijn allemaal heel actief — zijn mis-schien minder actief gewéést, maar er is nu een weerslag. Wij ook, na zoiets raak je in een stroomversnel-ling."

Ze reizen veel, bezoeken kleinere en grotere exposities in binnen- en buitenland. „Er is al veel belang-stelling vanuit de gevestigde kunstwereld voor de „Living Room". De goeie galerieën nemen ons serieus. Er bellen vaak mensen op die buiten Amsterdam een gale-rie hebben en willen komen kijken. D'r komen steeds meer mensen van gewicht langs en die kunnen je maken of breken, maar die zien dat hier kwaliteit hangt. Achteraf blijkt dat een aantal galerieën op dezelfde manier is begonnen, zoals Riekje Swart en Art & Project."

Animo

„Je begint helemaal aan de basis, zonder geld. We zijn idealistisch, enthousiast. 't Enige wat je hebt is energie en — hoop je — een beetje creativiteit. We beginnen nu wat werk te verkopen. We staan inge-schreven bij de Kamer van Koop-handel, maar niet als stichting. Ge-woon het vrije marktmechanisme: d'r op of d'r onder. Als we drie slechte tentoonstellingen maken, kunnen we wel inpakken. Het gaat erom dat het niet verloedert, dat het animo niet verdwijnt."

„We hebben ambities in de zin van dat we onze mensen naar het buitenland willen brengen. We heb-ben niet de intentie om de zoveel-ste Amsterdamse galerie te worden die gewoon voor de Nederlandse situatie belangrijk is. We willen ook in het buitenland contacten leggen. Wat we brengen is niet vrij-blijvend, maar ontstaat vanuit on-ze persoonlijke voorkeur en die hou je tot in je graf. Het heeft een bepaalde eenheid door die beper-king en je plaatst het in een bepaal-de context."

Het blok waarin het pand van de „Living Room" staat, wordt over een paar jaar afgebroken. „Daarna zien we wel. 't Is natuurlijk een bepaalde sensatie: 3-hoog in Oost. Toch hebben we een hoge drempel. In feite komt hier een heel elitair publiek: want iedereen die komt moet de moeite nemen om naar Oost te komen. Van de mensen uit de buurt hebben we nog niets ge-hoord. Ze weten het misschien niet eens. We vragen de benedenburen ook nooit of ze de was willen weg-halen. Het publiek dat hier komt is heel beschaafd, nooit dronken, dus de buurt heeft geen reden tot klagen."

Aanvankelijk viel de „Living Room" alleen maar op telefonische afspraak te bezoeken. Maar omdat steeds meer mensen hun weg naar de galerie weten te vinden, is de „Living Room" sinds een tijd elke vrijdag en zaterdag van 14-17 uur geopend (andere dagen volgens te-lefonische afspraak: 020-933521). De openingen worden gemiddeld door zeventig mensen bezocht. En per tentoonstelling komen — bui-ten de openingen — 50 à 60 bezoe-kers. „Maar 't wordt allemaal steeds meer."

„We brengen mensen bij elkaar die hun eerste stap in de kunstwe-reld zetten en die ontmoeten hier mensen die er al inzitten. Buiten die openingen krijgt het publiek hier heel veel aandacht. Ze krijgen een kopje thee aangeboden. Het bezoek aan de meeste galerieën in het centrum lijkt op het bezoek aan musea. Maar hier ga je zitten praten, discussiëren. Hier krijg je een bijzondere behandeling. D'r zijn mensen die meteen hun jas aan de kapstok hangen als ze bin-nenkomen."

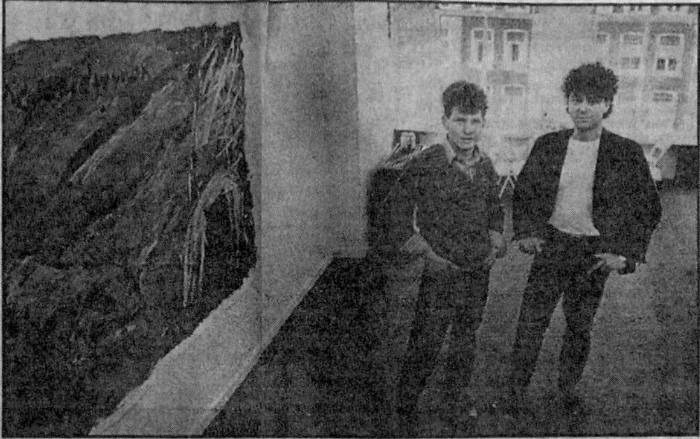

Peer Venema (l.) en Bart van de Ven in hun huiskamer-galerie (Living Room) in Amsterdam-Oost: „Wij willen de jonge kunst van Nederland vertegenwoordigen." FOTO WUBBO DE JONG

Het Parool, 22.XII.1981

Galerie The Living Room, Erik Andriesse & Henk Visch, 1982

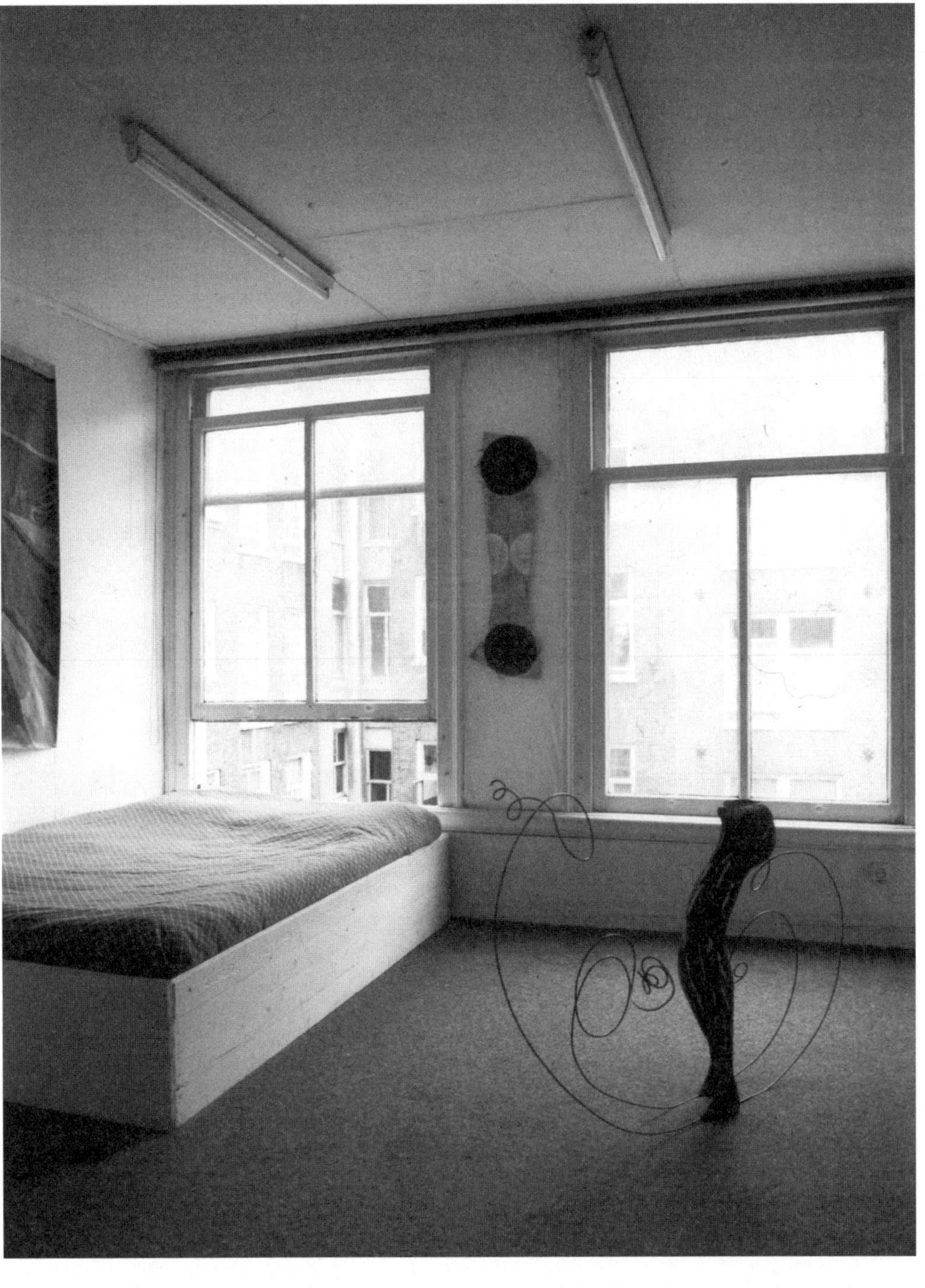

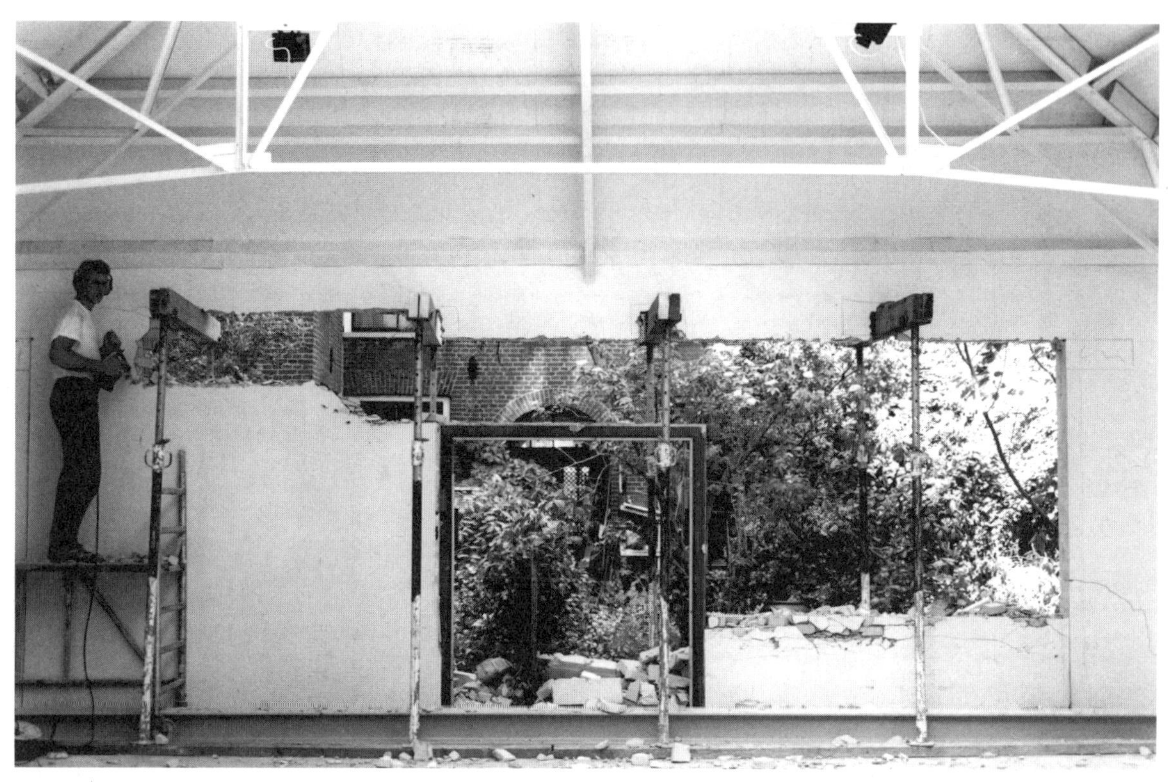

Galerie Fons Welters,
Job Koelewijn, 'The World
Is My Oyster', 1996

Foto's/Photographs:
© Erik van den Boom

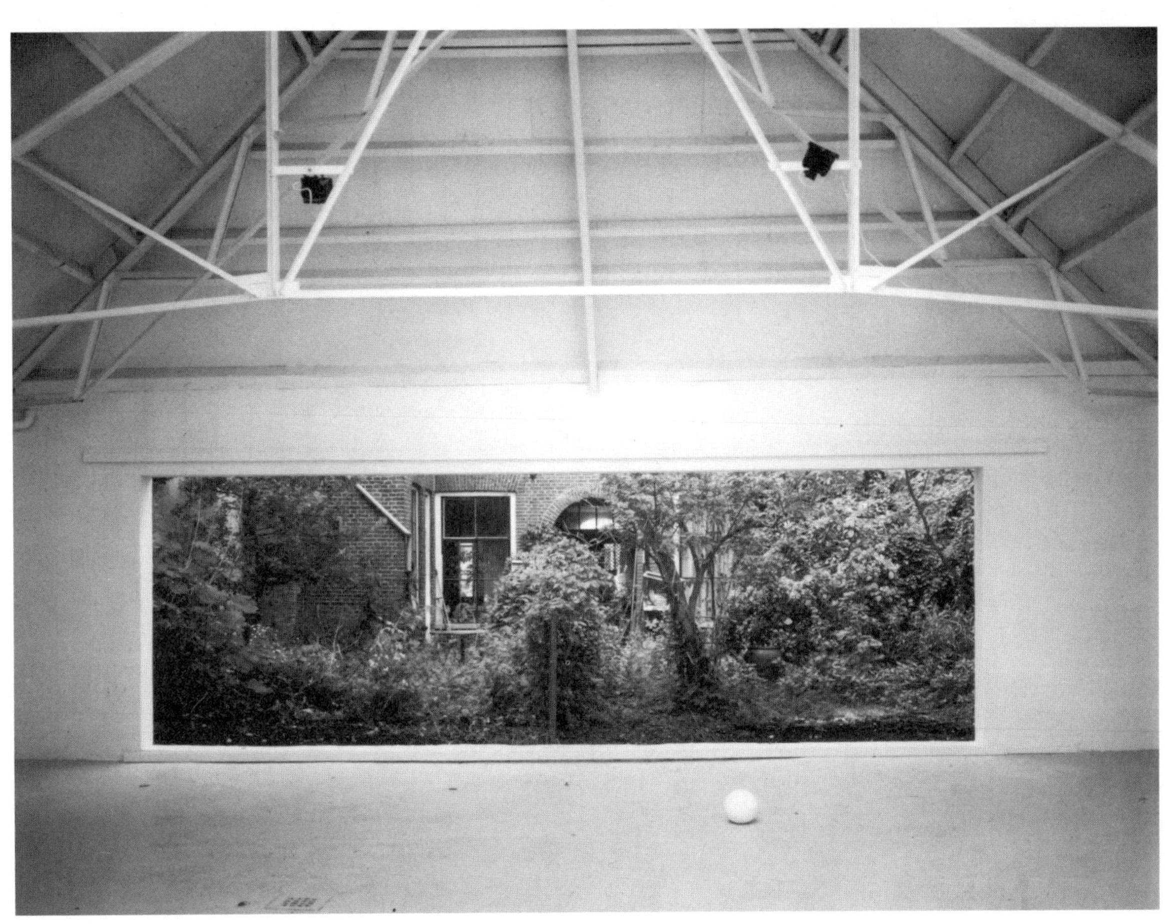

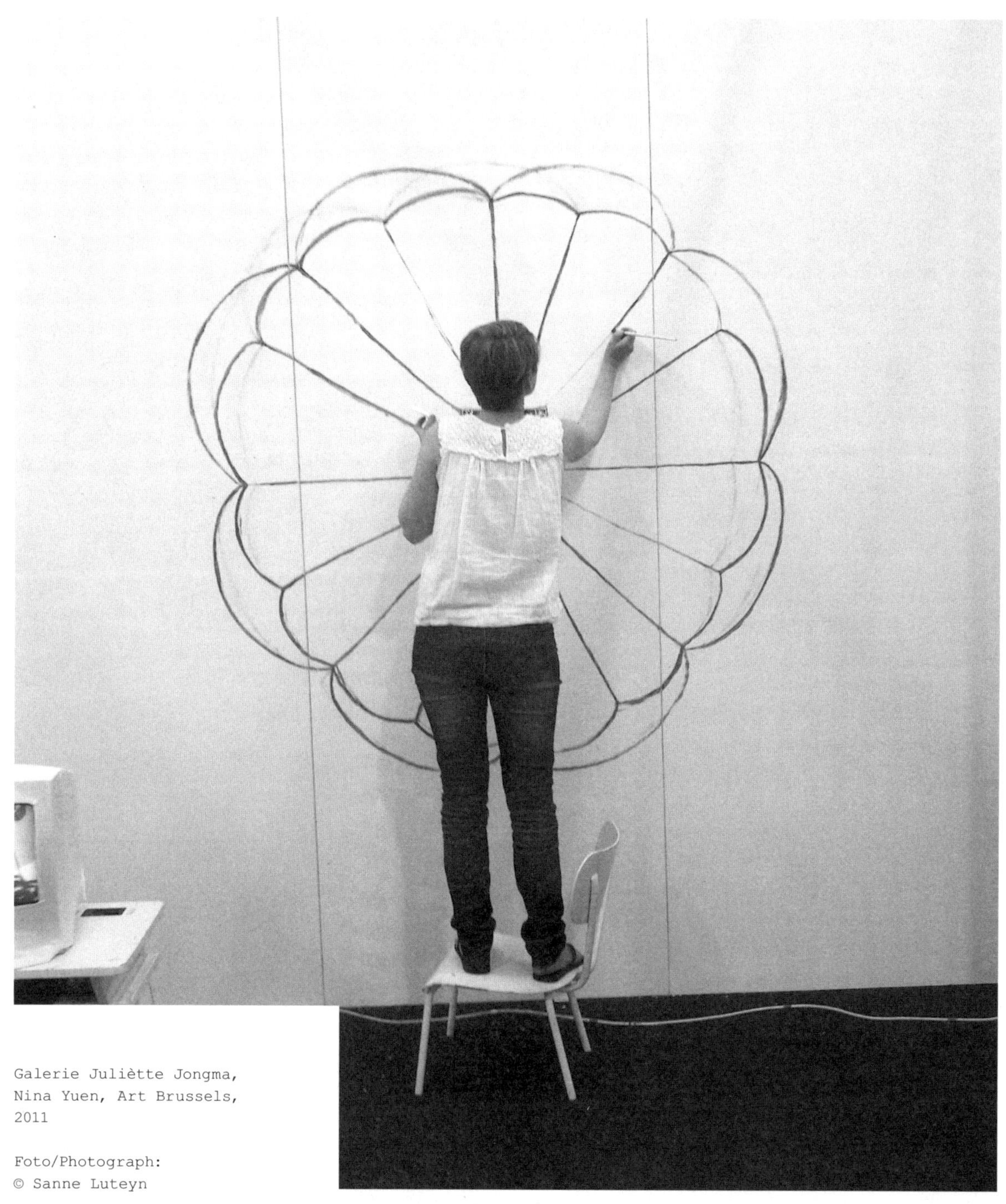

Galerie Juliètte Jongma,
Nina Yuen, Art Brussels,
2011

Foto/Photograph:
© Sanne Luteyn

not very enterprising. It's a pity, we ought to mean more to one another.'

8. LIMITATIONS

Aernout Mik, Michael Raedecker, Rineke Dijkstra, Mark Manders, Fiona Tan, Willem de Rooij, Melvin Moti, Erik van Lieshout, Avery Preesman, Joep van Lieshout, Germaine Kruip – it's simple to draw up a team of Dutch artists with an international reputation who are not represented (any longer) by a Dutch gallery. Their have their main gallery in London, New York, Berlin, Cologne or Antwerp.

It is sometimes suggested that Dutch galleries have to back off once big money is involved. Van Zomeren: 'We can't offer artists like those enough. The market is too small. And the Dutch public favours young art because it's affordable.' Gelink: 'Those artists themselves don't want to show here any more. What can a Dutch gallery do for them today?' It seems as though the Amsterdam galleries have something like a glass ceiling.

Fons Welters was the first gallery owner to present Aernout Mik in the early 1990s. Welters: 'Soon after I had shown his work in Basel, a German gallery demanded to become Mik's main gallery just like that. When I started with Mik I never imagined that he might become world-famous one day. It's fantastic if you see that happen, but it's

inherent in that situation that economic interests come to play a role and that an artist like that leaves the gallery at a certain moment.'

While it took an average of around eight to ten years for the generation of Mik and Bartana to achieve international recognition for their work, the pace is faster nowadays. The risk that successful artists will be stolen from their main gallery in Amsterdam looms up all the time. Welters: 'Jan De Cock made it internationally within three years. He is an ambitious person who is highly successful. There is the risk that a big US gallery will snatch him up, but that doesn't keep me awake at night.' Jongma: 'I represent Guido van der Werve together with Mark Foxx in Los Angeles and Monitor in Rome. That works well, but it may come to an end one day. The big galleries are interested. And since we work internationally anyway, we can perhaps offer just as much as a big gallery in Germany or the United States.'

9. THE ART FAIR

It is not so long since people looked down on art fairs. That was the domain of art shopkeepers, an unpleasant world of pigeon-holes and partitions, far removed from what art is about. Paul Andriesse: 'The art fair is simply a market, just like the Albert Cuyp street market in Amsterdam. It is wrong to regard

te maken. De enige manier om een tentoonstelling te maken met Muzi Quawson is het zelf te financieren. Twee jaar geleden heb ik haar een bedrag gegeven om een film in Amerika te maken. Ik heb er nu 20.000 euro in zitten en we hebben twee van haar werken verkocht. Daar ben ik niet mee uit de kosten. Maar je moet op de lange termijn denken. Dat is ook spannend. Met Yael Bartana werk ik acht jaar en dat begint nu pas iets op te leveren. We hebben haar films verkocht aan het MoMA en de Tate. Het duurt nu eenmaal jaren voordat een kunstenaar brede erkenning krijgt.'

Zoals op zo veel terreinen van de galeriewereld speelt ook hier vertrouwen een cruciale rol. Welters: 'In het werk van Zilvinas Landzbergas heb ik inmiddels tienduizenden euro's gestopt. Hij is een goede kunstenaar die mij steeds weer verrast – daar heb ik iets voor over; dat komt absoluut een keer terug.' Honderd procent zekerheid dat een galerie het geïnvesteerde geld terugverdient, is er natuurlijk niet. Bovendien kan het in moeilijke periodes lastig zijn als kapitaal voor producties is vastgezet. Samenwerking kan dan soelaas bieden. Gelink: 'Een filmproductie van twee ton kun je als galerie niet alleen doen, dat doe je samen met partners. Maar dat lukt alleen als de andere partij je een beetje ligt, anders krijg je gegarandeerd gedonder. We hebben werken van Bartana geproduceerd in samenwerking met musea in het buitenland. Nederlandse musea zijn in dit opzicht niet erg ondernemend. Dat is jammer, we zouden meer voor elkaar kunnen betekenen.'

8. BEPERKINGEN

Aernout Mik, Michael Raedecker, Rineke Dijkstra, Mark Manders, Fiona Tan, Willem de Rooij, Melvin Moti, Erik van Lieshout, Avery Preesman, Joep van Lieshout, Germaine Kruip – het is eenvoudig een elftal op te stellen van internationaal bekende Nederlandse kunstenaars die niet (meer) door een Nederlandse galerie worden vertegenwoordigd. Zij hebben hun moedergalerie in Londen, New York, Berlijn, Keulen of Antwerpen.

Er is wel eens geopperd dat Nederlandse galeries moeten afhaken zodra het over groot geld gaat. Van Zomeren: 'We kunnen zulke kunstenaars niet genoeg bieden. De markt is te klein. En het Nederlands publiek is gesteld op jonge kunst, dat is betaalbaar.' Gelink: 'Die kunstenaars zelf willen hier niet meer exposeren. Wat kan een Nederlandse galerie nog voor hen doen?' Blijkbaar bestaat er voor Amsterdamse galeries zoiets als een glazen plafond.

Fons Welters was begin jaren negentig de eerste galeriehouder die Aernout Mik presenteerde. Welters: 'Kort nadat ik hem had getoond in Bazel, eiste een Duitse galerie botweg dat ze Miks moedergalerie zouden worden. Toen ik begon met Mik heb ik nooit bedacht dat die wel eens wereldberoemd zou kunnen worden. Het

it as a cultural event.' But now that the importance of the art fair has increased enormously in the last two decades, its image has been spruced up as well. Nowadays an art fair is cool, glamorous and sexy, a media-genic event where you might run into stars like Brad Pitt or Madonna.

The art fair is important for turnover. Many private collectors are busy entrepreneurs who do not have the time to visit all of the exhibitions in galleries. They go to Basel, London, Miami, see hundreds of works in one day, and decide what to buy on the spot. Welters: 'In the good old days I earned a third of my annual turnover at the art fairs. But turnover is not the most import-ant thing. What counts is to draw attention to your artists.' A four-day art fair like Frieze in London pulls in 40,000 visitors, a number that no Amsterdam gallery receives in twenty years. Rolt: 'Artists want you to show them at the fairs, they want exposure.'

Grimm's ambition is a stand at Art Basel: 'That is Mecca. I want to have a stand there one day.' It is not simple. A ballot decides which of the galleries that want to take part in a prestigious art fair are selected. Those who get through the first selection have to hang around in the waiting room until a vacant space becomes available. Gelink: 'The ballot is about: which collectors do you bring with you? If your circle of clients is local, you can forget it.' Galleries that do not manage to get selected can target one of the many satellite fairs. At least twenty alternative art fairs are organised in Miami in connection with its edition of Art Basel – in hotels, shopping malls, wherever.

A few Amsterdam gallery own-ers have managed to secure a place at the fairs in a short time. That is how Nieck de Bruijn's Upstream took off. Three months after the opening in November 2004, he was already at Art Rotterdam. De Bruijn: 'The application period had already closed. I had only just opened, but I'd already received good publicity in the newspapers and art maga-zines. They called to ask me whether I wanted to take part. That was my first major presentation to the Dutch public. In May I was at Art Amsterdam, and in June I was off to Liste in Basel. Liste is the high-est a new gallery can aim for. I had allowed three years for that in my business plan, but I made it af-ter eight months. Rein Wolfs had introduced me to Liste as one of the interesting younger galleries in the Netherlands. Everyone was there: all the major museum directors, the biggest private collectors. They don't buy right away, but it did enable me to start building up a network.'

It is noteworthy that the young Dutch galleries often oper-ate together abroad. Jongma: 'They thought we were a strange crowd at the art fairs abroad. While we

is fantastisch als je dat ziet gebeuren, maar inherent daaraan is dat economische belangen gaan meespelen en dat zo'n kunstenaar op een gegeven moment de galerie verlaat.'

Duurde het voor de generatie van Mik en Bartana gemiddeld zo'n acht à tien jaar voordat hun werk internationale bekendheid kreeg, tegenwoordig gaat het sneller. Het risico dat succesvolle kunstenaars in een vroeg stadium al bij hun Amsterdamse moedergalerie worden weggeplukt, ligt voortdurend op de loer. Welters: 'Jan De Cock had binnen drie jaar een internationale naam. Hij is een ambitieuze persoonlijkheid die veel voor elkaar krijgt. De kans bestaat dat een grote Amerikaanse galerie hem oppakt, maar daar lig ik niet wakker van.' Jongma: 'Ik vertegenwoordig Guido van der Werve samen met Mark Foxx in Los Angeles en Monitor in Rome. Dat gaat goed, maar daar kan een keer een eind aan komen. Er is belangstelling van grote galeries. En omdat we toch internationaal werken, kunnen we misschien net zoveel bieden als een grote galerie in Duitsland of Amerika.'

9. DE KUNSTBEURS

Nog niet zo lang geleden werd op kunstbeurzen neergekeken. Dat was het domein van kunstkruideniers, een naargeestige wereld van hokjes en schotjes, ver verwijderd van waar het in de kunst om gaat. Paul Andriesse: 'De kunstbeurs is gewoon een markt, net als de Albert Cuyp.

Ten onrechte wordt het aangezien voor een cultureel evenement.' Maar nu het belang van de kunstbeurs in de afgelopen twee decennia enorm is toegenomen, is ook het imago ervan opgepoetst. Tegenwoordig is een art fair cool, glamourous en sexy, een mediagenieke gebeurtenis waar je beroemdheden als Brad Pitt of Madonna kunt tegenkomen.

Voor de omzet is de beurs belangrijk. Veel particuliere verzamelaars zijn drukbezette ondernemers die geen tijd hebben om alle galerietentoonstellingen af te lopen. Zij gaan naar Bazel, Londen, Miami, zien op één dag honderden werken en beslissen ter plekke over hun aankopen. Welters: 'In de goeie tijd maakte ik op de kunstbeurzen een derde van mijn jaaromzet. Maar omzet is niet het belangrijkste. Het gaat erom je kunstenaars onder de aandacht te brengen.' Een vierdaagse kunstbeurs als Frieze in Londen trekt 40.000 bezoekers, een aantal dat een Amsterdamse galerie in geen twintig jaar ontvangt. Rolt: 'Kunstenaars verlangen dat je hen op beurzen toont, zij willen *exposure*.'

De ambitie van Grimm is een stand op Art Basel: 'Dat is het mekka. Daar wil ik ooit staan.' Eenvoudig is dat niet. Galeries die aan een prestigieuze beurs willen deelnemen, worden geballoteerd. Wie daar doorheen komt, moet in de wachtkamer tot er een plekje vrij komt. Gelink: 'Bij de ballotage gaat het erom: welke verzamelaars breng je mee? Als je klantenkring lokaal is, kun je het wel schudden.'

were having a drink together in the restaurant, you could see them thinking: you're supposed to be rivals! But we realise that we need one another to show that, even if it is a small country, we are still one of the players.' Steven van Grinsven: 'If a collector wants something that happens to be hanging at Juliètte Jongma's gallery, I send him around to her. It would be stupid not to. I don't feel any competition because our programmes aren't interchangeable. And you shouldn't underestimate collectors. If they really want something, they will buy it anyway, whether it's hanging in my gallery or elsewhere.'

Van Grinsven likes participating in art fairs, but avoids the well-trodden paths. 'A stand at a fair is not a gallery clearance sale. If you throw photos, paintings and other saleable items together it just becomes a mess. Art can be something different too. For instance, what I find interesting about a gallery is that the artists form a community. I got Marijn van Kreij a studio in London next to Graham Hudson, and now the two of them are showing together – that's interesting. That's how we came across that English band that had just won a talent competition. We decided to produce their first release and brought them to the VIP room at Art Rotterdam for a gig. Graham built a stage, Marijn designed the poster and sleeve, and Julie Verhoeven, who had made music videos for The Sugar Babes and Primal Scream, did the video clip. We played the music at the stand in the fair and hung the posters on the wall. A band like that has to sell its message in three minutes. In fact, a gallery owner at an art fair is doing the same thing.'

10. GRANTS

It is not cheap to take part in an art fair. Van Zomeren: 'A small stand at FIAC in Paris costs € 10,000. So I have to sell for three times that amount if I am to earn anything. And then friends put me up…'

Galleries that present Dutch artists at international art fairs can apply for a grant to the Mondrian Foundation.* They may receive a subsidy of up to forty per cent of the rental for a stand. Van Zomeren: 'That system worked well. We have been a strong presence abroad in the past six or seven years.' The scheme is not uncontroversial. An Amsterdam gallery like Grimm, which until recently represented only foreign artists, was not eligible for a grant. However, state grants go to galleries abroad that present Dutch artists at art fairs, and these are well-endowed galleries in Berlin or Zurich that do not really need any

* ■ From 2012 the Mondriaan Foundation and Fonds BKVB merged into the Mondriaan Fund and the type of grants are called into question.

Galeries die er niet in slagen binnen te komen, kunnen terecht op een van de talrijke satellietbeurzen. Rond Art Basel Miami worden algauw twintig alternatieve kunstbeurzen in de stad georganiseerd, in hotels, *shopping malls* en waar al niet.

Enkele Amsterdamse galeriehouders hebben zich in korte tijd een plek op de beurzen weten te veroveren. Zo raakte Nieck de Bruijn met Upstream in een stroomversnelling. Drie maanden na de opening in november 2004 stond hij al op Art Rotterdam. De Bruijn: 'De inschrijvingstermijn was al voorbij. Ik was pas net open, maar had al goede publiciteit gehad in kranten en kunstbladen. Ze belden of ik toch wilde meedoen. Dat was mijn eerste belangrijke presentatie aan het Nederlandse publiek. In mei stond ik op Art Amsterdam en in juni kon ik al naar Liste in Basel. Voor een beginnende galerie is Liste het hoogst haalbare. In mijn businessplan had ik daar drie jaar voor uitgetrokken – ik stond er binnen acht maanden. Rein Wolfs had mij bij Liste geïntroduceerd als een van de interessante jongere galeries in Nederland. Iedereen was daar: alle belangrijke museumdirecteuren, de grootste particuliere verzamelaars. Die kopen niet meteen, maar ik kon wel een netwerk gaan opbouwen.'

Opvallend is dat de jonge Nederlandse galeries in het buitenland vaak samen optrekken. Jongma: 'Op buitenlandse beurzen vonden zij ons maar een raar stelletje. Zaten we te borrelen in het restaurant, dan zag je ze denken: jullie behoren elkaar te beconcurreren! Maar wij beseffen dat we elkaar nodig hebben om te laten merken dat wij als klein landje wel degelijk meetellen.' Steven van Grinsven: 'Als een verzamelaar iets wil wat toevallig bij Juliètte Jongma hangt, stuur ik ze naar haar. Het zou stom zijn dat niet te doen. Concurrentie voel ik niet, omdat onze programma's niet inwisselbaar zijn. En verzamelaars moet je niet onderschatten. Als ze echt iets willen hebben, kopen ze het toch wel, of het nou bij mij hangt of bij een ander.'

Van Grinsven neemt graag deel aan beurzen, maar mijdt de gebaande paden. 'Een beursstand is geen uitverkoopbak van de galerie. Foto's, schilderijen en andere verkoopbare spulletjes door elkaar – dat wordt een ratjetoe. Kunst kan ook iets anders zijn. Wat ik bijvoorbeeld interessant vindt aan een galerie is dat de kunstenaars een *community* vormen. Zo heb ik Marijn van Kreij een atelier bezorgd in Londen naast Graham Hudson en nu gaan die twee samen de hort op – dat is interessant. Zo kwamen we op dat Engelse bandje, dat net een talentenjacht had gewonnen. We besloten hun eerste plaatje uit te geven en haalden hen voor een optreden naar de VIP Room van Art Rotterdam. Graham bouwde een podium, Marijn maakte de poster en het hoesontwerp en Julie Verhoeven had voor The Sugar Babes en Primal Scream muziekvideo's gemaakt, dus zij deed de videoclip. In de beursstand werd het plaatje gedraaid en hingen de posters aan de wand. Zo'n bandje

subsidy. That leads to unfair competition. Various gallery owners have asked the Mondrian Foundation to modify the rules. Welters: 'If you base your presence at a fair on the number of Dutch artists in order to become eligible for a grant, then there is something wrong. And it is of course crazy to support strong galleries abroad with the money of Dutch taxpayers. It would be better to do something for galleries that are starting up.' According to Juliètte Jongma the unfair competition is not so bad: 'I see that German and British galleries also obtain grants. That a gallery abroad also stands to gain from our system is inherent in the system, but it's nothing serious.' Now that current budgets are being cut by fifty per cent because of the austerity measures, this inexpensive but efficient promotion of Dutch art is under great pressure.

It makes a difference which participation in an art fair receives a grant and which does not. A change has taken place in that respect. Rolt: 'The Mondrian Foundation supports participation in the Dubai art fair but not in Turin – that doesn't make sense.' Van Zomeren: 'The Mondrian Foundation is scrapping all kinds of art fairs from the list. I don't know why, but now they want to support participation in the Johannesburg fair. That will probably save a lot of money, because nobody goes there.' Andriesse: 'The cultural policy of the Mondrian Foundation is more like development aid. People hide behind the committees.'

The Art Purchasing Scheme is welcomed. It enables a client to purchase a work of art in instalments, while the state pays the interest. Van Zomeren: 'The Art Purchasing Scheme works excellently. The client makes a small down payment and then transfers the rest to the bank in small sums over the next twenty-four or thirty-six months. It costs relatively little and is an enormous impulse for sales. It is the factor that tips the scales in favour of making a purchase.' However, anyone who has ever applied for a grant knows how much administrative red tape is involved. De Bruijn: 'As a gallery, I didn't like having to open and present my accounts all the time. I can understand that if they are providing a grant they want to know that information, but I consider that it's nobody else's business. If a client wants to pay in instalments, I come to a personal arrangement with him.'

11. THE RECESSION

The young gallery owners entered the field when the art market was flourishing. The prices for contemporary art rose by 313 per cent between 2006 and 2008 (*The Guardian*, 15 October 2009). Stockbrokers, real estate barons, film stars – everyone was buying art. They were almost fighting for works of art on the opening night

moet in drie minuten zijn boodschap verkopen. Een galeriehouder op een kunstbeurs doet eigenlijk hetzelfde.'

10. SUBSIDIES

Beursdeelname is niet goedkoop. Van Zomeren: 'Een kleine stand op FIAC in Parijs kost 10.000 euro. Dus moet ik voor drie keer dat bedrag verkopen, wil ik iets verdienen. En dan overnacht ik bij vrienden…'

Galeries die Nederlandse kunstenaars op internationale kunstbeurzen presenteren, kunnen bij de Mondriaan Stichting subsidie aanvragen.* Tot maximaal 40 procent van de standhuur kan worden vergoed. Van Zomeren: 'Die regeling werkte goed. We waren de afgelopen zes, zeven jaar sterk aanwezig in het buitenland.' Onomstreden is de regeling niet. Een Amsterdamse galerie als Grimm die tot voor kort uitsluitend buitenlandse kunstenaars vertegenwoordigde, kwam niet voor subsidie in aanmerking. Rijksondersteuning gaat echter wel naar buitenlandse galeries die een Nederlandse kunstenaar op een beurs presenteren, kapitaalkrachtige galeries uit Berlijn of Zürich die welbeschouwd geen ondersteuning nodig hebben. Dat leidt tot scheefgroei in de concurrentieverhoudingen. Verschillende galeriehouders hebben de Mondriaan Stichting gesuggereerd de

* Per 2012 zijn de Mondriaan Stichting en het Fonds BKVB gefuseerd in het Mondriaan Fonds en staan de regelingen ter discussie.

regeling aan te passen. Welters: 'Als jij je beurspresentatie afstemt op het aandeel Nederlandse kunstenaars om voor subsidie in aanmerking te komen, ben je eigenlijk al verkeerd bezig. En het is natuurlijk krankzinnig dat sterke galeries in het buitenland met Nederlands belastinggeld worden ondersteund. Doe liever iets voor startende galeries.' Volgens Juliètte Jongma valt het met de concurrentievervalsing wel mee: 'Ik zie dat Duitse en Engelse galeries ook ondersteunende fondsen vinden. Dat een buitenlandse galerie van onze regeling meeprofiteert, is inherent aan het systeem, dat is niet erg.' Nu de huidige budgetten vanwege de bezuinigingen met 50 procent worden gekort, staat deze goedkope maar efficiënte promotie van Nederlandse kunst onder grote druk.

Van belang is welke beursdeelname gesubsidieerd wordt en welke niet. Daarin is een kentering opgetreden. Rolt: 'De Mondriaan Stichting ondersteunt nu wel deelname aan de beurs in Dubai maar niet in Turijn – dat klopt niet.' Van Zomeren: 'De Mondriaan Stichting knikkert allerlei beurzen van de lijst. Ik weet niet waarom, maar nu willen ze beursdeelname ondersteunen in Johannesburg. Dat bespaart waarschijnlijk veel geld, want daar gaat niemand heen.' Andriesse: 'De cultuurpolitiek van de Mondriaan Stichting heeft meer weg van ontwikkelingshulp. Men verschuilt zich achter commissies.'

Lof is er voor de KunstKoopregeling. Die bestaat erin dat een klant

of Frieze. Art from countries with a rapidly growing economy like China and India achieved a breakthrough and fetched astronomical prices. Once again the 'hunger for images' led to large-scale speculation and waiting lists for work that still had to be made. On 16 September 2008 Damien Hirst sold a new series of works directly via Sotheby's for a record total of £111 million. Lehman Brothers collapsed on the following day. The demise of the US bank heralded the arrival of a global financial crisis. According to Art Market Research, the prices for contemporary art have dropped since then by 63 per cent.

Apart from a few exceptions, the Dutch galleries have managed to ride the crisis, but the recession set in after the climax of 2007. Rolt: 'We did Miami in December 2008. It was hell. US collectors went bankrupt and didn't pay up.' Fons Welters put on a fantastic presentation at Frieze in 2009 but did not sell anything. His turnover for that year fell by 50 per cent.

Before the crisis broke out there was no ceiling to growth. Jongma: 'We went to Miami, New York, London, Paris and we sold everything. Those golden years are over. Now it is a question of survival. The recession was mentally depressing. I had been working flat out for five years, finally the train was on the rails, I had just got pregnant, and then the panic came: will my gallery survive this? It was very troubling. Now everyone realises that it has to change. There were art fairs in Miami in hotels where you could buy glossy photos of women in erotic poses. You don't want to be a part of that. It became too much, too seedy, it made you feel a bit like plastic. A colleague once said: "We gallery owners do our best to look rich until we are." The pressure to perform was enormous. You couldn't afford to miss a fair once, otherwise you were out straightaway and the damage could never be repaired. Yes, that's what you thought at the time. The positive side is that the opportunists and the speculators have disappeared. They stopped immediately they came across the first bump in the road.'

How do you respond in the face of the recession? While older gallery owners like Welters, Andriesse, Gelink and Stigter can remember periods when they did not earn anything, the newcomers have never seen a recession before. Nieck de Bruijn: 'The idea that you organise several exhibitions and do not sell anything, that you don't sell anything at an art fair, I only knew that from stories about the past. And suddenly it was happening. That's when you have to show real entrepreneurship. It's the moment when you have to ask yourself: all well and good, but where is this getting us? You scrutinise everything afresh, the expenses, but also your artists. And

een kunstwerk kan kopen op afbetaling, waarbij de overheid de rente voor haar rekening neemt. Van Zomeren: 'De KunstKoop werkt prima. De klant doet een kleine aanbetaling en maakt gedurende 24 of 36 maanden een klein bedragje over aan de bank. De galerie heeft binnen drie weken zijn geld. Het kost relatief weinig en geeft een gigantische impuls aan de verkoop. Het is het laatste zetje bij een aankoop.' Iedereen die wel eens subsidie heeft aangevraagd weet echter welke administratieve rompslomp hij op de hals haalt. Nieck de Bruijn is om die reden ermee gestopt. De Bruijn: 'Ik vond het vervelend als galerie mijn boekhouding steeds weer open en bloot te moeten leggen. Ik begrijp wel dat ze dat als subsidiegever willen weten, maar ik vind: dat gaat niemand wat aan. Als een klant een betalingsregeling wil, spreek ik zelf wel iets met hem af.'

11. DE RECESSIE

De jonge galeriehouders betraden het speelveld toen de kunstmarkt tot grote bloei kwam. Tussen 2006 en 2008 stegen de prijzen voor hedendaagse kunst met 313 procent (*The Guardian*, 15 oktober 2009). Effectenmakelaars, vastgoedbaronnen, filmsterren, iedereen kocht kunst. Op de openingsavond van Frieze werd bij wijze van spreken om kunstwerken gevochten. Kunst uit economisch opkomende landen als China en India brak door en haalde duizelingwekkende prijzen. Opnieuw leidde de 'honger naar beelden' tot

speculatie op grote schaal en wachtlijsten voor werk dat nog gemaakt moest worden. Op 16 september 2008 verkocht Damien Hirst een nieuwe serie werken rechtstreeks via veilinghuis Sotheby's voor een recordbedrag van 111 miljoen pond. De dag daarna viel Lehman Brothers. De ondergang van de Amerikaanse bank markeerde het begin van een wereldwijde financiele crisis. Volgens Art Market Research zijn de prijzen voor hedendaagse kunst sindsdien met 63 procent gedaald.

Nederlandse galeries, een enkeling daargelaten, hebben de crisis weten te doorstaan. Maar na het topjaar 2007 is er wel de klad in gekomen. Rolt: 'In december 2008 deden we Miami. Dat was hell. Amerikaanse verzamelaars gingen failliet, betaalden niet.' Fons Welters maakte in 2009 een schitterende presentatie op Frieze, maar verkocht niks. Zijn omzet is dat jaar met 50 procent gekelderd.

Voor de crisis uitbrak, was er alleen groei, groei en groei. Jongma: 'We gingen naar Miami, New York, Londen, Parijs en we verkochten alles. Die gouden jaren zijn voorbij. Het is nu overleven. Mentaal was de recessie deprimerend. Vijf jaar lang had ik me de pleuris gewerkt, eindelijk stond de trein op de rails, ik was net zwanger, en dan slaat de paniek toe: gaat mijn galerie dit overleven? Dat was heel angstig. Iedereen realiseert zich nu dat het anders moet. In Miami had je kunstbeurzen in hotels waar je glimmende foto's van geile wijven kon kopen. Daar wil je niet bij horen.

you put even more energy into maintaining your network. If you want to keep your clients you have to listen to them properly, know where their interests lie, and think with them about the best ways of being able to serve them. That's what pulled my gallery through the crisis. My clients want us to survive this.'

Gelink: 'The art world has become extremely commercial. The idea has arisen that you can only be successful if you make a great deal of money. That's devastating.'

12. THE FUTURE

Now that the art market is picking up again, Amsterdam gallery owners face the future with confidence. Van Zomeren, De Bruijn and Grimm have high hopes of an increase in scale, more square metres, more personnel. Grimm has by now opened a second gallery space in the Pijp district. The western quarter of the old city is the location of new galleries like that of Jeanine Hofland, former assistant of Juliètte Jongma. And once the renovated Stedelijk Museum reopens after having been closed for years, Amsterdam will regain its attractiveness as an international art city. The city can also count on postacademic institutes like De Ateliers and the Rijksakademie, which bring talented artists to the Netherlands and initiate artistic exchange on a worldwide scale. Any gallery of any significance has artists among its regulars who have worked in one of those two institutes. Now that drastic cuts to cultural subsidies threaten the continued existence of these institutions, they too are looking for ways to strengthen their cultural entrepreneurship.

The dynamism that has developed in the last few years seems to be here to stay. The 2009 gallery season opened with a grand joint dinner organised by Gelink, Mandos, Grimm and Rolt, which concluded with a party in De Verdieping attended by the crème de la crème of the international world of art, fashion and music. A few Amsterdam galleries joined with several museums and private collectors to create Nieuw Dakota, an experimental exhibition space in North Amsterdam. During Art Amsterdam 2010 Van Zomeren, Stigter and Jongma joined with three counterpart galleries abroad to organise the Minimarket. The organisation of an Amsterdam gallery weekend, like that of Berlin, seems to be only a matter of time. Gelink: 'It would be great if big collectors were to hold open house during Art Amsterdam for a select company. It works, people talk about it. If I am in Miami, it's wonderful to be able to view the Branford Collection in the evening – you can't believe your eyes.'

It is too early to say whether the new gallery owners are thriving,

Het werd te veel, te drassig, je werd er vanzelf een beetje plastic van. Een collega zei eens: "We gallery owners do our best to look rich until we are." De prestatiedruk was enorm. Een keertje wegblijven op een beurs was er niet bij, want dan lig je er gelijk uit en komt het nooit meer goed. Tja, dat dacht je toen. Het positieve is dat de opportunisten en de speculanten verdwenen zijn. Die zijn bij de eerste de beste hobbel in de weg meteen gestopt.'

Hoe bied je de recessie het hoofd? Waar oudere galeristen als Welters, Andriesse, Gelink en Stigter zich tijden kunnen herinneren waarin ze niets verdienden, heeft de jongste lichting nooit eerder een recessie meegemaakt. Nieck de Bruijn: 'De idee dat je meerdere tentoonstellingen niks verkoopt, dat je op een beurs niks verkoopt, dat kende ik alleen uit verhalen van vroeger. En toen werd het opeens realiteit. Dan moet je echt ondernemerschap tonen. Het is het moment waarop je moet vragen: allemaal leuk en aardig, maar wat bereiken we hiermee? Alles hou je opnieuw tegen het licht, de kosten, maar ook de stal. En je steekt nog meer energie in je netwerkbeheer. Om je klanten te behouden moet je goed naar hen luisteren, weten waar hun interesses liggen en met hen meedenken om hun zo goed mogelijk van dienst te kunnen zijn. Dat heeft mijn galerie door de crisis gesleept. Mijn klanten willen dat wij dit overleven.'

Gelink: 'De kunstwereld is supercommercieel geworden. Het idee is ontstaan dat je alleen nog maar succesvol kan zijn als je heel veel geld verdient. Dat is funest.'

12. DE TOEKOMST

Nu de kunstmarkt zich herstelt, zien Amsterdamse galeriehouders de toekomst met vertrouwen tegemoet. Van Zomeren, De Bruijn en Grimm achten schaalvergroting heel goed mogelijk, meer vierkante meters, meer personeel. Grimm heeft inmiddels een tweede galerieruimte geopend in de Pijp. Oud-West is de bakermat van nieuwe galeries als die van Jeanine Hofland, voormalig assistente van Juliètte Jongma. En als het vernieuwde Stedelijk Museum na jarenlange verbouwing eenmaal open gaat, zal Amsterdam zijn aantrekkingskracht als internationale kunststad herwinnen. De stad is ook gezegend met postacademische instituten als De Ateliers en de Rijksakademie, die talentvolle kunstenaars naar Nederland halen en artistieke uitwisseling op mondiale schaal entameren. Elke galerie van enige betekenis heeft kunstenaars in zijn stal die op een van deze twee instituten hebben gewerkt. Nu drastische bezuinigingen op cultuursubsidies het voortbestaan van deze instellingen bedreigen, zoeken ook zij naar nieuwe wegen hun cultureel ondernemerschap te versterken.

De dynamiek die in de afgelopen jaren tot ontwikkeling is gekomen, lijkt blijvend. In 2009 werd het galerieseizoen geopend met een groots

showing the best of the best and securing a good position internationally. Jongma: 'What counts is what your gallery will have meant in twenty to twenty-five years time. The same is true for an artist.' Grimm: 'It's not just the gallery owner who recognises the quality of an artist, twenty, fifty, a hundred people do the same.'

While the young gallery owners have rosy prospects for the future, some of their experienced colleagues are making a fresh start. Since 2010 Fons Welters has been working with the Polish art historian and collector Marta Gnyp to provide the gallery with new impulses in terms of business operations and content. After a brief spell in the eastern docklands, Paul Andriesse is back in the Jordaan, where he occupies a large space in premises that also accommodate the internationally acclaimed top designer Marcel Wanders. Andriesse: 'Of course I could have become a private dealer; that is more lucrative. A gallery is an impossibly expensive thing. But this is what I want. It's where I see my role. I still find it terrific to produce exhibitions and artists' books. And it's still enjoyable to explain something about the exhibition to visitors to the gallery on a Saturday afternoon.'

gezamenlijk diner, georganiseerd door Gelink, Mandos, Grimm en Rolt, afgesloten met een feest in De Verdieping waar de crème de la crème uit de internationale wereld van kunst, mode en muziek acte de présence gaf. In samenwerking met enkele musea en privéverzamelaars stonden een paar Amsterdamse galeries aan de wieg van Nieuw Dakota, een experimentele tentoonstellingsruimte in Amsterdam-Noord. Tijdens Art Amsterdam in 2010 organiseerden Van Zomeren, Stigter en Jongma samen met drie bevriende galeries uit het buitenland de Minimarket. De organisatie van een Amsterdams galerieweekend, naar voorbeeld van Berlijn, lijkt slechts een kwestie van tijd. Gelink: 'Het zou geweldig zijn als grote verzamelaars open huis houden tijdens Art Amsterdam, voor een select gezelschap. Dat werkt, daar praat men over. Als ik in Miami sta, is het heel leuk 's avonds de Branford Collection te kunnen bekijken – je weet niet wat je meemaakt.'

Of de nieuwe galeriehouders het goed doen, het beste van het beste laten zien en internationaal een goede positie veroveren, is nu nog niet vast te stellen. Jongma: 'Het gaat erom wat je galerie op een termijn van 20 tot 25 jaar heeft betekend. Dat geldt ook voor een kunstenaar.' Grimm: 'Het is niet alleen de galeriehouder die de kwaliteit van een kunstenaar herkent, dat doen twintig, vijftig, honderd mensen.'

Zien de jonge galeriehouders de toekomst gloren, enkelen van hun ervaren collega's maken een frisse doorstart. Fons Welters werkt sinds 2010 samen met de Poolse kunsthistorica en verzamelaar Marta Gnyp, die zakelijk en inhoudelijk nieuwe impulsen aan de galerie geeft. Paul Andriesse is na een korte periode in het Oostelijk Havengebied teruggekeerd naar de Jordaan, waar hij een grote ruimte heeft betrokken in een pand waar internationaal gewaardeerd topdesigner Marcel Wanders is gehuisvest. Andriesse: 'Ik had natuurlijk *private dealer* kunnen worden, dat is lucratiever. Een galerie is een onmogelijk duur ding. Maar dit is wat ik wil. Daar zie ik mijn rol. Ik vind het nog steeds geweldig tentoonstellingen en kunstenaarsboeken te maken. En het is nog steeds leuk om op zaterdagmiddag bezoekers van de galerie iets uit te leggen over de tentoonstelling.'

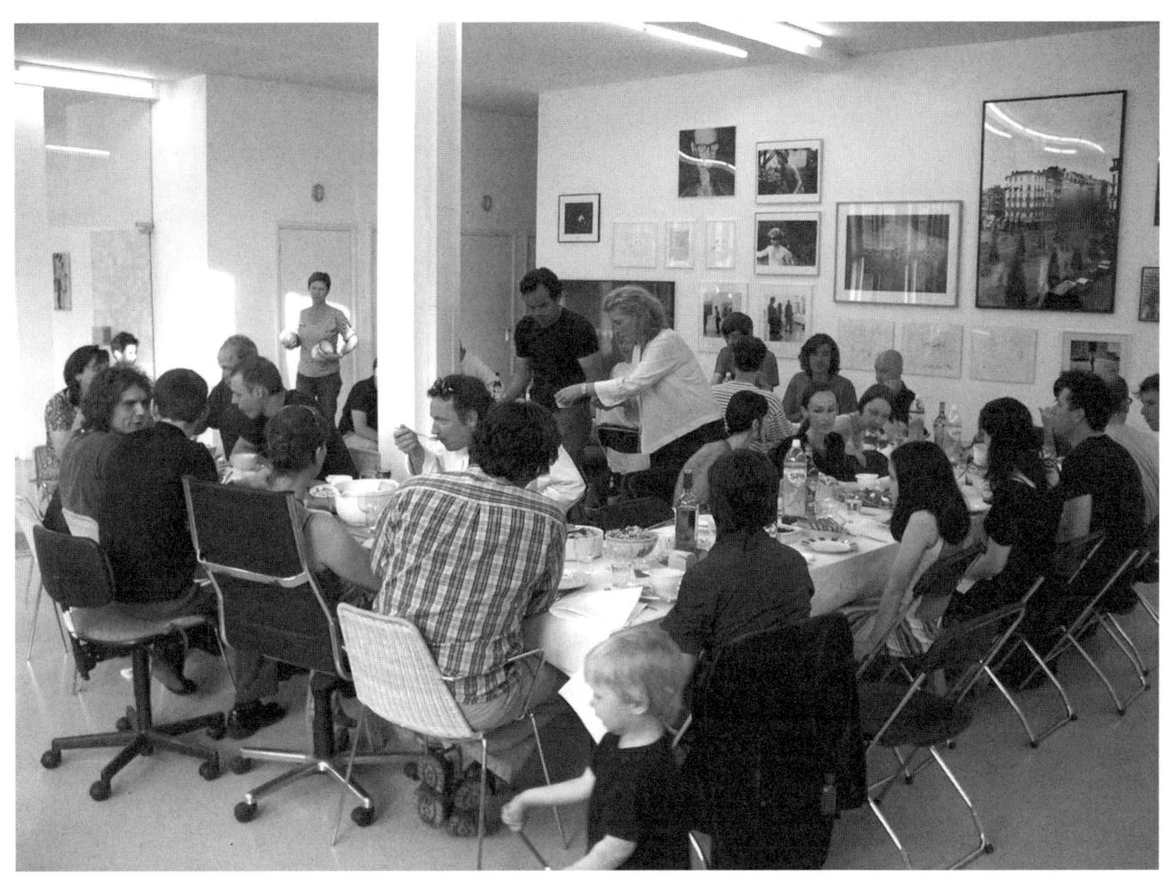

Ellen de Bruijne Projects,
Zomerdiner met kunstenaars
uit de galerie

**Ellen de Bruijne Projects,
Summer dinner with artists
from the gallery,** 2003

Foto/Photograph:
© Otto Berchem

Grimm gallery, Matthew
Day Jackson en uitgeno-
digde kunstenaars, 'Heel
gezellig'

**Grimm gallery, Matthew Day
Jackson and guest artists,
'Heel gezellig'**, 2011

Foto/Photograph:
© Sander Tiedema

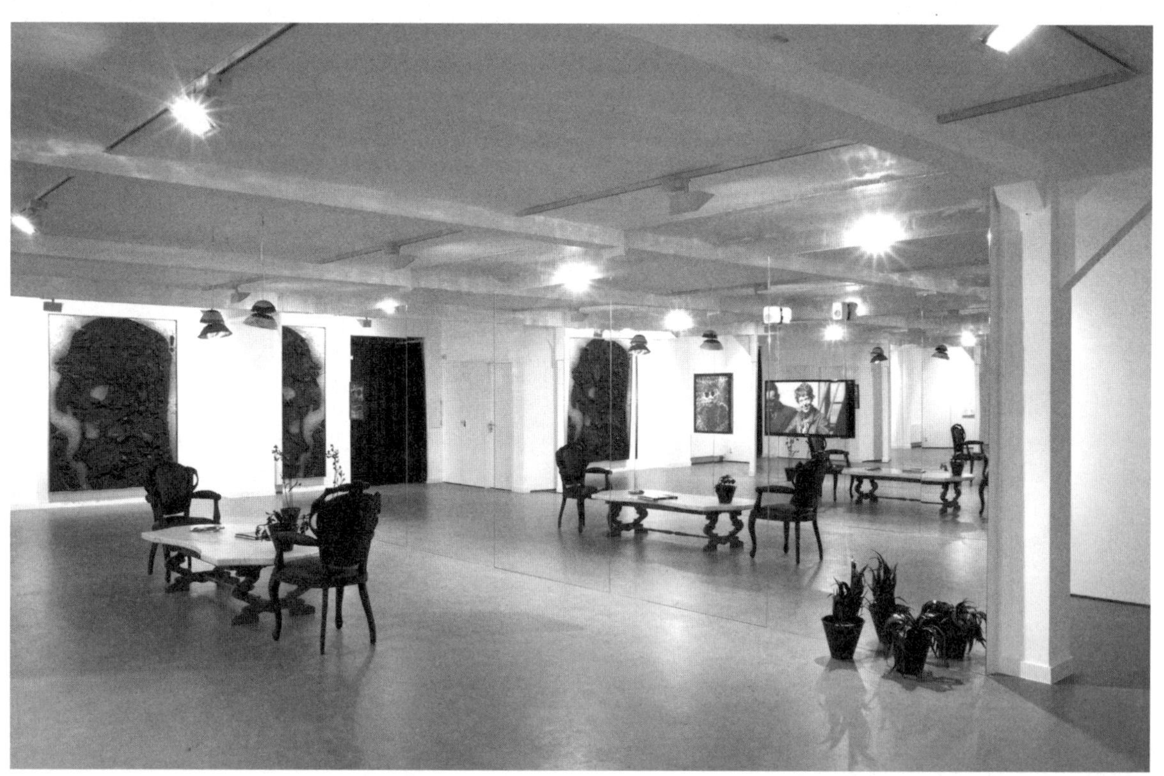

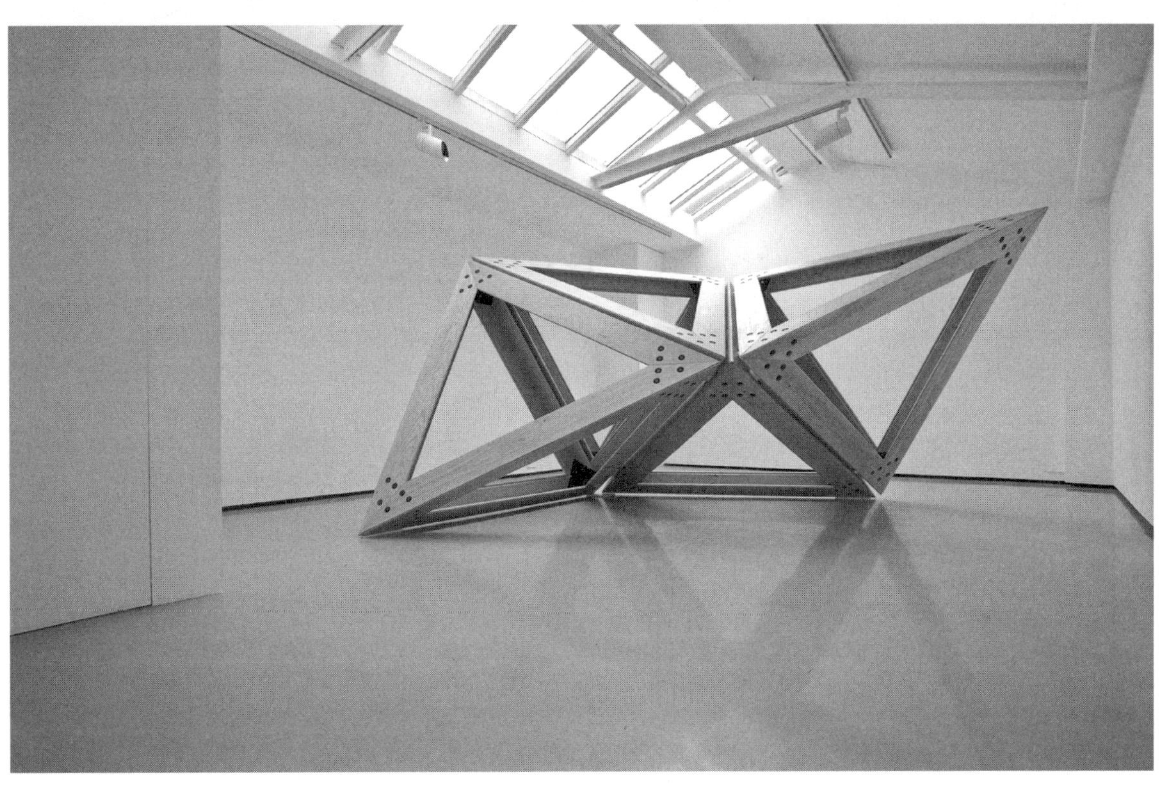

Galerie Gabriel Rolt,
Conrad Shawcross, 'Offcut
(Axiom Tower)', 2010

Foto/Photograph:
© Peter Tijhuis

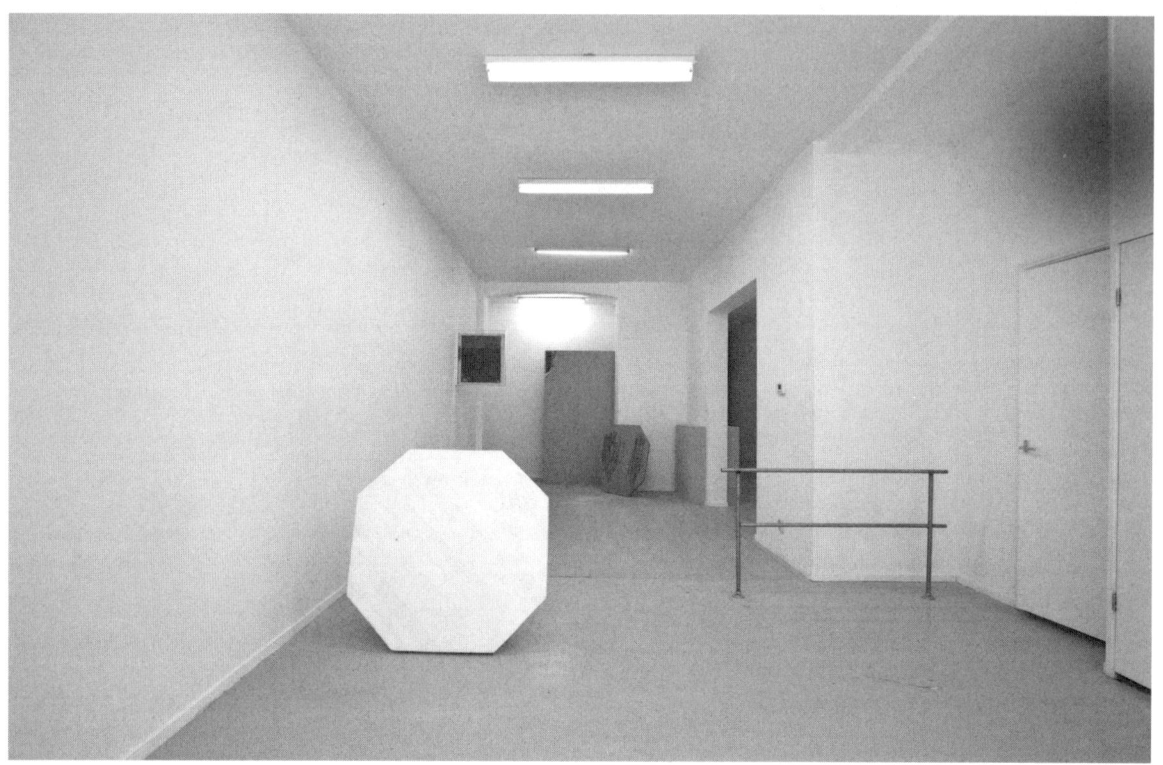

Jeanine Hofland Contemporary
Art Amsterdam, Maarten
Overdijk, 'Inverse
Archeology', 2011

Foto/Photograph:
© Ghislain Amar
(The White Project)

Annet Gelink gallery,
Ryan Gander, 'Now there's
not enough of it to go
around', 2011

Foto/Photograph:
© Ilya Rabinovich

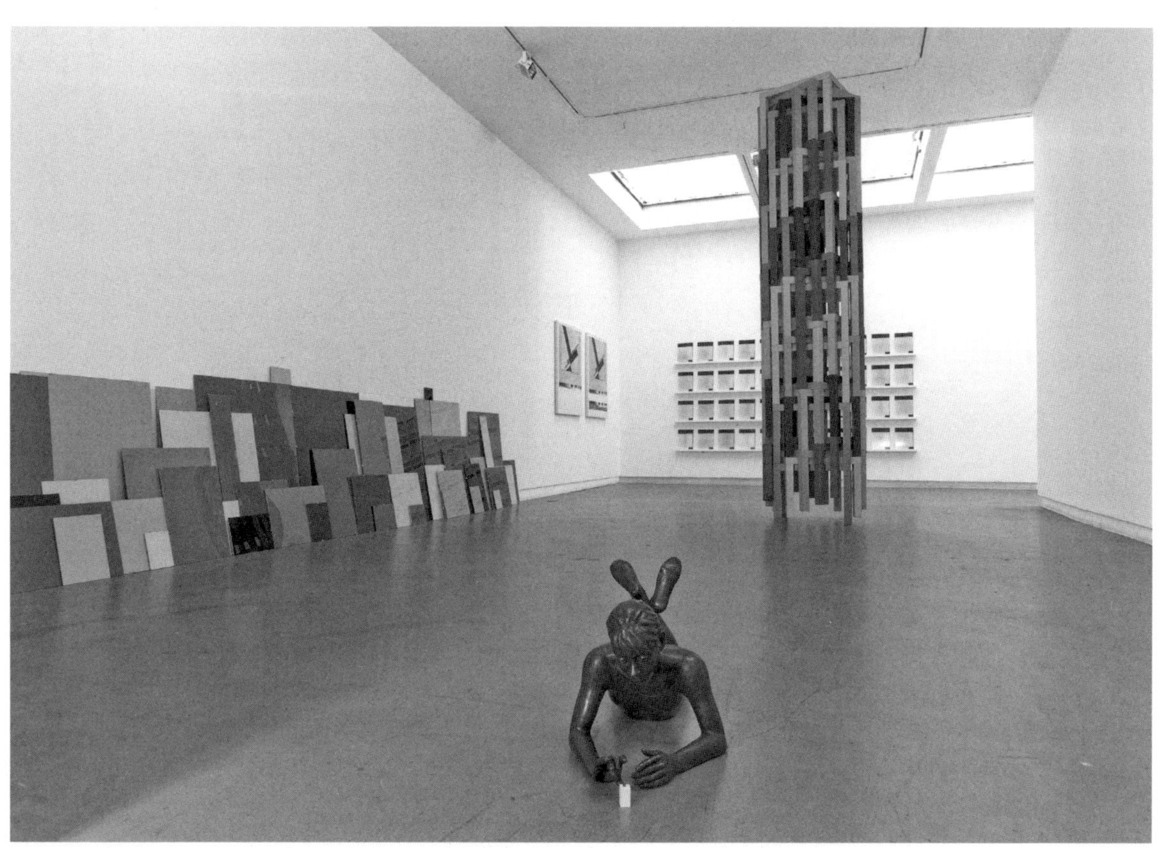

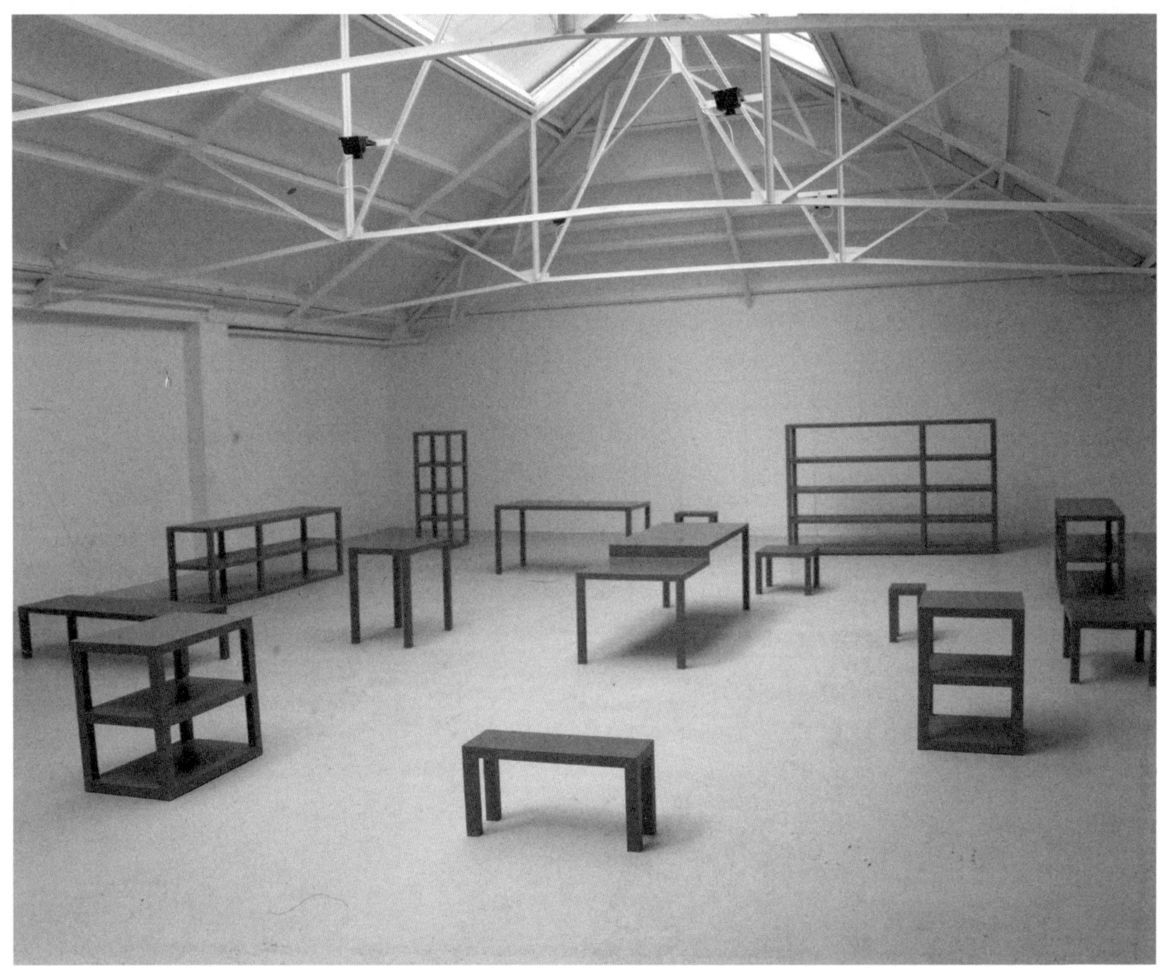

Galerie Fons Welters,
Joep van Lieshout,
'Hard Edge', 1989

Foto/Photograph:
© Ewald Timmermans

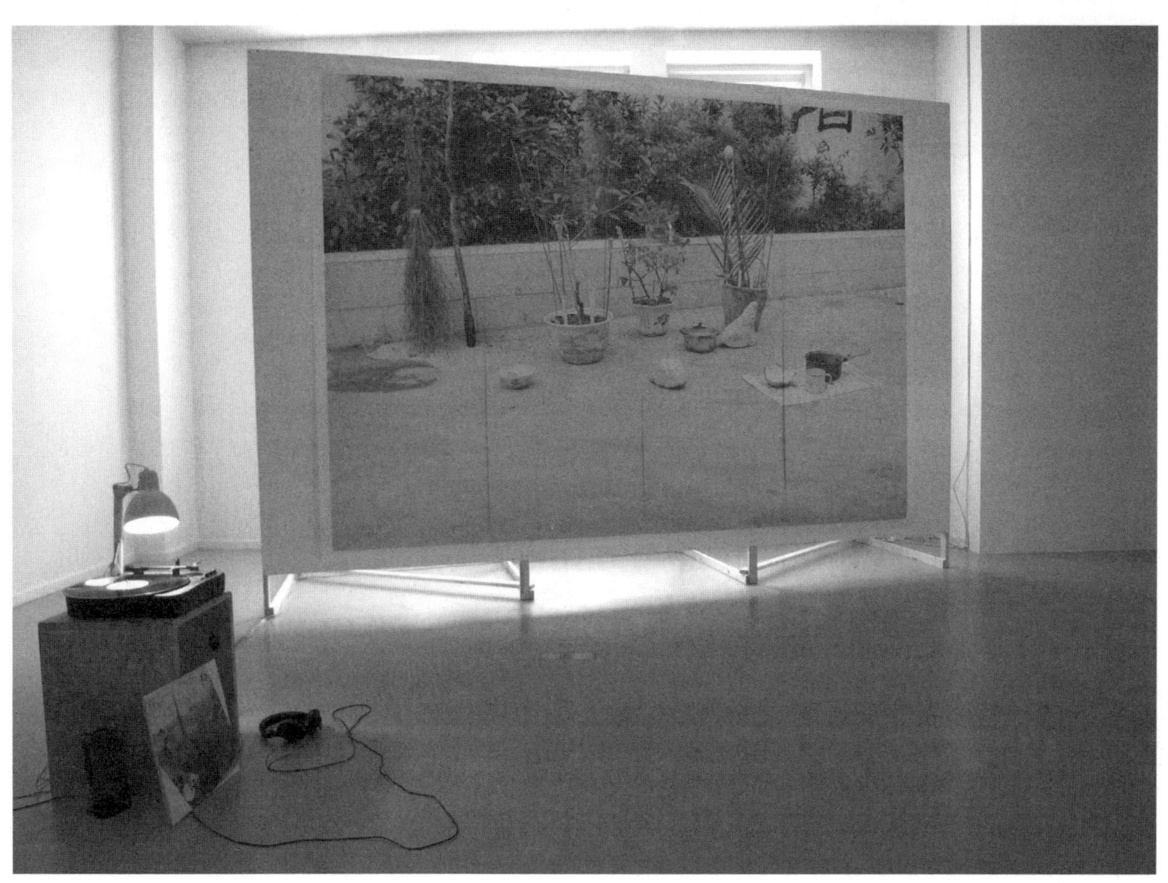

Ellen de Bruijne Projects,
Saskia Janssen, 'Paradise
in Reverse', 2005

Foto/Photograph:
© Saskia Janssen

KUNST IS GEOGRAFIE
Kees van Gelder

Als er gesproken wordt over kunst,
wordt in de meeste gevallen verwezen
naar kunstobjecten in galeries en musea,
maar daar gaat natuurlijk iets aan vooraf.
Kunstenaars werken eerst in hun atelier,
ad hoc, of op straat en proberen dan in
hun land voet aan de grond te krijgen,
of zij besluiten de grenzen over te trekken, waar nieuwe mogelijkheden lonken. Het
zijn twee oude, maar cruciale bewegingen.
In elk land zijn deze posities waar te
nemen en de activiteiten naar buiten toe
zijn van grote invloed op de actieradius
van de kunstenaars en vooral op de impact
van hun kunst.

Als een van mijn kunstenaars in een voor-
aanstaande buitenlandse galerie actief
wordt, valt meteen de invloed van mijn
galerie weg. Mijn ervaring is dat dit ligt
aan mijn onvermogen om genoeg te investeren
en in of vanuit Nederland een afzetmarkt te
vinden, of op beurzen te concurreren met
kapitaalkrachtige galeries of conglomeraten
(galeries met een secondaire markt en
met invloed bij uitgeverijen).

Vanaf de oprichting van Galerie
van Gelder in 1985 heb ik deze beperkingen intuïtief meteen onderkend. Ik besloot
als een octopus meerdere tentakels uit
het galerieraam te steken. Het contact met
de kunstenaars, praten over de inhoud van
het werk, nadenken over strategieën om de
kunstwereld bekend te maken met de attitudes van de kunstenaar waren voor mij een
vanzelfsprekend uitgangspunt, en niet zozeer de verkoop van het werk. Daarnaast
hield ik mij bezig met het produceren van
multiples, het drukken van door kunstenaars ontworpen pakpapier, het oprichten
van *magazines* als *AP* en *CUT*, in een vroeg
stadium werk aankopen, en het deelnemen aan
de beurzen in Stockholm, Bazel en Turijn.
Allemaal activiteiten om de slagkracht van
de galerie van binnenuit te vergroten.
Mijn idee was dat de verkoop van het werk
hier vroeg of laat vanzelf uit voort zou
moeten vloeien. Dat denk ik nu in mindere
mate, want een internationale afzetmarkt
is tegenwoordig voornamelijk te vinden via
deelname aan beurzen.

Vanaf 1996 heeft Galerie van Gelder
een website en nu, zestien jaar later,
is het groeiend klantenbereik via internet van onschatbare waarde aan het worden; zodra de kunstenaar enigszins een naam

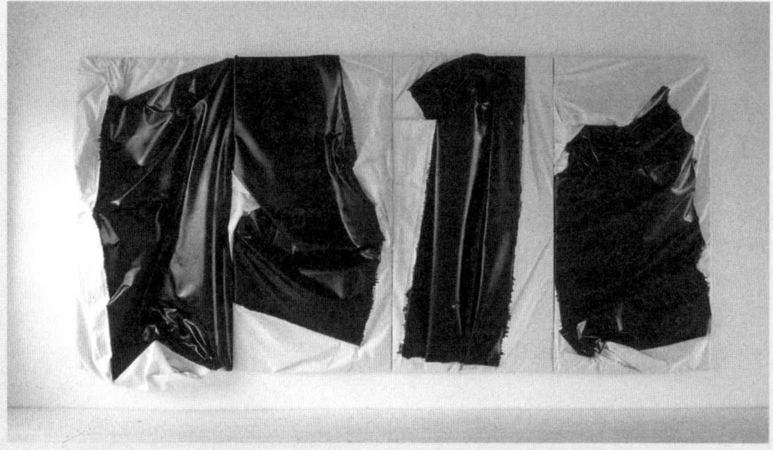

Galerie van Gelder,
Steven Parrino,
Creeping Eye, 1993

Foto:
© Kees van Gelder

heeft verworven is dit belangrijker dan deelname aan een beurs.

Omdat de kapitaalkracht van mijn galerie zich op geen enkele manier kan verhouden tot gevestigde buitenlandse galeries (zie ook www.artfacts.net) moet ik mij met andere kwaliteiten onderscheiden. Dat doe ik zoals gezegd met innovaties als een eigen galeriemagazine, het introduceren van nieuwe kunstenaars en ook met het installeren van andersoortige websites (zoals www.thearchiveislimited.com) dit alles met specialistische kennis en aandacht voor kunstwerken. Het laatste lijkt onnozel, maar het onderstaande voorbeeld toont aan dat een kunstwerk 'ervaren' iets anders is dan een kunstwerk 'verkopen'. Het vraagt een precisie die voortkomt uit aandacht voor het werk.

In 1993 nodigde ik Steven Parrino (1958-2005) uit voor een solotentoonstelling. Hij maakte ter plekke onder andere het werk *Creeping Eye*, vier monochrome zwarte doeken op canvas. Toen de lak na een paar dagen droog was, heeft hij de doeken half van de stretchers getrokken op de hem bekende wijze. Tijdens het inrichten hebben wij een beetje zitten kijken naar de volgorde, voordat de doeken werden opgehangen. Toen het werk eenmaal hing, was er sprake van een krankzinnig en onvoorstelbaar

krachtig werk (*wholesale* US$ 25.000) dat ik helaas niet in staat was te kopen. Wel heeft hij het kunstenaarsboek *Creeping Eye* met originele fotoafdrukken gemaakt, dat door Galerie van Gelder Editions werd geproduceerd.

Met toestemming van de kunstenaar leende ik *Creeping Eye* uit aan een galerie in België. Negentien jaar later, op 12 oktober 2011, werd dit vierdelige werk bij veilinghuis Phillips de Pury & Company voor een bedrag van US$ 560.000 geveild, inclusief opgeld. Het meest opmerkelijke was de manier waarop het werk werd aangeboden en in de veilingcatalogus stond afgebeeld, namelijk als vier los van elkaar hangende doeken, waarbij het linkerpaneel geplet is en er daardoor minder 'actief' en sculpturaal uitziet. In 2006 hingen de vier losse delen in Villa Merkel, Esslingen, ietwat dichter bij elkaar, maar ook daar geheel in tegenspraak met wat Steven bij mij in de galerie had gedaan.

Kortom, de kwaliteit van een kunstwerk wordt geografisch bepaald…

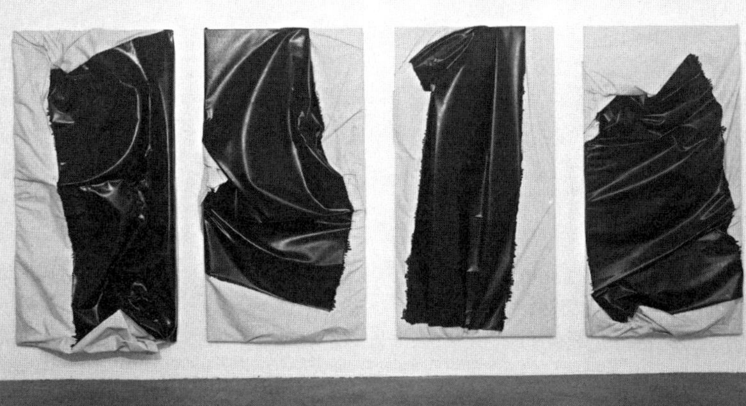

Steven Parrino, *Creeping Eye*, 1993, Phillips de Pury & Company, London, 2011

ART IS GEOGRAPHY
Kees van Gelder

When they talk about art, most people refer to art objects in galleries and museums, but of course there is something else that comes first. Artists start by working in their studio, ad hoc or in the street, and then try to secure a foothold in their own country, or decide to look further afield, lured by new opportunities on the horizon. They are two old but crucial movements. These positions can be perceived in every country and the activities directed abroad have a great influence on the action radius of the artists and above all on the impact of their art.

If one of my artists becomes active in a prominent gallery abroad, the influence of my gallery immediately disappears. My experience is that this is due to my incapacity to invest enough and to find a retail market in or from the Netherlands, or to compete at fairs with well-endowed galleries or conglomerates (galleries with a secondary market and an influence on publishers). Ever since founding Galerie van Gelder in 1985, I immediately recognised these limitations intuitively. I decided to act like an octopus and to wave more tentacles from the gallery window. The contact with the artists, talking about the content of their work, thinking about strategies to familiarise the art world with the artist's attitudes – these were a natural starting point for me, not selling. In addition the production of multiples, the printing of wrapping paper designed by artists, the setting up of magazines like *AP* and *CUT*, buying work at an early stage, taking part in art fairs abroad in Stockholm, Basel and Turin, were deliberate activities to enhance the effectiveness of the gallery from within. My idea was that, sooner or later, this would automatically lead to sales. I am less convinced of that now, because nowadays an international retail market is primarily accessed via participation in art fairs. Galerie van Gelder opened a website in 1996, and now, sixteen years on, the growing ability of the internet to reach clients is becoming of inestimable value. Once an artist has established his reputation to some extent, the internet has become more important than taking part in a fair.

Since the purchasing power of my gallery is by no means in the same league

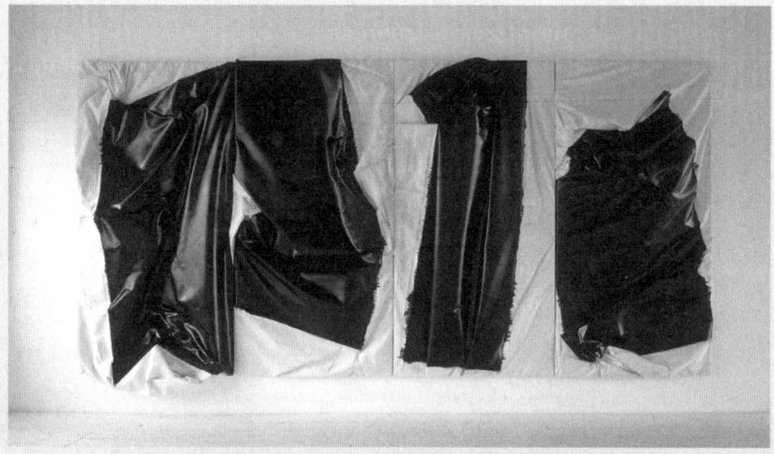

Galerie van Gelder,
Steven Parrino,
Creeping Eye, 1993

Photograph:
© Kees van Gelder

as established galleries abroad (also
see www.artfacts.net), I have to stand out
for different qualities. I do so with such
innovations as a gallery magazine, introduc-
ing new artists and new kinds of websites
(such as www.thearchiveislimited.com) all
with specialised knowledge and attention
for works of art. That last point may seem
obvious, but the example below shows that
experiencing a work of art has different
consequences from selling a work of art.
It calls for a precision that emerges
from attention for the work.

In 1993 I invited Steven Parrino (1958-
2005) to put on a solo exhibition. Among
the works that he made on the spot was
Creeping Eye: four monochrome black canvases. Once the varnish had dried after a
couple of days, he half detached the canvases from the stretchers in his familiar
way. As we were setting it up we sat and
thought a bit about the sequence before
the canvases were hung. Once the work was
hung, it was a crazy and inconceivably
powerful work (wholesale US$ 25,000), but
unfortunately I was not in a position to
purchase it. All the same, he did make an
artist's book *Creeping Eye* with original
photographic prints, which was produced
by Galerie van Gelder Editions.
With the artist's approval, I lent

Creeping Eye to a gallery in Belgium.
Nineteen years later this four-part work
was sold at auction by Phillips de Pury
& Company on 12 October 2011 for the sum
of US$ 560,000 Including the mark-up. The
most striking thing was the way in which
the work was offered and illustrated in
the auction catalogue: as four separate
canvases. In 2006 the four parts were hung
in Villa Merkel, Esslingen separately from
one another, though the distance between
them was somewhat less. In both cases this
was entirely opposed to what Steven had
done in my gallery.
　　To sum up, it is geography that
determines the quality of a work of art.

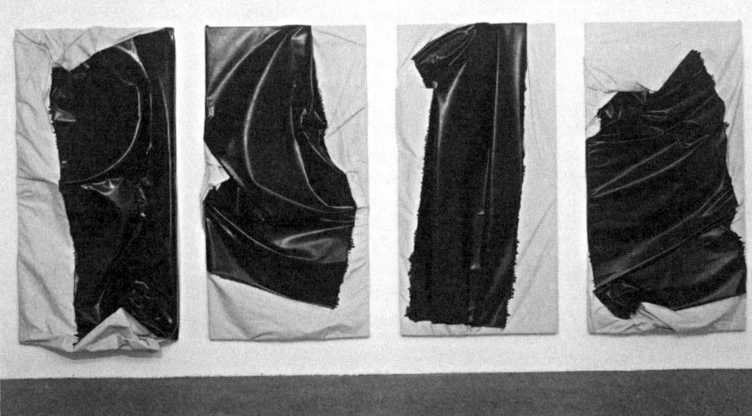

Steven Parrino,
Creeping Eye, 1993
Phillips de Pury &
Company, London, 2011

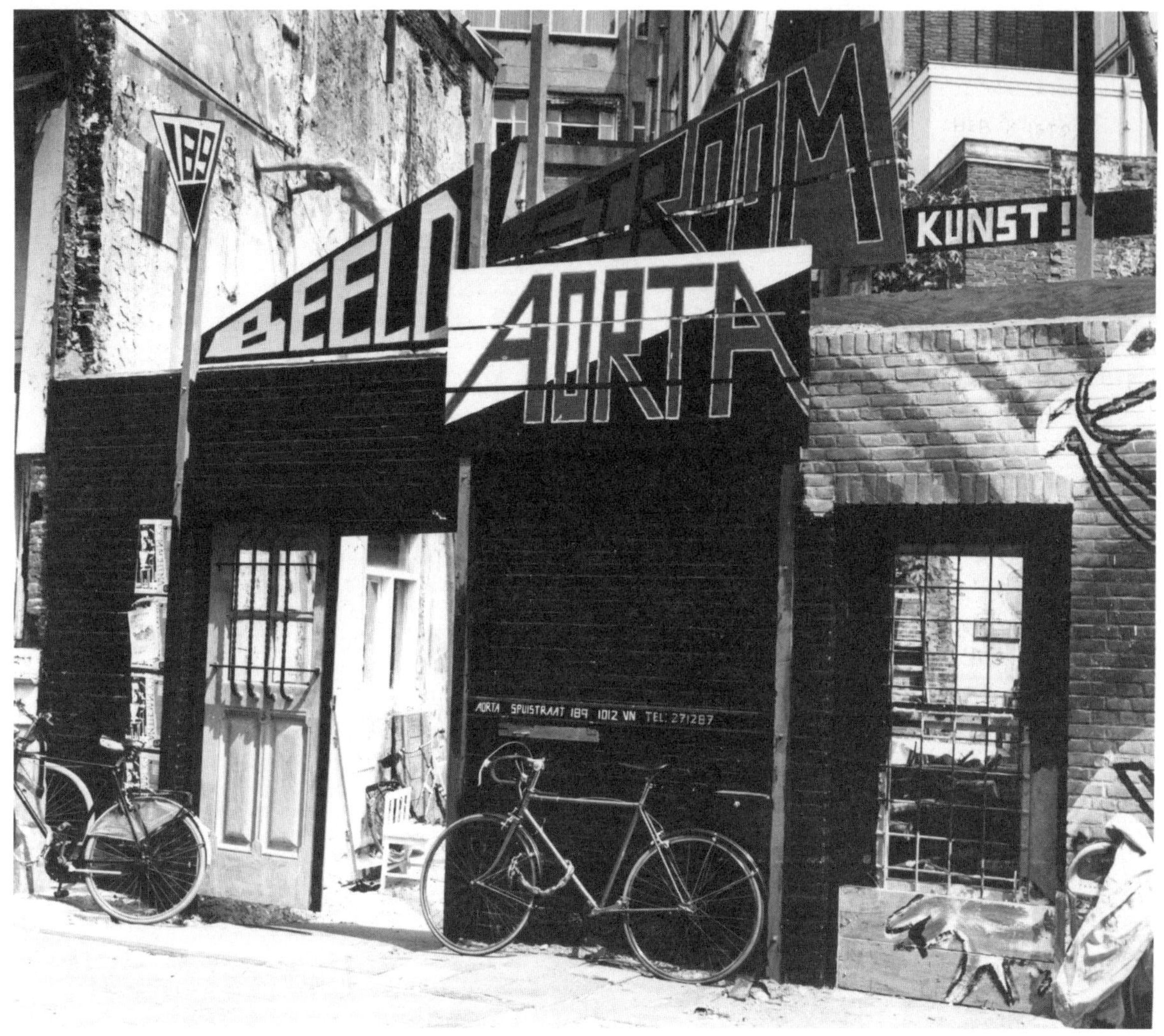

Aorta, expositie
'Beeldstroom'

**Aorta, exhibition
'Beeldstroom',** 1982

Foto/Photograph:
© Martin Alberts

5 EFEMEER ÉN CONSISTENT HET KUNSTENAARSINITIATIEF IN AMSTERDAM

Tineke Reijnders

Gerrit Rietveld zie je uit een stukje papier een stoeltje vouwen, Willem de Kooning onvermoeibaar op en neer lopen tussen de verse kwaststreek en het punt van waaruit hij het effect bekijkt; en kijk hoe Marlene Dumas uit een plasje waterverf een tronie penseelt – het zijn beroemde fragmenten uit documentaires over kunstenaars aan het werk. Niets is voor een kunstliefhebber zo meeslepend als deelgenoot worden van het proces. Niets is zo betoverend als toezien hoe een kunstwerk over de drempel wordt geduwd en van een diffuus idee verandert in een vaste staat van voltooiing. Dat worden van het kunstwerk is puur en autonoom. Het is een scheppingsproces dat gestuurd wordt door inventiviteit en voortkomt uit creatieve generositeit. Lichtjaren is het daarmee verwijderd van de wetten van de economie, waartoe het kunstwerk zich, eenmaal voltooid, in veel gevallen zal gaan verhouden.

Het precaire stadium voorafgaand aan de voltooiing is op haast intieme wijze verbonden met de kunstenaar. Later zal het werk de openbaarheid binnentreden, daar is het natuurlijk voor bestemd, maar nu valt het nog volledig onder regie van de

EPHEMERAL AND CONSISTENT THE ARTISTS' INITIATIVE IN AMSTERDAM

Tineke Reijnders

You see Gerrit Rietveld folding a piece of paper into a chair, Willem de Kooning pacing tirelessly up and down between the fresh brushstroke and the point from where he observes the effect; and see how Marlene Dumas conjures a portrait from a splash of watercolour – they are famous fragments from documentaries about artists at work. Nothing carries an art lover away as much as being a partner in the process. Nothing is as enthralling as watching how a work of art is pushed across the threshold and transformed from a diffuse idea into a permanent state of completion. The coming into being of the work of art is pure and autonomous. It is a productive process that is directed by inventiveness and born of creative generosity. The laws of the economy, to which the work of art, once completed, will relate in many cases, are light-years away.

maker en blijft het gekoesterd binnen de privacy van het atelier. Veel kunstenaars willen dat zo houden. Ze hechten aan de volledige regie, kiezen of creëren zelf de ruimte, bepalen eigenhandig het installeren en willen het liefst ook zeggenschap hebben over het publiek. Ze willen dan wel naar buiten treden, maar doen dat bij voorkeur in een omgeving die verwant is aan het atelier en zoeken naar omstandigheden die het kunstwerk toestaan om niet definitief te zijn, maar aangepast aan het moment en de ruimte.

De behoefte aan zelfbeheer is misschien wel de belangrijkste drijfveer achter de talrijke kunstenaarsinitiatieven die Amsterdam kent en heeft gekend. Vaak was er ook pure noodzaak in het spel: jonge kunstenaars kregen dertig, veertig jaar geleden maar moeilijk voet aan de grond in de bestaande galeries en organiseerden om die reden hun eigen mogelijkheid tot exposeren.

In-Out Center werd in 1972 opgericht door een collectief van merendeels uit het buitenland afkomstige kunstenaars. Ze bekleedden de wanden van de gehuurde winkel aan de Reguliersgracht met hetzelfde linnen als ze kenden van de wanden van het Stedelijk Museum. Tegelijk toonden pionierende kunstenaars als Michel Cardena, Ulises Carrión, Hetty Huisman en Sigurdur Gudmundsson al in een vroeg stadium videopresentaties en performances, nieuwe kunstvormen die het Stedelijk Museum pas jaren later tentoonstelde. Hoewel het In-Out Center maar twee jaar bestond, had het een betekenisvolle uitstraling op publiek en kunstenaars. Indirect inspireerde het Wies Smals tot de oprichting van De Appel in 1975 en ook Carrións Other Books and So en het toenmalige Time Based Arts waren loten van deze stam.

Toen er begin jaren tachtig een spectaculaire hausse aan kunstenaarsinitiatieven ontstond, overal in Nederland maar met name in Amsterdam, was de motivatie veel activistischer. Huren was er op dat moment niet bij, door een economische dip stonden er eind jaren zeventig zo veel bedrijfspanden leeg dat kunstenaars er ongestraft bezit van konden nemen. Kraken was bovendien in de tweede helft van de jaren zeventig een geaccepteerd verschijnsel geworden. Dat er veel panden tijdelijk leeg stonden, terwijl de voorraad woningen al sinds de Tweede Wereldoorlog verre van voldoende was en ook nog eens de bebouwing rond de Nieuwmarkt werd opgeofferd voor de aanleg van de metro, was reden voor protest en woningbezettingen. En voor stadsoorlogen wanneer de politie daartegen met overmacht optrad. In de luwte van zulke confrontaties opereerden jonge kunstenaars veeleer met speelse tact. Zij openden in de nieuwveroverde panden kunstcentra die ze naar eigen inzicht verbouwden en onder eigen regie programmeerden. Het publiek werd onthaald op uiteenlopende activiteiten, waaronder performances, optredens van bands, dichtersavonden en vooral

The precarious stage prior to completion is bound up almost intimately with the artist. Later the work will become public, that is its destiny, of course, but at this stage it is still completely at the mercy of the artist and is cherished within the privacy of the studio. Many artists want to keep things that way. They welcome the total control, choose or create the space themselves, determine the installation with their own hands, and would ideally like to be able to decide on the public as well. They do want to make a public appearance, but prefer to do so in a setting that has an affinity with the studio. They want conditions that allow the work of art not to be definitive, but adapted to the moment and the space.

The desire to hold on to the reins is perhaps the most important motive behind the numerous artists' initiatives in Amsterdam, both now and in the past. Often pure necessity was involved as well: thirty or forty years ago it was difficult for young artists to gain a foothold in the established galleries, which is why they organised their own occasions to exhibit their work.

In-Out Center was created in 1972 by a collective of artists, most of whom came from abroad. They covered the walls of the rented shop on the Reguliersgracht with the same linen that they knew from the walls of the Stedelijk Museum. At the time pioneers such as Michel Cardena, Ulises Carrión, Hetty Huisman and Sigurdur Gudmundsson were already putting on video presentations and performances, new art forms that the Stedelijk Museum was not to present until years later. Although the In-Out Center had a life-span of a mere two years, it made a significant impact on the public and on artists. Indirectly it inspired Wies Smals to set up De Appel in 1975. Carrión's Other Books and So and what was then Time Based Arts stemmed from this initiative.

When there was a spectacular boom in artists' initiatives all over the country, but particularly in Amsterdam, in the early 1980s, the motivation was much more activist. Renting a studio was not an option at the time, and the economic recession had led to the vacation of so many business properties at the end of the 1970s that artists could squat them with impunity. Besides, squatting had become an accepted phenomenon in the second half of the 1970s. The fact that many were temporarily vacant while the housing supply had been far from sufficient ever since the Second World War, plus the sacrifice of buildings in the Nieuwmarkt district for the construction of the metro, was enough to fuel protest and occupations, as well as battles in the city when the police deployed their superior forces. On the sidelines of such confrontations, young artists

tentoonstellingen. Kort tevoren hadden pas afgestudeerden van kunstacademies zich onwelkom gevoeld binnen het bestaande galeriecircuit. Er was weinig aandacht voor nieuwkomers. De voorkeur van de weinige galeries die er destijds waren, ging uit naar meer gevestigde namen. Daarbij moet worden opgemerkt dat de reputatie van galeries als Art & Project en Swart gelijk opging met die van de kunstenaars die ze vertegenwoordigden.

Spoedig veranderde de situatie ten gunste van jongeren. Galerie Rob Jurka bracht al in 1982, nog voor hij afstudeerde aan de Gerrit Rietveld Academie, een schilder als Maarten Ploeg (1958–2004). Behalve schilder was Ploeg mede-oprichter van Disko Bizar, PKP TV, Park TV en succesvol *lead singer*-gitarist van Blue Murder, een band die met straffe regelmaat geprogrammeerd stond op internationale podia. Een dergelijke carrière was kenmerkend voor jongeren die eigen kanalen wilden creëren. Begin jaren tachtig vormden kunstenaarsinitiatieven als W139, Aorta, Makkom en NL Centrum een magistrale thuisbasis voor een avontuurlijke jonge garde. Het was een tijd waarin Nederlandse jongeren, al dan niet onder invloed van de Engelse punkbeweging, het Do-It-Yourself-principe hoog in het vaandel hadden. Zonder ooit een gitaar aangeraakt te hebben, kon je prima een prominente rol vervullen in je band en niets hield je tegen om zonder ervaring een televisiezender, discotheek of een heel kunstcentrum te bestieren.

Alles gebeurde met een anarchistische inslag en een onverwoestbare overmoed. Vanuit de rauwe esthetiek van een afbraakpand namen de kunstenaars onverwacht een plaats in binnen de stedelijke structuur. De hubris leidde zelfs tot een politieke partij. In 1982 deed de 'Reagering' mee aan de Amsterdamse gemeenteraadsverkiezingen. Op de lijst die werd aangevoerd door dichter Bibikov stonden tal van kunstenaars. Het leverde een flink aantal stemmen, maar geen zetel op.

De opkomst van de eigengereide kunstenaar-ondernemer heeft een niet te onderschatten momentum betekend in de Amsterdamse kunstwereld. Alles leek mogelijk. Er heerste een magische beweeglijkheid, die Amsterdam tot in de jaren negentig een culturele voorhoedepositie bezorgde met aantrekkingskracht op buitenlandse kunstenaars en waar het de innoverende thema-avonden van de gerenommeerde discotheek Club RoXY betrof ook op het internationale uitgaanspubliek. De stad stond voor speelse vrijheid en ultieme verbeeldingskracht.

In de slipstream ontstonden begin jaren tachtig ook reguliere galeries. De eerste was The Living Room, in 1982 gestart in een klein appartement driehoog in Amsterdam-Oost en vijf jaar later uitgegroeid tot de meest spraakmakende galerie in Amsterdam. Sterke banden met de kunstenaarsinitiatieven hadden vervolgens Galerie Hans Gieles (nu VOUS ÊTES ICI), De Praktijk, oorspronkelijk

preferred to operate with playful tact. They opened art centres in the newly occupied buildings, renovated them as they thought fit, and put on their own programmes. The public could enjoy a wide range of activities, from performances, concerts and poetry evenings to the main event: exhibitions. Shortly before, fresh graduates from the art academies had not felt welcome within the existing gallery circuit. Little attention was paid to newcomers. The predilection of the few galleries that there were at the time was for more established names. It should be mentioned that the reputation of such galleries as Art & Project and Swart rose with that of the artists they represented.

The situation rapidly changed in favour of the younger generation. Galerie Rob Jurka already presented a painter like Maarten Ploeg (1958–2004) in 1982, before he had even graduated from the Gerrit Rietveld Academy. Ploeg was not only a painter, but he was also one of the founders of Disko Bizar, PKP TV and Park TV and the successful lead singer/guitarist of Blue Murder, a band that featured very regularly at international venues. A career like that was typical of young people who wanted to create their own channels. At the beginning of the 1980s artists' initiatives like W139, Aorta, Makkom and NL Centrum proved to be an excellent base for an adventurous young generation. It was a time when, whether influenced by the British punk movement or not, young people in the Netherlands eagerly embraced the DIY principle. Without ever having touched a guitar you could still easily play a prominent role in your band and there was nothing to stop you from running a TV channel, disco or a whole art centre without any experience. It all happened with an anarchistic spirit and an indestructible recklessness. From the raw aesthetics of some derelict premises the artists unexpectedly secured a place in the urban structure. Their hubris even led to the creation of a political party. The *Reagering*, a pun on the Dutch words for government and reaction, took part in the Amsterdam municipal elections in 1982. The list of candidates, headed by the poet Bibikov, included a number of artists. The party secured a large number of votes, but not enough to win a seat on the council.

The rise of the self-willed artist/entrepreneur provided a momentum in the Amsterdam art world that is not to be underestimated. Everything was possible. The dominant mood was one of a magical activity, which secured a position in the cultural vanguard for the city until the 1990s. It held a magnetic attraction for foreign artists and, through the innovative thematic evenings of the famous Club RoXY disco, for the international party-going public as well.

ondergebracht in de tandartspraktijk van Dirk Vermeulen en tot 2007 functionerend als professionele galerie, Van Gelder en ook Lumen Travo, de enige galerie die ooit een solo maakte van het werk van de legendarische spil achter kunstenaarsinitiatief Aorta, Club RoXY en restaurant InezIPSC, Peter Giele. Overigens komt het ook tegenwoordig voor dat een galerie zich min of meer afsplitst van een kunstenaarsinitiatief. Zo opende Daniela Apice in september 2011 haar galerie in de Van Ostadestraat nadat ze een aantal jaren als Apice had proefgedraaid in het trappenhuis van kunstenaarsinitiatief P/////AKT. In Amsterdam is er verder geen voorbeeld van een kunstenaarsinitiatief dat zich verpopte tot een galerie, zoals gebeurde in Eindhoven (Peninsula) en in Den Haag (West).

De commerciële identiteit van de galerie staat diametraal tegenover het non-profit-idealisme van het kunstenaarsinitiatief, dat autonomie en experiment wil garanderen. Onvermijdelijk is men dan aangewezen op overheidssubsidie, maar dit is nooit als een vorm van afhankelijkheid beschouwd. Veel kunstenaars zijn ervan overtuigd dat deze steun uit algemene middelen hun toekomt vanwege de onbaatzuchtige investering in de kunst en in de culturele uitstraling van de stad. Ook nu het economisch profijtdenken gangbaarder wordt onder jonge kunstenaars en een hedendaags kunstenaarsinitiatief als De Service Garage het onderkomen afstemt op de medewerking van projectontwikkelaars en meegaat in het streven een buurt levendig te maken, blijven de non-profitprincipes gehandhaafd.

Amsterdam heeft in de afgelopen drie decennia tal van grotere en kleinere kunstenaarsinitiatieven zien komen en ook weer zien verdwijnen. Na zich binnen het collectief te hebben ingespannen voor hun collega's willen de betrokken kunstenaars zich focussen op de eigen carrière. Het heilige vuur om te experimenteren is dan gedoofd, de jeugdige energie verbruikt. Een reden om te stoppen kan ook zijn dat – de eeuwige achilleshiel – de subsidie stopt of het pand wordt opgeëist.

Het enige kunstenaarsinitiatief van majeure betekenis dat vanaf 1979 voortbestaat is W139, gelegen achter de Bijenkorf, Warmoesstraat 139. W139 is groot en buigzaam, verschillende generaties jonge kunstenaars kregen er hun eerste presentatie. Ook curatoren hebben er school gemaakt. In het begin was Ad de Jong belangrijk in het bepalen van de richting. Intimi spraken destijds van 'De Warmoesstraat' en nu noemt men het kortweg 'De W'. Een bedrijfsgebouw, zoals de behuizing van kunstenaarsinitiatief De Fabriek in Eindhoven of De Cacaofabriek in Helmond is het niet. Het pand was in de negentiende eeuw op het perceel van een voormalige molen gebouwd als vaudevilletheater. In de jaren zeventig werd het, tegelijk met de belendende woonhuizen, door warenhuis de Bijenkorf verworven teneinde er een tweede parkeergarage

The city was synonymous with a ludic freedom and ultimate strength of imagination.

Regular galleries also started up in the early 1980s in the slipstream. The first was The Living Room, which was launched in a small third-floor apartment in East Amsterdam in 1982 and expanded within five years to become the most talked about gallery in Amsterdam. There were also strong links between the artists' initiatives and Galerie Hans Gieles (now VOUS ÊTES ICI), De Praktijk, which was originally housed in Dirk Vermeulen's dental practice and functioned as a professional gallery until 2007, Van Gelder, and also Lumen Travo, the only gallery that ever put on a solo of the work of the legendary brain behind the artists' initiative Aorta, Club RoXY and restaurant InezIPSC, Peter Giele. Incidentally, it sometimes happens today as well that a gallery more or less splits off from an artists' initiative. Daniela Apice, for instance, opened her gallery in the Van Ostadestraat in September 2011 after a test run of a few years as Apice in the staircase of the artists' initiative P/////AKT. There are no other examples of an artists' initiative that has turned into a gallery in Amsterdam, but there are in Eindhoven (Peninsula) and in The Hague (West).

The commercial identity of the gallery is diametrically opposed to the non-profit idealism of the artists' initiative that is out to guarantee autonomy and experiment. In that case there is no choice but to fall back on a state subsidy, but that is never regarded as a form of dependence. Many artists are convinced that they are owed this support from the taxpayers' money because of their altruistic investment in the art and cultural profile of the city. Even now, when the idea of making an economic profit is commoner among young artists, and a contemporary artists' initiative like De Service Garage attunes the premises to cooperation with project developers and joins in the attempt to liven up a neighbourhood, the non-profit principles are still maintained.

Amsterdam has seen a number of large and small artists' initiatives come and go in the past three decades. After having devoted their efforts to their fellow artists in the collective, the artists concerned want to focus on their own careers. By then the burning desire to experiment has dampened and their youthful energy has been used up. Another reason to stop may be because the subsidy stops (the eternal Achilles' heel) or because the premises are requisitioned.

The only artists' initiative of major significance that has been going since 1979 is W139, located behind the Bijenkorf department store at Warmoesstraat 139. W139 is large and flexible and has given

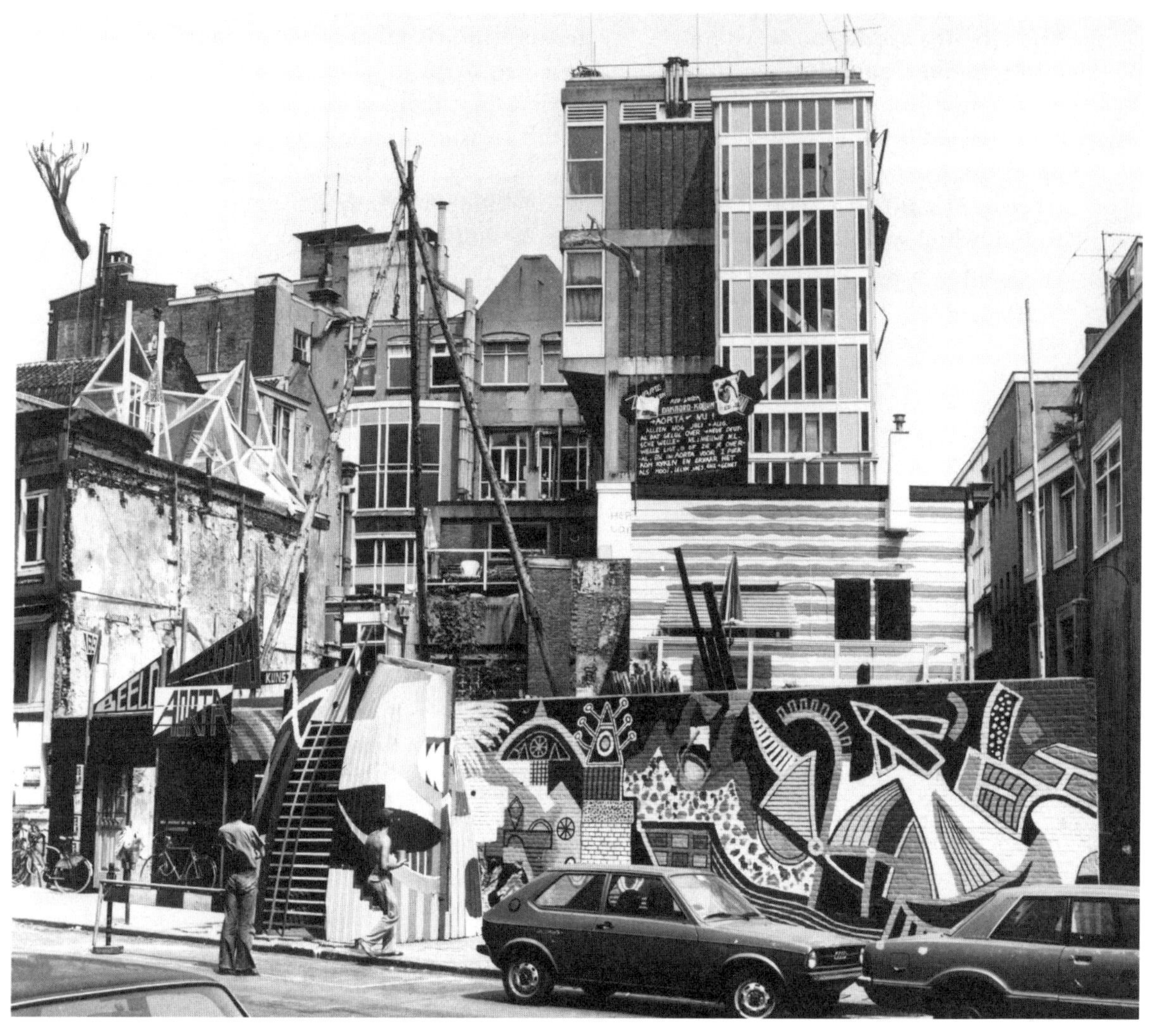

Aorta, 1982

Foto/Photograph:
© Martin Alberts

158

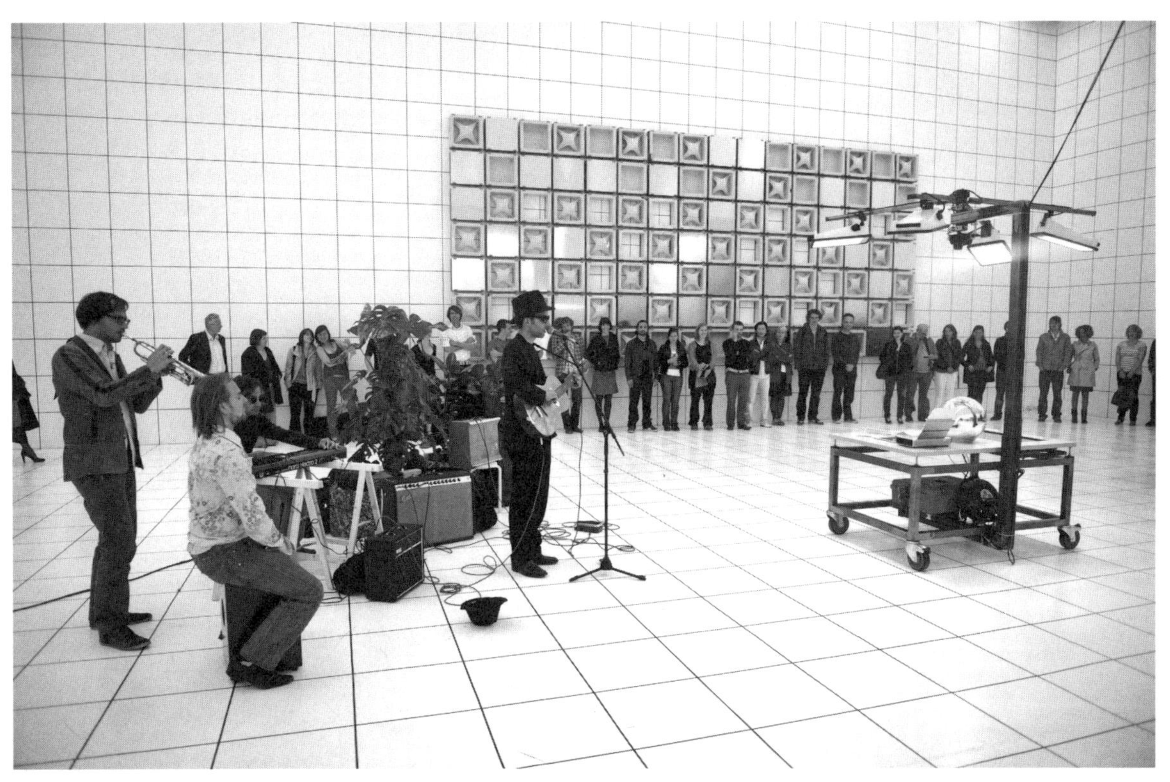

W139, presentatie
'WEXmachine'

**W139, presentation
'WEXmachine',** 2009

Foto/Photograph:
© David Cohen deLara

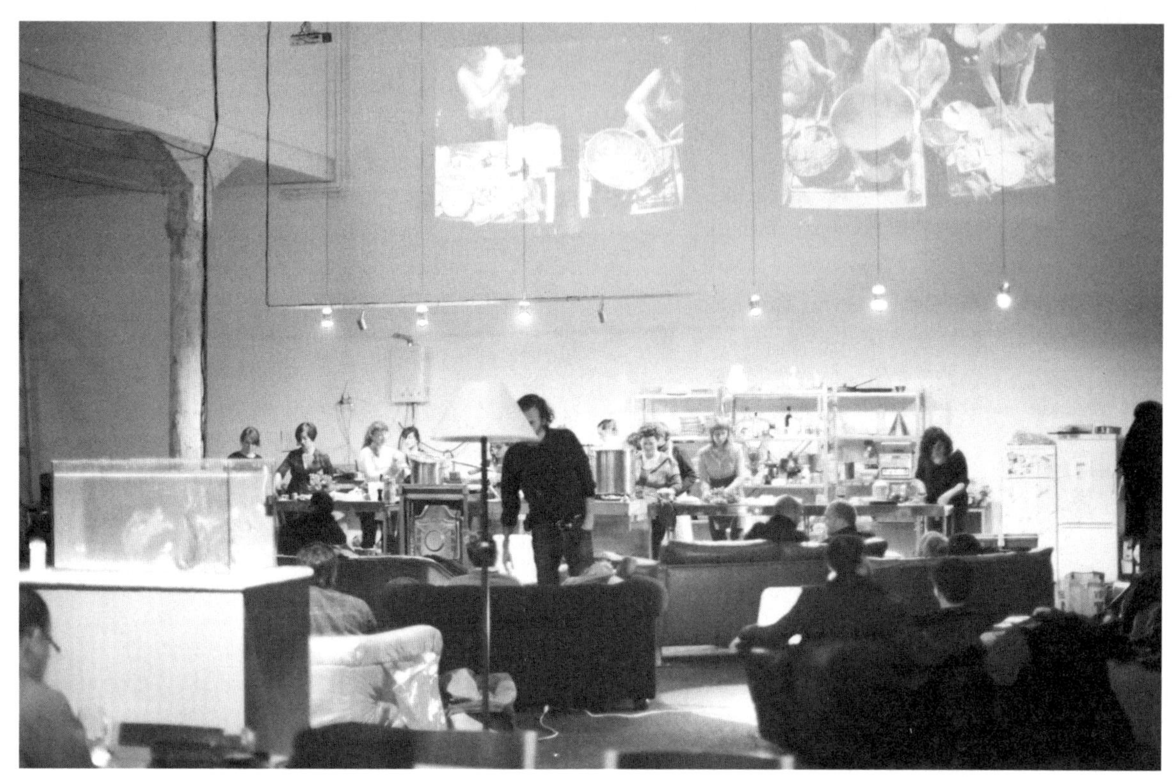

W139, 'Join Kitchen139', 2011

Foto/Photograph:
© Sanne van Renesse

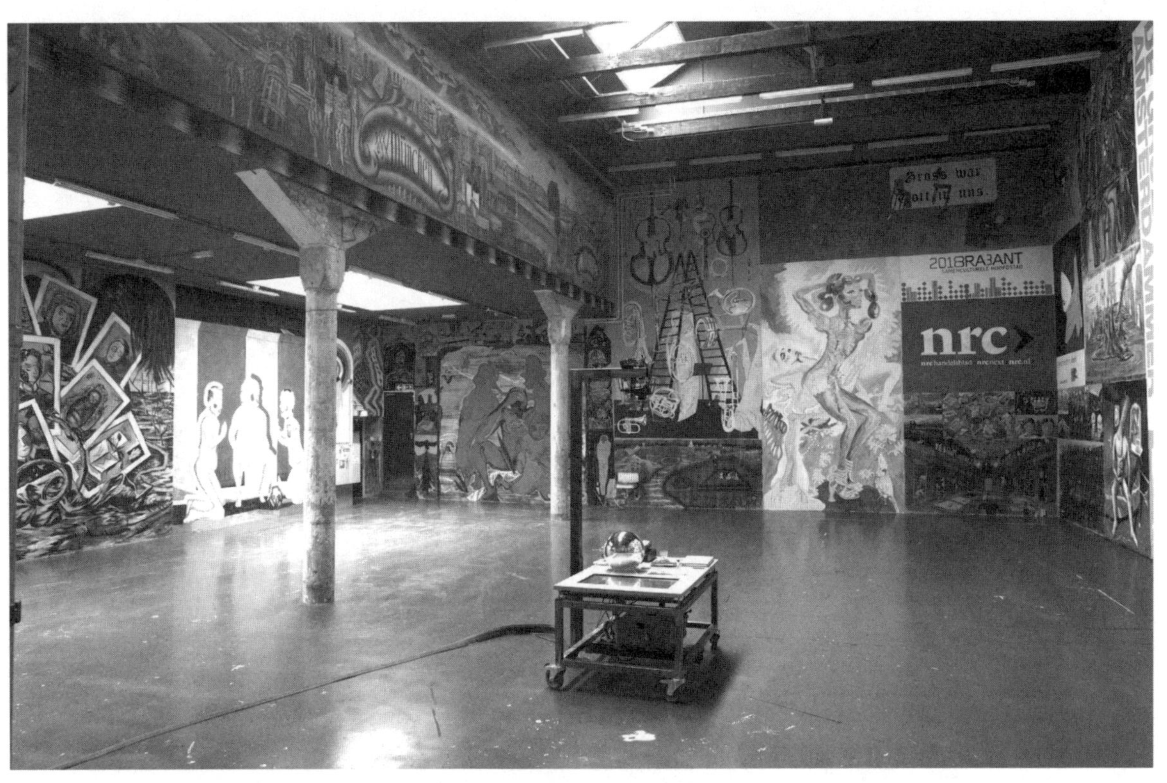

W139, afscheids-
tentoonstelling Gijs
Frieling, 'Doktor Faustus'

**W139, farewell exhibition
Gijs Frieling, 'Doktor
Faustus',** 2010

Foto/Photograph:
© Henni van Beek

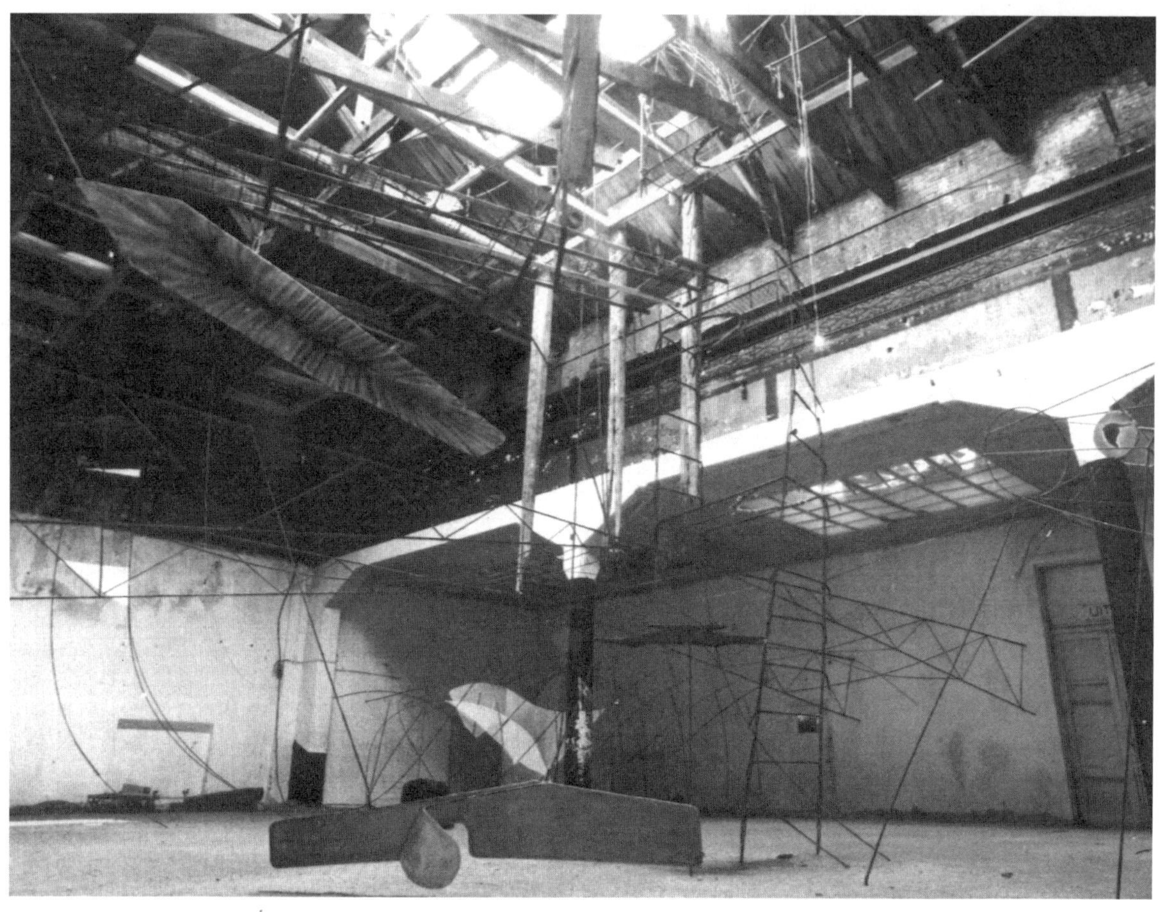

W139, Ad de Jong, Tom Zandvoort,
Wikke 't Hooft in de tentoonstelling 'Tandwand'

**W139, Ad de Jong, Tom Zandvoort,
Wikke 't Hooft in the exhibition
'Tandwand'**, 1986

Foto/Photograph:
© Henni van Beek

W139, Peter Stel 'Static
Flux' in de tentoonstelling
'I.C.I'

**W139, Peter Stel 'Static
Flux' in the exhibition
'I.C.I.'**, 2000

Foto/Photograph:
© Henni van Beek

162

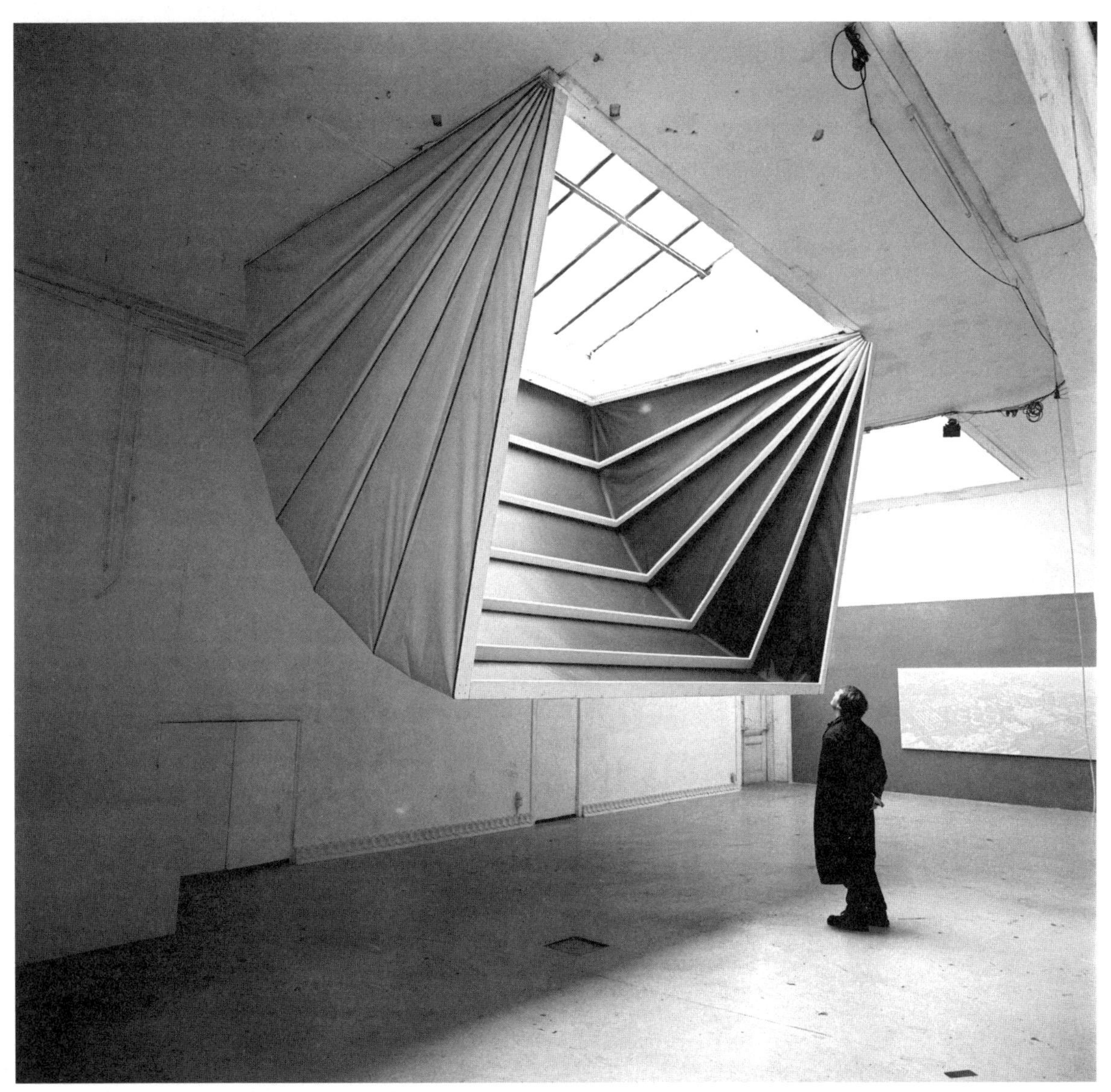

in te vestigen. Door de toenmalige crisis bleef dit plan onuitgevoerd; er bestond geen bezwaar tegen het gebruik van de theaterruimte door de studenten en jonge kunstenaars die zich de leegstaande woningen hadden toegeëigend. Toen de gemeente in de jaren negentig tot afbraak van het blok wilde overgaan, hebben dezelfde kunstenaars na taaie onderhandelingen de stad weten te overtuigen van het behoud van dit zestiende-eeuwse Blauwlakenblok. Inmiddels ligt het na een ingrijpende renovatie te glanzen als een onmisbaar deel van historisch Amsterdam. W139 is eigendom geworden van de gelijknamige stichting. Ook het Algemeen Handelsbladcomplex (Nieuwezijds Voorburgwal 234), het Tetterodegebouw (tussen Bilderdijkstraat 165 en Da Costakade) en Het Veem (Van Diemenstraat 410-412) zijn door toedoen van krakende kunstenaars voor de stad behouden gebleven. Voor het imposante Vrieshuis Amerika, waar de meest uiteenlopende artistieke activiteiten plaatsvonden en voor de Douaneloodsen is dat anders gelopen. Deze gebouwen zijn afgebroken, niettegenstaande de monumentale waarde.

In zijn programmering weerspiegelt het kunstenaarsinitiatief W139 eveneens de wisselende tijdgeest. Wat sinds 2007, na een grondige verbouwing, oogt als een museale plek die zich nauwelijks meer onderscheidt van institutionele ruimtes als De Appel, was in de eerste jaren een bouwvallige aanleiding voor werken die aan het gebouw, aan een performance of aan een proces waren gerelateerd. Ad de Jong, nu vooral bekend als beeldhouwer en vertegenwoordigd door een galerie in België, was niet alleen de motor achter een breedgedragen verbeeldingskracht, maar destijds ook actief als zanger van de band Gulf Pressure AIS. Veel was van een efemeer en multidisciplinair karakter; tot een echte artistieke school hebben de tentoonstellingen geen aanleiding gegeven. Maar voor experimenten op de grens tussen atelier en openbaarheid is W139 altijd de juiste plek gebleven.

De dynamische aantrekkingskracht van dit centrum was in 1982 voor kunstenaar Peter Giele, deelnemer aan de eerste groepstentoonstelling in W139, de directe aanleiding om in de voormalige drukkerij van het Handelsbladgebouw samen met anderen het kunstenaarsinitiatief Aorta te starten. Hier kwam al snel een omvangrijk publiek op af. Met name door de popconcerten werd het kunstenaarscentrum dé hotspot van Amsterdam. De magie van Aorta heeft Giele tot steeds nieuwe initiatieven gedreven. Typerend voor een brede opvatting van het kunstenaarschap was zijn onderneming van een discotheek. Hij transformeerde de voormalige bioscoop Roxy naar eigen inzicht en nodigde bevriende kunstenaars uit om er wandschilderingen in aan te brengen of andere kunstvormen aan bij te dragen, zoals de vuurklok van Erik Hobijn. Vanaf 1987 tot de dramatische brand in 1999 op de avond van Gieles

several generations of young artists their first presentation. Curators have acquired experience there as well. At first Ad de Jong played an important part in determining the course. The inner circle used to call it 'The Warmoesstraat' at the time, now it has been shortened to 'The W'. It is not a former industrial building like the one housing the artists' initiative De Fabriek in Eindhoven or De Cacaofabriek in Helmond. It was built as a vaudeville theatre in the nineteenth century on the site of a former mill. It was acquired in the 1970s by the Bijenkorf together with the adjacent houses to serve as a second car park, but a crisis at the time prevented this plan from being carried out. There was no objection to allowing the students and young artists who had occupied the vacant houses to use theatre space. When the local authority wanted to demolish the block in the 1990s, after prolonged negotiations the same artists managed to convince it to preserve these sixteenth-century premises as part of its Blauwlakenblok urban renewal project. By now W139 has been thoroughly renovated to become a splendid and essential feature of historic Amsterdam. It is now the property of the W139 foundation. The former complex of the *Algemeen Handelsblad* (Nieuwezijds Voorburgwal 234), the Tetterode building (between Bilderdijkstraat 165 and Da Costakade) and Het Veem (Van Diemenstraat 410-412) have also been preserved for the city thanks to the intervention of artist squatters. The impressive cold storage warehouse for the meat industry (Vrieshuis Amerika) near the Central Station, however, where the most diverse artistic activities took place, and the former customs sheds (Douaneloodsen) have both fallen victim to the wrecking ball in spite of their value as historic monuments.

The artistic programming of the artists' initiative W139 also reflects the changing times. After a thorough renovation in 2007, today it looks like a museum barely distinguishable from such institutional spaces as De Appel, but in its early years it was a derelict invitation for works connected with the building, a performance or a process. Ad de Jong, who is now best known as a sculptor and is represented by a gallery in Belgium, was not only the driving force behind a broadly based strength of imagination, but was at the time also active as vocalist of the band Gulf Pressure AIS. Much was of an ephemeral and multidisciplinary character and the exhibitions did not lead to the formation of a real artistic school. Still, W139 has always remained the spot for experiments on the threshold between studio and public.

The dynamic force of this centre prompted the artist Peter Giele, one of the participants in the

begrafenis heeft Club RoXY gefunc-
tioneerd als verrassende omgeving
voor nieuwe trends in muziek, dans,
mode en exuberante seks-expressies
maar ook als aanjager voor artistieke
vernieuwing en ongekende VJ-events.
Van heinde en verre kwamen de
jongeren die erbij wilden zijn. Dat zijn
begrafenis – Giele stierf jong aan een
hersenbloeding – onconventioneel van
aard was en geleid werd door een van
zijn kompanen uit de vroege W139 tijd
(Walter Carpay van Stichting De Ode)
bewijst andermaal dat de opbrengst
van de collectieve energie minder in
kunstobjecten moet worden gezocht
dan in bewegingen die het hele leven
bestrijken, waaronder een omwente-
ling in de grafcultuur. Overigens heeft
het vijf jaar geduurd voor toestemming
kwam om het visionaire grafmonument
dat Atelier Van Lieshout voor Giele
had ontworpen daadwerkelijk op het
graf te plaatsen.

Het imago van revolutie is
inmiddels grotendeels weggesleten, je
ostentatief afzetten tegen de wetten
van het kapitalisme: het lijkt voorbij.
Jonge kunstenaars worden tijdens hun
opleiding al vertrouwd gemaakt met
de infrastructuur van de kunstmarkt.
W139 organiseerde enkele jaren
geleden een soort verzamelaarscur-
sus. Betekent dit dat het waterschot
tussen kunstenaarsinitiatief en galerie
poreus is geworden? Daar is geen
sprake van. W139 wil de belangstelling van aankomende verzamelaars
juist meer verbinden aan producties
dan aan objecten en verkocht wordt

er nooit, wel verwezen naar de betreffende kunstenaar of galerie. Van de
bekende installatie *Wave*, die rechtstreeks vanuit W139 naar de collectie
van het Zuiderzeemuseum is gegaan,
kwam de opbrengst geheel ten goede
aan de maker, Zoro Feigl. Anders dan
in Engeland, waar kunstenaarsinitiatieven een bron van inkomsten voor
de kunstenaar kunnen zijn, aangezien
presentaties in Engeland wel degelijk op verkoop zijn gericht, bewaken
Nederlandse kunstenaarscentra hun
ethische identiteit. Die leunt meer op
het paradigma van de gift dan op dat
van de markt. Het onderling uitwis-
selen van kunstwerken, wat gebeurt
in eenmansinitiatieven als PS van
Jan van der Ploeg, is onderdeel van
het ruilverkeer binnen de notie van
generositeit. De belangeloze inzet van
de ene kunstenaar ten dienste van de
ander, ten voordele van de groep of
de generatie en ten behoeve van de
meest avontuurlijke of meest optimale
presentatie, is van onbetwiste waarde
voor het klimaat van de stad. Het is
bijzonder dat deze mentaliteit zich onvermoeibaar laat gelden, ongeacht de
politieke of economische wind. Recent
is zelfs van een nieuwe dynamiek
sprake en neemt het aantal ambitieuze
non-profitkunstcentra weer toe. Ook
de grote 'kunstbeurs' De Kunstvlaai,
die in 1997 door Jos Houweling vanuit
het Sandberg Instituut is gesticht als
alternatief voor de KunstRai – destijds
was er geen plaats voor studenten van
masteropleidingen en kunstenaarsinitiatieven – en globaal tweejaarlijks

first group exhibition in W139, to join with others to start the artists' initiative Aorta in the former printing press of the building of the *Handelsblad* in 1982. It rapidly attracted a large public. The pop concerts in particular made this artists' centre the number one hotspot of Amsterdam. The magic of Aorta led Giele to launch one new initiative after another. Typical of his broad view of what being an artist is about was his running of a disco. He transformed the former Roxy cinema along lines of his own devising and invited artist friends to apply murals or to contribute other artistic works, such as Erik Hobijn's fire clock. Between 1987 and the dramatic fire in 1999 on the evening of Giele's funeral, Club RoXY functioned as a surprising setting for new trends in music, dance, fashion and exuberant expressions of sexuality, as well as stimulating artistic innovation and unprecedented VJ events. Young people flocked from near and far to be in on the scene. The fact that his funeral – Giele died young of a cerebral haemorrhage – was unconventional and was conducted by one of the companions from the early W139 days (Walter Carpay from Stichting De Ode) proves once again that the results of the collective energy should be sought less in art objects than in movements that extend over the entire life-span, including a revolution in funeral practices. By the way, it took five years to obtain permission to place the visionary funerary monument that Atelier van Lieshout had designed for Giele on his grave.

By now the image of revolution has been largely eroded and the period of ostentatiously opposing the laws of capitalism seems to belong to the past. Young artists are familiarised with the infrastructure of the art market during their training. A few years ago W139 organised a sort of course for collectors. Does this mean that the partition between artists' initiative and gallery has become porous? Not at all. W139 wants to connect the interest of up and coming collectors more with productions than with objects; moreover, it never sells, but refers them to the artist or gallery in question. The proceeds from the sale of the well-known installation *Wave*, which went straight from W139 to the collection of the Zuiderzeemuseum, all accrued to the artist, Zoro Feigl. Unlike the situation in the United Kingdom, where artists' initiatives may be a source of income for the artist since presentations there are geared to selling, artists' centres in the Netherlands preserve their ethical identity. It leans more towards the paradigm of the gift than towards that of the market. The reciprocal exchange of works of art as practised in one-person initiatives like Jan van der Ploeg's PS is part of a system of exchanges within the notion of generosity. The altruistic

op het Westergasfabrieksterrein heeft plaatsgevonden, krijgt mogelijk een nieuwe editie.

In de herfst van 2010 werd in de pas verlaten Storkhallen in Amsterdam-Noord van de ene dag op de andere een groots overzicht opgetrokken van de Nederlandse beeldhouwkunst, getiteld 'Beeld Hal Werk'. De oude en de nieuwe garde van W139 had deze tentoonstelling van veertig omvangrijke werken in een paar weken en met weinig middelen tot stand gebracht. Het publiek herademde: de oude dwarse geest was opnieuw vaardig. In werkelijkheid is ze nimmer verflauwd.

In de ruimte van de vroegere galerie AMOK van David Veldhoen en Peter Giele in het Handelsbladgebouw, daar waar Giele in 1982 naar eigen zeggen door de muur heen prikte en in de voormalige drukkerij van de krant Aorta begon, op deze historische grond werd onlangs het nieuwe Kafana gevestigd. Het jonge kunstenaarsinitiatief hield het midden tussen atelier en toonzaal, binnenlopende passanten werden geduldig geïnformeerd. Laagdrempeliger kan de poort tot de beeldende kunst niet zijn. Speelser evenmin. Jammer genoeg heeft Kafana na een feest naar een andere locatie moeten omzien.

Steeds opnieuw wordt het officiële kunstaanbod geschraagd door een informele, rebels-ludieke constructie van alternatieve argumenten. Het karakter van de stad is in dat opzicht bijzonder consistent. Al kan niet worden ontkend dat de bloeitijd verbonden is met de jaren tachtig, toen de stad in verval was en creativiteit een uitweg zocht langs onontgonnen paden. Het moet gezegd dat de speelse, non-conformistische en met het leven verknoopte kunst die in dat circuit lang voor moeilijk verkoopbaar doorging, nu ook te vinden is in de reguliere galeries. Misschien is de levendige diversiteit van nu wel niet denkbaar is zonder het aanbod van de kunstenaarsinitiatieven van toen.

efforts of one artist on behalf of another, to promote the group or the generation and for the most adventurous or most optimal presentation is of undisputed value for the climate of the city. It is unusual that this mentality prevails without fail in spite of the political or economic situation. Recently a new dynamism has even manifested itself and the number of ambitious non-profit art centres is increasing. The large-scale art fair De Kunstvlaai was set up by Jos Houweling of the Sandberg Institute as an alternative to the KunstRai in 1997 – at that time there was no place for students taking master's courses or artists' initiatives – and has been held roughly once every two years on the Westergasfabriek site ever since. There may be a new edition.

A large-scale survey of Dutch sculpture entitled 'Beeld Hal Werk' [Sculpture Factory Work] was put together overnight in the autumn of 2010 in the former Stork industrial building in North Amsterdam. The old and new generation of W139 had organised this exhibition of forty large works in a couple of weeks and with scanty resources. The public breathed a sigh of relief: the old spirit of rebellion was at it again. In fact, it has never dimmed.

The new Kafana was recently established on historic territory: in what used to be the AMOK gallery of David Veldhoen and Peter Giele in the *Handelsblad* building, where Giele claimed to have made a hole in the wall and started Aorta in the former printshop of the newspaper in 1982. This new artists' initiative was somewhere between a studio and a showroom, and passers-by who dropped in were patiently provided with information. The threshold of the gateway to art could hardly be lower or more light-hearted. Unfortunately, after a party Kafana had to move to a different location.

Time and again the supply of official art is backed up by an informal, ludic and rebellious construction of alternative arguments. In that respect the character of the city is remarkably consistent, although it cannot be denied that the heyday was the 1980s, when the city was in decline and creativity sought a way out along untrodden paths. It has to be said that the playful, non-conformist art that is intimately connected with life and which was long regarded as hard to sell in that circuit can now be found in the regular galleries too. Perhaps today's diversity would be inconceivable without the number and range of artists' initiatives of that decade.

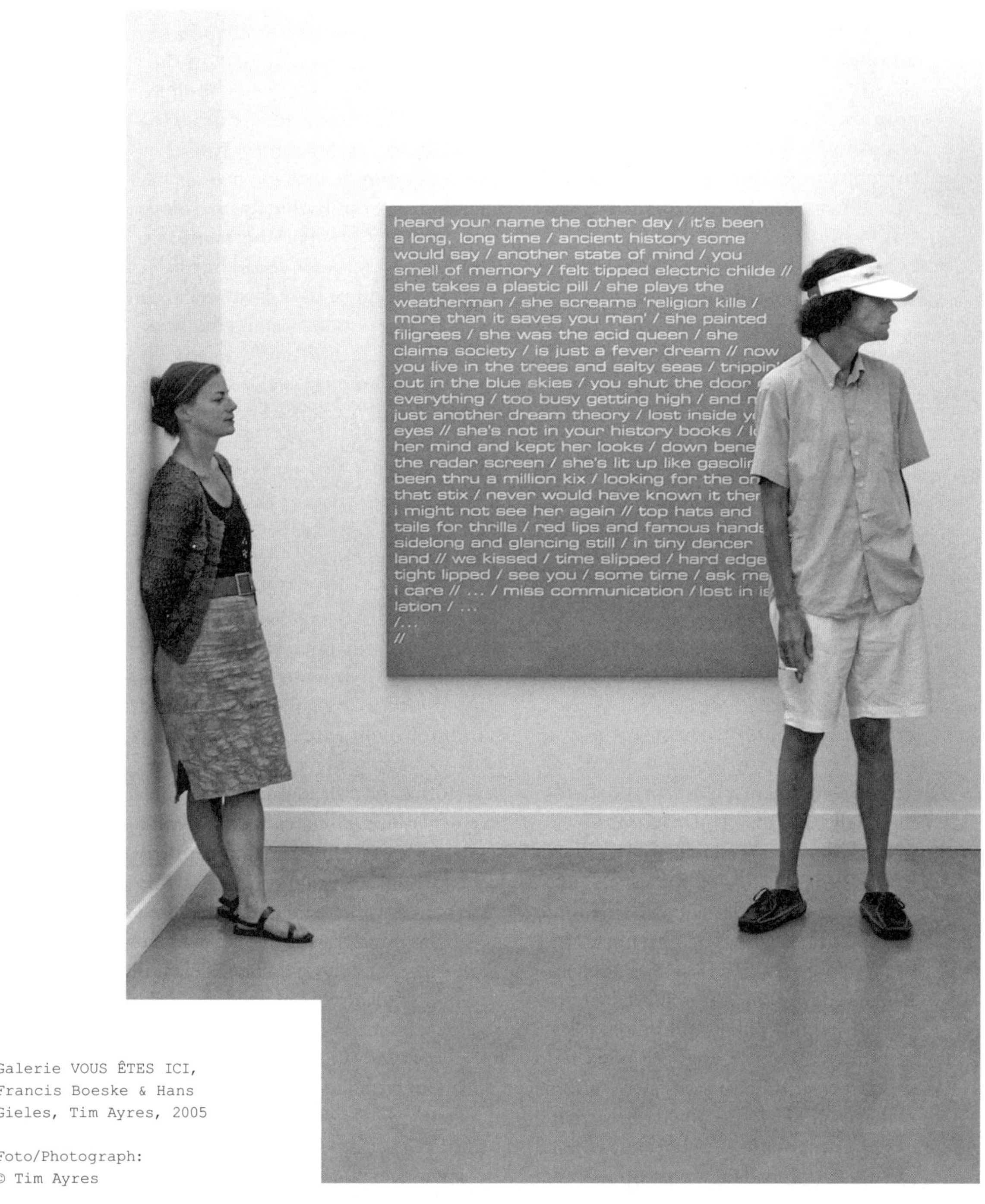

Galerie VOUS ÊTES ICI,
Francis Boeske & Hans
Gieles, Tim Ayres, 2005

Foto/Photograph:
© Tim Ayres

RADICAL ATTITUDES TO THE GALLERY
Jo Baer

Recent high-styled art writings characterize the artist as industrial worker, art-works as manufactured products and art galleries as merchandise marts. This tidy outlook is both wrong and tacky. For, if you think about it, art-works are not household goods but are, instead, requisite commodities like soy-beans or spuds which are fundamental to the vital health of a community. Accordingly, an art-work (at its best) is a necessary, speaking sort of entity requiring cultivation; true, telling works are not stamped out in factories to gratify an entrepreneurial or consumer itch.

Which makes artists resource acculturators - near kin to landed farmers - who, in like fashion, must tend their talents wisely, find the best use for their unique soil and acreages, drain their bogs, weed, feed and be on time and in season. If such methods and madness are realized they can take their harvest to market; if inadequate or unambitious, the produce will be for home-consumption (like most art-works in the world).

Along parallel lines but more shareholder than share-cropper, art-dealers hitch their horses to a star or two to trade as 'futures'-brokers: their galleries function like a commodity exchange. (An exchange is a market which is more abstract than a retail store: it trades in symbolics, not chairs or tables. Exchanges come in several forms and a commodity exchange, unlike a stock exchange, deals in paper quantities of real produce.) Dealers buy early and gamble on what crop at which price: the bets are on imponderables such as future weather and foreign buying forays. This sort of long-range speculation has backed countless artists, is at least as old as Joseph in Egypt, and carries no political onus even if art-works do sell-on to the ubiquitous bourgeois (who else buys?). One can and should, of course, show works outside of galleries, but to distribute and sell them requires a market. Some market alternatives to galleries are scheduled stalls on market-days, private road-side stands, frangible co-ops (or a government subsidy for not cultivating certain things).

None of the alternatives to the gallery can reach a sizeable audience. Yet, given today's homogenized world, there has never been a deeper, more immediate need for wide-spread sowing of relevant new ideas. So there are two ways to go: if the artist would work the long revolutionary trail and address the working-class only, never mind the galleries, get out in the streets and do it. If, on the other hand, all possible creatures are worth your trouble, use the galleries and never mind: the row to hoe should be rooted-in your 'radical' works not their 'radical' system, for our muddled 'radical' critics have confounded buyers' terms with sellers' standards.

[Art-Net, London, 1977]

Het Financieele Dagblad,
26.IX.1997

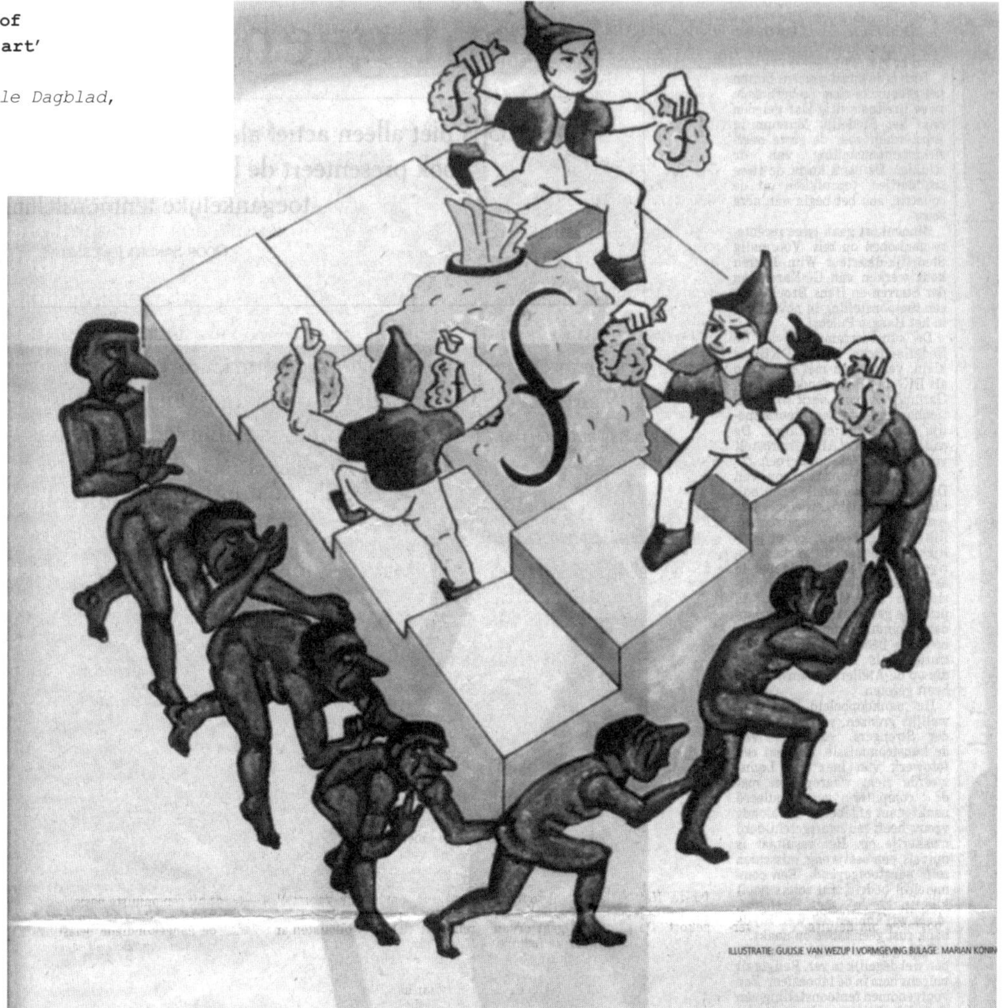

De impasse van de eigentijdse beeldende kunst

De sector eigentijdse beeldende kunst verkeert al jaren in een impasse.
Galeriehouders en particuliere verzamelaars kunnen deze doorbreken.

6 DE AMSTERDAMSE GALERIE IN EEN MONDIALE MARKT
Olav Velthuis

INLEIDING

De Nederlandse galeriewereld heeft het sinds jaar en dag zwaar te verduren. 'Provinciaals', zo noemt Bob van Orsouw, die zelf galeriehouder is in Zürich, de situatie. De Nederlandse markt zou geen aansluiting vinden bij de internationale markt, met als belangrijkste oorzaak: 'Internationale prijzen zijn al snel te hoog voor Nederlandse verzamelaars.' Gitta Luiten beklaagde zich als directeur van de Mondriaan Stichting regelmatig over de geringe mate van professionaliteit van Nederlandse galeries. Haar voorganger Melle Daamen merkte eind jaren negentig al op dat steeds meer Nederlandse beeldende kunstenaars weliswaar internationaal doorbreken, maar galeries nauwelijks weten te profiteren van dat succes. En in *Second Opinion*, het boek waarmee de Mondriaan Stichting en het Fonds voor beeldende kunsten, vormgeving en bouwkunst in 2007 het subsidiestelsel ter discussie stelden, kregen en passant ook de galeries ervan langs. De internationaal gevierde kunstenaar Folkert de Jong merkte in het boek op dat maar weinig Nederlandse galeries de

THE GALLERIES OF AMSTERDAM IN A GLOBAL MARKET
Olav Velthuis

INTRODUCTION

The Dutch gallery world has been going through a rough patch for a long time. 'Provincial', is how Bob van Orsouw, who has a gallery in Zurich, describes the situation. He attributes this mainly to the fact that the Dutch market is out of sync with the international market: 'International prices soon become too high for Dutch collectors.' The former director of the Mondrian Foundation, Gitta Luiten, often complained about the low level of professionalism among the galleries in the Netherlands. Her predecessor Melle Daamen already noted at the end of the 1990s that, although more and more Dutch artists achieve an international breakthrough, the galleries barely know how to profit from that success. And in *Second Opinion*, the book in which the Mondrian Foundation and the Netherlands Foundation for Visual Arts, Design and Architecture

buitenlandse markt weten te bespelen. Zodra Nederlandse kunstenaars internationaal doorbreken, verruilen zij hun Amsterdamse galerie voor een collega in Londen, Berlijn of New York, met als gevolg dat hun werk niet langer hier te koop is. In de discussie die zich naar aanleiding van het boek ontspon, deed kunstcriticus Rutger Pontzen er in de *Volkskrant* nog een schepje bovenop. Volgens hem zou er in Nederland 'een kloof' bestaan tussen de aanvoer van nieuwe kunstenaars en het gebrek aan (goede) galeries en verzamelaars.'[1]

Opvallend is dat deze beweringen vrijwel nooit worden ondersteund met cijfers. Bovendien: dat beeld van een provinciale markt mag ooit waar zijn geweest, het gevaar bestaat dat het door de werkelijkheid wordt ingehaald. Dat gevaar is des te groter omdat galeriewerelden permanent in flux zijn. Ook wordt nooit expliciet gemaakt wat de maatstaven voor 'internationaal' of 'professioneel' nu eigenlijk zijn. Vaak wordt verwezen naar New York, maar hoe realistisch is die vergelijking? De stad heeft immers tien keer zoveel inwoners als Amsterdam, huisvest het grootste aantal miljonairs van de wereld (667 duizend in 2010 om precies te zijn)[2], en vormt al een halve eeuw het centrum van de internationale kunstmarkt.

Geen wonder dus dat de galeriehouders zelf de kritiek moe beginnen te worden. Zoals Annet Gelink op Luiten reageerde tijdens een congres van de Nederlandse Galerie Associatie (NGA): 'Het aantal Nederlandse galerieën dat op buitenlandse beurzen staat groeit en ze doen het erg goed. We vergelijken onszelf altijd weer met Engeland en Amerika. Misschien zitten wij voor Nederlandse begrippen in het huidige kunstklimaat op dit moment wel aan het plafond.' Of in de woorden van Paul Andriesse: 'Vroeger had je in Amsterdam vier of vijf galeries die je moest zien, tegenwoordig zijn dat er een stuk of twintig. En die markt is allang niet meer lokaal. Ik hoorde van Fons Welters dat hij op de beurs in Miami een installatie van

1 Van Orsouw wordt geciteerd door Riki Simons, 'Top 100 van Nederlandse kunstenaars', *Elsevier*, 10 mei 2008, p. 86; Rutger Pontzen, 'Kunstfondsen maskeren gat tussen vraag en aanbod', de *Volkskrant*, 8 oktober 2007. Zijn *NRC*-collega Janneke Wesseling beweert eveneens dat Nederland helemaal geen internationaal opererende galeries en verzamelaars kent. Janneke Wesseling, 'Een ei is geen ei', lezing gehouden op Art Rotterdam 2008, http://www. aicanederland.org/?p=87; Luiten wordt geciteerd door Dieuwertje Mertens, 'Sappelen voor de kunst', *De Groene Amsterdammer*, 12 december 2009; Melle Daamen, 'De toekomst van de galerie', *Tubelight*, oktober 2000, p. 14-15.

2 Zie 'New York City has Most Millinionaires in the Country' http://www. huffingtonpost.com/2010/08/04/new-york-city-has-most-mi _ n _ 670474. html#s122573&title=undefined.

raised the system of subsidies for discussion, in passing the galleries came under attack too. The internationally acclaimed artist Folkert de Jong commented in that publication that few Dutch galleries know how to play the foreign market. As soon as Dutch artists make their international breakthrough, they exchange their Amsterdam gallery for one in London, Berlin or New York. The result is that their work is no longer for sale in the Netherlands. In the debate provoked by that book, the art critic Rutger Pontzen sounded an even more critical note in the daily *de Volkskrant*: he claimed that there was a discrepancy in the Netherlands between the supply of new artists and the lack of (good) galleries and collectors.[1]

It is striking that these claims are hardly ever backed up by systematic evidence. Besides, even if that picture of a provincial market was true at one time, it may have been overtaken by events. The worlds of the galleries are in a state of permanent flux. Exactly what the standards of 'international' or 'professional' really are is never made explicit either. Reference is often made to New York in the debates about the Dutch art market, but how realistic is that comparison? After all, the Big Apple has a population ten times the size of Amsterdam, it accommodates the largest number of millionaires in the world (667,000 in 2010, to be precise),[2] and has been the centre of the international art market for the last fifty years.

So it is hardly surprising that the gallery owners themselves are beginning to grow weary of the criticism. For instance, during a congress of the Netherlands Gallery Association (NGA), Annet Gelink responded to Gitta Luiten: 'The number of Dutch galleries at the art fairs abroad is growing and they are doing very well. We always compare ourselves with Great Britain and the United States. Perhaps by Dutch standards we have reached the

1   Van Orsouw is cited by
▪   Riki Simons, 'Top 100 van
Nederlandse kunstenaars',
Elsevier, 10 May 2008, p. 86;
Rutger Pontzen, 'Kunstfondsen
maskeren gat tussen vraag
en aanbod', *de Volkskrant*,
8 October 2007. His colleague
from the *NRC Handelsblad*
Janneke Wesseling also claims
that there are no galleries or
collectors in the Netherlands
that operate internationally.
Janneke Wesseling, 'Een ei is
geen ei', lecture delivered at
Art Rotterdam 2008, http://www.
aicanederland.org/?p=87; Luiten
is cited by Dieuwertje Mertens,
'Sappelen voor de kunst', *De
Groene Amsterdammer*, 12 December
2009; Melle Daamen, 'De toekomst
van de galerie', *Tubelight*,
October 2000, pp. 14-15.

2   See 'New York City has
▪   Most Millionaires in
the Country' http://www.
huffingtonpost.com/2010/08/04/new-
york-city-has-most-mi _ n _ 670474.
html#s122573&title=undefined.

Jan De Cock heeft verkocht aan een Venezolaanse verzamelaar.'[3]

In dit artikel plaats ik de klaagzang over de Nederlandse galeriewereld in het algemeen en Amsterdamse galeries in het bijzonder in perspectief. Dat doe ik aan de hand van kwalitatief en kwantitatief empirisch onderzoek. Ik begin met een bevinding die de klaagzang lijkt te onderstrepen: in het topsegment van de internationale kunstmarkt draaien nog altijd relatief weinig Amsterdamse galeries mee. Daarmee hangt samen dat Nederland een ander galeriemodel kent dan bijvoorbeeld Duitsland, het Verenigd Koninkrijk of de Verenigde Staten.

Vervolgens een wellicht veel verrassender conclusie: als we het topsegment buiten beschouwing laten, dan opereren Nederlandse galeries juist vrijwel identiek aan hun buitenlandse collega's. Als Amsterdam bijvoorbeeld wordt vergeleken met Berlijn, een internationale kunststad waar vaak lonkend naar wordt gekeken, dan blijkt dat Amsterdamse provincialisme schromelijk overdreven. Althans: de kunstmarkt is er wel provinciaals, maar daarin verschilt de stad nauwelijks van Berlijn of andere buitenlandse steden met een sterk internationale reputatie. Sterker nog, ik zal in deze bijdrage betogen dat galeriewerelden per definitie provinciaals zijn: de wijze waarop galeries functioneren, hoe ze hun kunstenaars selecteren, kunstwerken op de markt brengen, en sociale relaties aangaan met belanghebbenden binnen de kunstwereld, vormen barrières voor de internationale aspiraties die galeries vrijwel zonder uitzondering hebben.

DE CIJFERS

Ik baseer mijn betoog op een systematische inventarisatie van galerieprogramma's en kunstbeurzen die staan op de website artfacts.net, een veelgebruikte informatiebron binnen de nationale en internationale kunstwereld. De mate van provincialisme meet ik door te kijken naar het aantal galeries dat op buitenlandse beurzen staat en naar het aantal buitenlandse kunstenaars dat een galerie vertegenwoordigt. Nog mooier zou het natuurlijk zijn om ook te kijken naar het aantal buitenlandse klanten dat een galerie bedient, maar die cijfers zijn onverkrijgbaar.

Voor alle 136 Amsterdamse galeries die in het najaar van 2009 op artfacts.net vermeld stonden, is gekeken welke kunstenaars ze vertegenwoordigden en in welke landen die kunstenaars geboren waren; de huidige woonplaats is helaas maar voor een handjevol kunstenaars bekend. Ter vergelijking is voor 115 willekeurig gekozen Berlijnse galeries (in totaal

3   Gelink wordt geciteerd door
■   Dieuwertje Mertens, 'Sappelen
voor de kunst', *De Groene
Amsterdammer*, 12 december
2009; het citaat van Andriesse
komt uit: 'Kunstfonds schakelt
verkenners in', http://www.jbmb.
hostage.nl/jouwverhaal/214-
kunstfonds-schakelt-
verkenners-in.

ceiling at the moment in the current art climate.' Or in the words of Paul Andriesse: 'In the past there were four or five galleries in Amsterdam that you had to see, now there are twenty or so. And that market is no longer local by a long shot. Fons Welters told me that he had sold an installation by Jan De Cock to a Venezuelan collector at the art fair in Miami.'[3]

This article sets the complaints about the world of the Dutch galleries in general, and those in Amsterdam in particular, in perspective on the basis of both qualitative and quantitative empirical research. It opens with a finding that seems to support the complaints: only relatively few Amsterdam galleries are involved in the top segment of the international art market. One of the causes of this is the fact that the way the galleries are run in the Netherlands differs strikingly from the practice in Germany, the United Kingdom or the United States, for example.

The second conclusion will probably come as more of a surprise: if we leave the top segment out of account, the operations of Dutch galleries are practically identical to those of their colleagues abroad. For example, if we compare Amsterdam with Berlin, an international art city which is often viewed more favourably, then the allegations of the provincialism of Amsterdam turn out to be grossly exaggerated. At least, the art market of Amsterdam may be provincial, but in that respect it hardly differs from Berlin or other foreign cities with a strong international reputation. In fact, this contribution will argue that the worlds of the galleries are provincial by definition: the way in which galleries function, how they select their artists, put works of art on the market and engage in social relations with interested parties in the art world form obstacles to the international aspirations that, almost without exception, those galleries have.

THE FIGURES

This argument is based on a systematic inventory of gallery programmes and art fairs listed on the website artfacts.net, a source of information that is widely used in the national and international art world. The degree of provincialism is measured in terms of the number of galleries that are represented at the art fairs abroad and by the number of foreign artists who are represented by a gallery in Amsterdam. Of course, it would be even better if we could also see statistics on the number of foreign clients served by a gallery, but those figures are not available.

3   Gelink is cited by Mertens,
■   'Sappelen voor de kunst',
De Groene Amsterdammer, 12
December 2009; the quotation
by Andriesse is taken from:
'Kunstfonds schakelt verkenners
in', http://www.jbmb.hostage.
nl/jouwverhaal/214-kunstfonds-
schakelt-verkenners-in.

vermeldt artfacts.net 575 galeries in Berlijn, dus meer dan vier keer zoveel als in Amsterdam) hetzelfde gedaan.[4] Ook zijn met 25 galeriehouders in beide steden interviews gehouden om beter zicht te krijgen op de wijze waarop zij kunstenaars selecteren, hoe zij relaties met die kunstenaars onderhouden, en welke rol nationaliteit daarbij speelt.

Omdat lang niet alle galeries die kunstenaars op artfacts.net vermelden, of omdat ze hoofdzakelijk in de kunsthandel werkzaam zijn, vielen 57 Amsterdamse en 42 Berlijnse galeries af. De in totaal 152 galeries die overbleven, vertegenwoordigen samen 3072 kunstenaars, oftewel ongeveer 20 kunstenaars per galerie. Voor deze kunstenaars organiseren galeriehouders solo- en groepstentoonstellingen, waarbij kunstenaars hun werk doorgaans in consignatie geven: het werk blijft eigendom van de kunstenaar totdat de galerie er een koper voor weet te vinden. Wordt het werk niet verkocht, dan gaat het doorgaans na afloop van de tentoonstelling weer terug naar het atelier van de kunstenaar. Ondertussen probeert de galeriehouder een markt te creëren voor het werk en de waarde ervan te vestigen; dat gebeurt onder andere door de kunstenaar onder de aandacht te brengen van kunstcritici, curatoren, musea en andere instituten binnen de smaakmachinerie die 'kunstwereld' heet. Is een kunstenaar eenmaal geconsecreerd, zoals de Franse socioloog Pierre Bourdieu het noemde, dan neemt ook de interesse onder verzamelaars toe, en dus de verkopen en de prijzen. De marketing van de galerie is dus een indirecte, verhulde marketing, via degenen die genoeg symbolisch kapitaal bezitten om reputaties te kunnen vestigen.[5]

HET ONTBREKEN VAN EEN TOPSEGMENT

Een manier om de omvang van het topsegment van de Nederlandse markt af te meten, is door te kijken naar het aantal galeries dat aan internationale topbeurzen meedoet. Vriend en vijand zijn het er over eens dat de meest prestigieuze beurs, met het zwaarste selectieproces, Art Basel is. Daar vinden we dus het topsegment van de internationale kunstmarkt. Als we een recente editie van Art Basel

4   De cijfers op artfacts.net zijn met andere woorden niet compleet en niet perfect; ook kunnen ze soms verouderd zijn, waardoor kunstenaars bijvoorbeeld niet langer bij een op artfacts.net vermelde galerie exposeren. Voor de kwantitatieve exercitie in dit artikel zijn ze evenwel toereikend. Janus de Visser, die voor een scriptie cultuursociologie (Universiteit van Amsterdam, 2009) soortgelijke gegevens verzamelde met behulp van de eigen websites van Amsterdamse galeries, komt evenwel tot vrijwel identieke resultaten.

5   Pierre Bourdieu, *The Field of Cultural Production. Essays on Art and Literature*, Cambridge: Polity Press, 1993.

For all of the 136 Amsterdam galleries listed on artfacts.net in the autumn of 2009, I have examined which artists they represented and in which countries those artists were born; unfortunately the present whereabouts of the artists are not known except in a few cases. For the sake of comparison, I have randomly selected 155 Berlin galleries (the same website listed 575 Berlin galleries, more than four times as many as in Amsterdam) and applied the same procedure to them.[4] I also conducted interviews with twenty-five gallery owners in each of the two cities to gain a better insight into how they select their artists, how they maintain relations with them, and what role nationality plays in this respect.

Because by no means all galleries list those artists on artfacts. net, or because they are mainly operative in the art trade, 57 of the Amsterdam and 42 of the Berlin galleries were eliminated. This left a total of 3,072 artists represented by the remaining 152 galleries, thus averaging around 20 artists per gallery. Gallery owners organise solo and group exhibitions for these artists, who generally place their work on consignment: the work remains the property of the artist until the gallery has managed to find a buyer for it. If the work is not sold, it is usually returned to the artist's studio after the exhibition is over. In the meantime the gallery owner tries to create a market for the work and to establish its value, for instance by bringing the artist to the attention of art critics, curators, museums and other institutions within the taste machine that is known as the art world. Once an artist has been consecrated, as the French sociologist Pierre Bourdieu called it, interest grows among collectors, and sales and prices rise accordingly. The gallery marketing is thus an indirect, veiled marketing via those who possess enough symbolic capital to be able to establish reputations.[5]

THE ABSENCE OF A TOP SEGMENT

One way of estimating the size of the top segment of the Dutch market is to look at the number of galleries

4   In other words, the statistics on artfacts. net are neither complete nor perfect; they may also be out of date in some cases, as when artists no longer exhibit with one of the galleries listed on the website. All the same, they are sufficient for the quantification on which this article is based. Janus de Visser, who collected similar data, using the Amsterdam galleries' own websites, for a thesis in cultural sociology (University of Amsterdam, 2009) arrives at almost identical results.

5   Pierre Bourdieu, *The Field of Cultural Production. Essays on Art and Literature,* Cambridge: Polity Press, 1993.

(2012) als uitgangspunt nemen, dan is de spoeling inderdaad dun: op het reguliere deel van de beurs was uit Nederland slechts één galerie aanwezig (Annet Gelink) tegenover bijvoorbeeld 60 uit de Verenigde Staten of 46 uit Duitsland. Ook landen die net als Nederland niet of niet meer tot de kern van de kunstmarkt worden gerekend, zoals Frankrijk (20) en Italië (14), hebben een veel sterkere positie op Art Basel dan Nederland. Dat zulke landen veel sterker vertegenwoordigd waren, komt niet alleen door de veel grotere omvang. België was met 6 galeries vertegenwoordigd, gastland Zwitserland met maar liefst 26.[6] De cijfers voor andere toonaangevende beurzen, zoals Art Basel Miami Beach, Frieze in Londen of FIAC in Parijs, zijn vergelijkbaar.

Omgekeerd lijkt de Nederlandse kunstmarkt voor buitenlandse galeries weinig aantrekkelijk te zijn: op Art Amsterdam was in 2010 en 2011 was slechts een kwart van de galeries uit het buitenland afkomstig (in 2012 vond Art Amsterdam niet plaats vanwege organisatorische problemen). Voor de belangrijke buitenlandse kunstbeurzen ligt dat percentage minimaal twee en vaak drie keer zo hoog. Het percentage buitenlandse galeries op Art Rotterdam, inmiddels de meest prestigieuze kunstbeurs van Nederland, is de afgelopen jaren evenwel gestaag opgelopen tot boven de 50 procent in 2012.

Dat ontbreken van een topsegment blijkt eveneens uit een recent structuuronderzoek in opdracht van de NGA. Van de 140 galeries die aan het onderzoek meededen, had slechts een handvol een omzet van meer dan 1 miljoen euro en meer dan 5 man personeel in dienst. De gemiddelde omzet van de Nederlandse galerie bedraagt 375 duizend euro.[7] Dat lijkt heel wat, maar als je bedenkt dat van die omzet vrijwel de helft aan de kunstenaar moet worden afgedragen, en vervolgens de huur en alle andere kosten moeten worden gedekt, dan is duidelijk dat van investeringen, kunstaankopen voor de eigen inventaris of kapitaalvorming geen sprake kan zijn. In het buitenland zijn omzetten van vele miljoenen euro's daarentegen geen uitzondering.

Behalve het topsegment van de primaire markt (de markt waar nieuwe kunst van nog levende kunstenaars wordt verkocht), is ook de secundaire markt (de markt waar kunstwerken die al eerder op de markt zijn geweest worden doorverkocht) in Nederland beperkt. Die kleine secundaire markt maakt dat het galeriemodel in Amsterdam er heel anders uitziet dan

6 Voor soortgelijke bevindingen, zie Alain Quemin, 'Globalization and Mixing in the Visual Arts. An Empirical Survey of "High Culture" and Globalization', *International Sociology*, 21 (2006) 4, p. 522–550.

7 EIM, *Galeries in hedendaagse beeldende kunst 2010*, Zoetermeer: Panteia/EIM, 2010.

who take part in international top art fair. Friend and foe are in agreement that the most prestigious art fair, with the toughest selection procedure, is Art Basel, so that is where we find the top segment of the international art market. If we start from a recent edition of Art Basel (2012), the results are indeed pretty thin: the Netherlands was represented by only one gallery in the regular part of the fair (Annet Gelink), as against 60 from the United States and 46 from Germany. Even countries that are not considered to belong to the core of the art market (any more), such as France (20) or Italy (14), have a much stronger position at Art Basel than the Netherlands. The far stronger representation of those countries is not just due to their larger size: Belgium was represented by 6 galleries, and the host country Switzerland by no less than 26.[6] Other major art fairs, such as Art Basel Miami Beach, FIAC in Paris or Frieze in London, present a similar picture.

Vice versa, the Dutch art market does not seem to be very attractive for galleries from abroad: only a quarter of the galleries at Art Amsterdam in 2010 and 2011 came from outside the Netherlands (the fair did not take place in 2012 due to organiszational problems). The corresponding percentage is at least two times as high and often three times as high for the major art fairs abroad. However, the number of foreign galleries at Art Rotterdam, by now the most prestigious art fair in the Netherlands, has been steadily increasing and passed the 50 per cent level in 2012.

The absence of a top segment also emerges from a recent structural investigation commissioned by the NGA. Of the 140 galleries who took part in the survey, only a handful had a turnover of more than 1 million euros a year and employed a staff of more than 5 persons. The average annual turnover of a Dutch gallery is 375,000 euros.[7] That may seem quite a lot, but if you bear in mind that almost half of that turnover has to be paid to the artist, while rent and other overheads have to be subtracted as well, it should be clear that investments, art acquisitions for the gallery's own stock or the formation of financial capital are out of the question. Outside the Netherlands, on the other hand, annual turnovers of many millions of euros are no exception.

Besides the top segment of the primary market (the market where new art by living artists is

6   For similar findings see Alain Quemin, 'Globalization and Mixing in the Visual Arts. An Empirical Survey of "High Culture" and Globalization', *International Sociology*, 21 (2006) 4, pp. 522-550.

7   EIM, *Galeries in hedendaagse beeldende kunst 2010*, Zoetermeer: Panteia/EIM, 2010.

in het buitenland. Succesvolle galeries voor hedendaagse kunst in het buitenland doen doorgaans meer dan het promoten van 'hun' kunstenaars, het organiseren van tentoonstellingen, en het verkopen van nieuw werk van die kunstenaars. Vrijwel zonder uitzondering geven ze aan dat de galerie van zulke verkopen – de primaire markt – niet kan rondkomen. Dat geldt eens te meer als de galerie kunstenaars promoot die installaties, video's of ander relatief moeilijk verkoopbaar werk maken. Ze zijn dan sterk afhankelijk van de secundaire markt om de kosten te dekken die ze met de promotie van hun kunstenaars op de primaire markt maken. Aan professionaliteit – lees: vijf tot tien man personeel in dienst, grote expositieruimtes, de uitgave van kostbare catalogi, het verlenen van voorschotten aan kunstenaars om productiekosten te dekken, et cetera – hangt immers een prijskaartje. Maandelijkse vaste lasten van 100 duizend euro zijn geen uitzondering.

Om aanvullende inkomsten te genereren, kopen ze van verzamelaars of, in mindere mate, op veilingen, moderne en hedendaagse werken aan. Daarbij gaat het in de eerste plaats om werken van kunstenaars die de galerie vertegenwoordigt, maar ook om werken van andere kunstenaars die een 'actieve' secundaire markt hebben. In sommige gevallen worden voor zulke aankopen kortstondige of structurele samenwerkingsverbanden tussen twee of meerdere galeries gevormd. De werken die een galerie op de secundaire markt aankoopt, worden doorgaans niet in de galerie tentoongesteld, maar vanuit de achterruimte doorverkocht.

Ook nemen deze galeries werk in consignatie van verzamelaars die een kunstwerk kwijt willen; weten ze een nieuwe eigenaar te vinden dan ontvangen ze daarvoor een percentage van het verkoopbedrag. Omgekeerd kunnen verzamelaars een 'verlanglijstje' indienen, waarmee de galerie op de secundaire markt opereert: vinden ze werken die op die lijst staan dan strijken ze opnieuw een percentage op. Deze galeries treden eveneens als makelaar op indien ze een nieuwe eigenaar weten voor een belangrijk kunstwerk dat een andere galerie van een verzamelaar krijgt aangeboden; doorgaans verspreidt informatie over het aanbod van zulke werken op de markt zich bijzonder snel. Komt het betreffende werk via een galerie dichter bij een nieuwe eigenaar, dan staat daar een klein percentage over een groot verkoopbedrag tegenover. De totale additionele inkomsten die galeries uit hun handelsactiviteiten halen, kunnen in Londen, Berlijn of New York oplopen tot meer dan 50 procent van de totale omzet van de galerie.

Het Nederlandse topsegment is dus klein, en voor zover het bestaat, moet het ook nog opereren met een handicap: van een belangrijke extra inkomstenbron voor veel van hun buitenlandse collega's (de secundaire markt) profiteren ze zelf niet of nauwelijks.

Heel makkelijk is dat ontbreken van een topsegment niet te verklaren.

sold), the secondary market (the market on which works of art that have previously been put on the market are resold) is limited in the Netherlands too. That small secondary market gives the gallery model in Amsterdam a very different look from what we find in other countries. Usually, successful galleries for contemporary art outside the Netherlands do more than promoting their artists, organising exhibitions, and selling new work by those artists. Almost without exception, they indicate that the gallery cannot make ends meet from sales on the primary market alone. This is even more the case if the gallery promotes artists who make installations, videos or other work that is relatively difficult to sell. In that case they are heavily dependent on the secondary market to cover the expenses involved in promoting their artists on the primary market. After all, professionalism, in the sense of having a staff of between 5 and 10 persons, large exhibition spaces, the publication of expensive catalogues, the payment of advances to artists to cover the costs of production, etc., costs money. Monthly regular expenses of 100,000 euros are no exception.

To generate additional funds, they buy modern and contemporary works from collectors or, to a lesser extent, at auctions. In the first instance these are works by artists whom the gallery represents, but they also include works by other artists who have an active secondary market. In some cases short-term or structural partnerships are formed between two or more galleries to fund such acquisitions. The works that a gallery purchases on the secondary market are not usually exhibited in the gallery itself, but are resold from the so- called backroom.

These galleries also accept work on consignment from collectors who want to dispose of a work of art; if they manage to find a new owner, they receive a percentage of the selling price in return. Vice versa, collectors can submit a list of works they would like to acquire with which the gallery can operate on the secondary market: if it finds works that are on that list, it once again takes a percentage of the selling price. Successful galleries abroad also act as go-betweens if they know of a new owner for an important work of art that is offered to another gallery by a collector; information about such works up for sale on the market usually spreads like wildfire. If the gallery succeeds in bringing the work in question closer to a new owner, it receives a small percentage of the large selling price. In London, Berlin or New York, the total of additional revenue that galleries derive from their trading activities may amount to more than 50 per cent of their total turnover.

The top segment in the Netherlands is thus small, and in so

Sommigen wijzen op de in hun ogen doorgeslagen subsidiecultuur, die het particulier initiatief zou hebben verstikt: als de overheid steeds maar weer opdraait voor het financieren van kunst, dan voelt de particulier zich niet langer geroepen om ook mee te doen. Anderen komen met sociologische verklaringen op de proppen, zoals de egalitaire Nederlandse cultuur, die kunstenaars, verzamelaars en galeriehouders zou ontmoedigen zich boven het maaiveld uit te steken. Verzamelaars zouden het om bijvoorbeeld ongemakkelijk vinden om in het zonnetje gezet te worden met hun collectie – terwijl dat in het buitenland usance is. Ook de protestantse ethiek past in dat rijtje van culturele verklaringen voor het zwakke verzamelaarsklimaat: die ethiek zou grote uitgaven aan iets schijnbaar nutteloos als kunst in de weg zou staan. Voor zowel Nederlandse als buitenlandse kunstenaars met een internationale reputatie en een dito prijsniveau zou bij Amsterdamse galeries daarom weinig te halen zijn.

Een andere verklaring is een al te puriteinse marktcultuur: paradoxaal genoeg zouden galeries een van hun taken (de promotie van nieuwe kunst) te serieus nemen en een andere (het verdienen van geld) niet serieus genoeg. Op commercie ligt een taboe. Galeriehouders zouden er dus zelf debet aan zijn dat de secundaire markt zo onderontwikkeld is. In het buitenland bestaat dat taboe op commercie overigens eveneens, want ook daar lopen galeries niet graag te koop met hun secundaire handel, maar het taboe is er in ieder geval minder sterk. Welke verklaring ook de juiste mag zijn, feit is dat de huidige situatie zich lastig laat aanpakken: omdat Nederlandse galleries relatief klein zijn en weinig kapitaal hebben, is het lastig voor ze om internationaal succesvolle kunstenaars of belangrijke verzamelaars aan te trekken en extra inkomsten op de secundaire markt aan te boren. Maar omgekeerd geldt dat zo lang ze geen banden hebben met zulke kunstenaars en verzamelaars en niet op de secundaire markt actief zijn, het lastig is om te groeien en kapitaal te accumuleren. Nederlandse galeries zitten met andere woorden gevangen in de huidige situatie.

DE MYTHE VAN DE GLOBALISERING

Als we het topsegment evenwel buiten beschouwing laten, dan verschilt de Amsterdamse galeriewereld helemaal niet zo sterk van bijvoorbeeld Berlijn. De maatstaf voor 'provincialisme' die ik daarbij hanteer, is het percentage buitenlandse kunstenaars dat door Amsterdamse en Berlijnse galeries wordt vertegenwoordigd. Van de 2.391 kunstenaars die door Amsterdamse en Berlijnse galeries worden vertegenwoordigd, is de nationaliteit bekend via artfacts.net. Opvallend is de nog altijd zeer dominante aanwezigheid van kunstenaars die in 'eigen' land, dat wil zeggen in het vestigingsland van

SERIAAL N.V.   Mia Visser / Wies Smals
graphics & multiples

.   prices are subject to alterations

.   all the graphics and objects are signed, unless marked by *

.   packing and transport costs are not included
    if the numbers of the editions are not mentioned the grafics and
    objects are unlimited

stocklist no. I
september 1970

nieuwe zijds voorburgwal 348, amsterdam. phone 020 - 24 38 86.
open: tuesday thru saturday, from 12 p.m. till 7 p.m.

1.	IVOR ABRAHAMS screen print 1970. ed.75. 58 x 78cm.		$42.–	fl.150.–
2.	VALERIO ADAMI screen print 1970. ed.150. 71 x 50cm.		$42.–	fl.150.–
3.	GETULIO ALVIANI testura grafica, 1969. screened on polystyrene. ed.2000. 92 x 92 x 3cm.		$88.–	fl.316.–
4.	GETULIO ALVIANI screen print 1970. ed.150. 71 x 50cm.		$42.–	fl.150.–
5.	GETULIO ALVIANI 'negative and positive' virtual cylinder, 1968. steelsheet with a screened semicylinder. ed.100. 33 x 33 x 10cm.		$100.–	fl.360.–
6.	WOODY VAN AMEN coup d'oeil, 1968. wood, rostfree steel, perspex. ed.60. 22 x 33 x 22cm.		$122.–	fl.442.–
7.	BILLY APPLE neon light sculpture 1968. ed.10. 43 x 23cm.		$636.–	fl.2300.–
8.	BILLY APPLE cone, 1967. coloured perspex. 14 x Ø 7,5cm.		$51.–	fl.182.–
9.	ARMAN shoes, 1965. wood, metallized paper, shoes. ed.100. 33 x 44 x 13cm.		$144.–	fl.520.–
10	ARMAN poubelle, 1964. wood, perspex, durt. ed.100. 73 x 52 x 13cm.		$194.–	fl.700.–
11.	GUSTAVE ASSELBERGS coloured lithos 1966. ed. 20. 56 x 76cm.	each	$69.–	fl.250.–
12.	ALLAN D'ARCANGELO screen print 1968. ed.110. 35 x 30 cm.		$36.–	fl.127.–
13.	GILLIAN AYRES crivelli's room, 1967. screen print. ed.75. 78 x 57cm.		$56.–	fl.200.–
14.	ENRICO BAJ prints 1966. ed. artist's proofs. 35 x 49cm.	each	$52.–	fl.187,–
15.	ENRICO BAJ meccano, 1966. metal box, 5 graphics, book with screen prints, metal plate. ed.74. 42 x 55cm.		$302.–	fl.1092.–
16.	ERWIN BECHER photographs 1969. 50 x 60cm.	each	$35.–	fl.125.–
17.	JOSEPH BEUYS zinc-plate box with sulphur coat, gauze-plug in edge, 1970. ed.200. 18 x 63 x 30.5cm.		$304.–	fl.1100.–
18.	JOSEPH BEUYS /HENING CHRISTIANSEN mönchengladbach konzert, 1970. cassette-recorder with 2 tapes.		$167.–	fl.600.–
19.	MAX BILL screen print 1969. ed.100. 75 x 50cm.		$75.–	fl.270.–
20.	MAX BILL screen print 1967. ed.66. 70 x 50cm.		$90.–	fl.325.–
*21.	MAX BILL 3 units, 1969. coloured plastic. ed.2000. 48 x 2.5 x 2.5cm.		$92.–	fl.330.–
22.	PETER BLAKE postcard, 1969. ed.75. 42 x 29cm.		$62.–	fl.223.–
23.	BONIES 5x bonies, 1969. portfolio with 5 screen prints. 65 x 65cm.		$56.–	fl.200.–
24.	GEORGE BRECHT the universal machine, 1965. information box. ed.100. 11 x 11 x 4cm.		$56.–	fl.200.–
25.	MARCEL BROODTHAERS modèle la pipe, 1969. screened on relief of polystyrene. ed.7. 85 x 12.3cm.		$191.–	fl.700.–
26.	MARK BRUSSE object 1968. blue painted frame with wooden box. ed.60. 67 x 87 x 8cm.		$93.–	fl.334.–
27.	MARK BRUSSE lithos 1969. ed. artist's proofs. 56 x 76cm.	each	$42.–	fl.150.–
*28.	SJOERD BUISMAN groeiobject, 1969. plastic, cork. ed.60. 43 x Ø 6.5cm.		$20.–	fl.70.–
29.	POL BURY guitare, 1966. wood, strings, motor. ed.40. 90 x 23 x 23cm.		$415.–	fl.1500.–
30.	POL BURY 2 bridges, screen print on canvas. ed.12. 76 x 104cm.		$415.–	fl.1500.–
31.	MICHAEL BUTHE screen print 1968. ed.120. 38 x 60cm.		$24.–	fl.84.–
32.	ANTONIO CALDERARA screen print 1969. ed.60. 50 x 60cm.		$46.–	fl.167.–
33.	ANTONIO CALDERARA 5 aquatints 1965. 14.5 x 14.5cm.	the set	$111.–	fl.400.–
34.	ANTONIO CALDERARA screen prints 1969. ed.60. 50 x 60cm.	each	$45.–	fl.160.–
35.	GIANFREDO CAMESI screen prints 1969. ed.50. 60 x 84cm.	each	$34.–	fl.120.–
36.	EUGENIO CARMI screen prints spcpe, 1966. ed.100. 70 x 50cm.	each	$51.–	fl.180.–
37.	DICK CASSÉE etchings. ed.12. different sizes.	each	$49.–	fl.175.–
*38.	DICK CASSÉE perspex object 1970. 23 x 26.5 x 5cm.		$132.–	fl.475.–
39.	ENRICO CASTELLANI relief in plastified and metallized paper 1968. ed.100. 30 x 30cm.		$60.–	fl.218.–
40.	LOURDES CASTRO cup and dish, 1966. plastic. ed.4. Ø 16 x 4cm.		$49.–	fl.175.–
41.	LOURDES CASTRO woman with palet, 1966. screened on plastic. ed.10. 46 x 40 x 3cm.		$104.–	fl.375.–
42.	LOURDES CASTRO ombre portée rosefluo, 1968. screened on plastic. ed.15. 36 x 31 x 3cm.		$86.–	fl.300.–
43.	PATRICK CAULFIELD coloured still life, blue, 1967. screen print. ed.75. 56 x 91cm.		$69.–	fl.250.–
44.	PATRICK CAULFIELD coloured still life, green, 1967. screen print. ed.75. 56 x 91cm.		$69.–	fl.250.–
45.	PATRICK CAULFIELD weekend cabin, 1967. screen print. ed.75. 56 x 91cm.		$69.–	fl.250.–
46.	PATRICK CAULFIELD radio, 1968. screen print. ed.75. 71 x 93cm.		$69.–	fl.250.–
47.	CHRISTO wrapped coast, 1969. photoprint. ed.50. 100 x 68cm.		$42.–	fl.150.–
48.	CHRISTO 56 barrels construction, 1969. screen print. ed.60, seriaal. 70 x 50cm.			
49.	CHRISTO wrap in wrap out, 1969. signed poster in special frame. (museum of contemporary art, chicago). 82 x 62			

de galerie, zijn geboren. Amsterdam is daarin niet anders Berlijn. Sterker nog, het percentage Duitse kunstenaars dat door Berlijnse galeries vertegenwoordigd wordt, is met 43,6 procent hoger dan het percentage Nederlandse kunstenaars dat in Amsterdamse galeries te zien is (39,1 procent). Vergeleken met Berlijn, dat toch een internationale reputatie heeft, is Amsterdam met andere woorden niet meer maar juist minder provinciaals (zie tabel 1).

Voor Amsterdamse galeries zijn na Nederland Duitsland en de Verenigde Staten de hofleveranciers van kunstenaars. Dat geldt overigens ook voor galeries in veel andere Europese landen. Opvallend is verder dat kunstenaars uit niet-westerse landen nauwelijks getoond worden in Amsterdam. Alleen China en Japan komen in de toptien voor, en dan is het Chinese kunstenaarscontingent vrijwel helemaal bij één in China gespecialiseerde galerie (Willem Kerseboom) te vinden. Kunstenaars uit perifere regio's zoals Afrika, het Midden-Oosten en Latijns-Amerika zijn in Amsterdam niet of nauwelijks zichtbaar. Alle aandacht voor zulke regio's – denk aan de Documenta 2002, georganiseerd door de Nigeriaanse stercurator Okwui Enwezor – heeft in het galeriecircuit dus weinig opgeleverd: slechts 1 op de 100 kunstenaars die in Amsterdamse galeries te vinden zijn, komt uit Afrika en 2 op de 100 uit Latijns-Amerika. Galeriehouders mogen dus wel beweren dat de markt tegenwoordig mondiaal is, in werkelijkheid blijft het een

Europees en Amerikaans onderonsje. Kunstenaars uit die regio's nemen tussen de 80 en 85 procent van de markt in Amsterdam (en overigens ook in Berlijn) voor hun rekening.[8]

8 Deze bevindingen komen overeen met de weinige kwantitatieve studies die zijn gedaan naar de internationalisering van de kunstwereld. De socioloog Alain Quemin kwam bijvoorbeeld tot de ontdekking dat van alle aankopen van hedendaagse kunst voor overheidsmusea in Frankrijk tussen 1991 en 2004, 60 procent werk betrof van kunstenaars uit de VS, Duitsland, Engeland, Italië of Zwitserland. Voor het tentoonstellingsbeleid van prestigieuze musea zoals Tate Modern in Londen, het Museum of Modern Art in New York of Centre Pompidou in Parijs is het al niet anders, noch voor de nationaliteit van kunstenaars die te zien zijn op prestigieuze kunstbeurzen als Art Basel: de VS en Duitsland domineren. Kunstenaars uit die twee landen maken ook sinds jaar en dag de dienst uit op de ranglijst van meest prestigieuze kunstenaars wereldwijd, die jaarlijks wordt opgemaakt door het Duitse zakenblad *Kapital* (zie Quemin 2006).

far as it exists at all, it also has to operate with a handicap: it is hardly able to profit, if at all, from what is an important extra source of income for many of its colleagues abroad, namely the secondary market.

It is not so easy to explain why there is no top segment in the country. Some blame what they regard as an exaggerated culture of subsidies for having stifled private initiative. After all, if the government keeps on subsidising art, private parties no longer feel urged to play their part. Others suggest sociological explanations, such as the egalitarian nature of Dutch culture, which is supposed to discourage artists, collectors and gallery owners from sticking their neck out. Collectors, for instance, would shy away from publicity for themselves and their collection, while just the opposite is common practice in other countries. The Protestant ethic is another cultural factor that is taken to account for the weak collecting climate, as it is regarded as standing in the way of large expenditure on something as apparently useless as art. Dutch and foreign artists with an international reputation and a corresponding price level would thus have little to expect from the galleries of Amsterdam.

Another explanation is an excessively Puritan market culture: paradoxically enough, galleries are accused of taking one of their tasks – the promotion of new art – too seriously and of not taking another – making money – seriously enough. Commerce is taboo. The fact that the secondary market is so underdeveloped would thus be the fault of the gallery owners themselves. That taboo on commerce can be found in other countries as well, by the way, because there too galleries do not like to attract much attention to their secondary trading, but at any rate the taboo there is less strong. Whichever explanation may be right, the fact is that the current situation is hard to get out of: because Dutch galleries are relatively small and lack abundant financial capital, and it is hard for them to attract internationally successful artists and important collectors or to initiate secondary market sales. But as long as they do not show those artists, have no fixed ties with those collectors and are not active in the secondary market, it is hard for them to grow bigger and accumulate capital. In other words, Dutch galleries are locked in the present situation.

THE MYTH OF GLOBALISATION

If we leave the top segment out of account, however, then the gallery world of Amsterdam is not so very different from that of, say, Berlin. The standard for provincialism that I apply for this comparison is the percentage of foreign artists represented by galleries in Berlin and Amsterdam respectively. The nationality of 2,391

Tabel 1. Nationaliteit van kunstenaars bij Amsterdamse en Berlijnse galeries

Table 1. Nationality of artists in the Amsterdam and Berlin galleries

			Aantal kunstenaars **Total artists**	Als % van totaal **As % of total**
AMSTERDAM **AMSTERDAM**	(totaal aantal kunstenaars: 1.234) **(total number of artists: 1,234)**	1. Nederland **Netherlands**	482	39.1
		2. Duitsland **Germany**	135	10.9
		3. Verenigde Staten **United States**	98	7.9
		4. Verenigd Koninkrijk **United Kingdom**	81	6.6
		5. Frankrijk **France**	46	3.7
		6. België **Belgium**	45	3.6
		7. China **China**	43	3.5
		8. Japan **Japan**	35	2.8
		9. Spanje **Spain**	29	2.4
		10. Zwitserland **Switzerland**	27	2.2
BERLIJN **BERLIN**	(totaal aantal kunstenaars: 1.157) **(total number of artists: 1,157)**	1. Duitsland **Germany**	504	43.6
		2. Verenigde Staten **United States**	145	12.5
		3. Frankrijk **France**	47	4.1
		4. Verenigd Koninkrijk **United Kingdom**	44	3.8
		5. Polen **Poland**	39	3.4
		6. Zwitserland **Switzerland**	37	3.2
		7. Oostenrijk **Austria**	30	2.6
		8. Italië **Italy**	25	2.2
		9. Japan **Japan**	21	1.8
		10. Nederland **Netherlands**	21	1.8

of the artists who are represented by the galleries in Amsterdam and Berlin is listed on artfacts.net. What is striking is the extreme predominance of home-grown artists, in other words those born in the country where the gallery is based. In this respect Amsterdam is no different from Berlin. In fact, the percentage of German artists represented by galleries in Berlin (43.6 per cent) is higher than the percentage of Dutch artists represented in the Amsterdam galleries (39.1 per cent). In other words, by comparison with Berlin, which nevertheless has an international reputation, Amsterdam is less rather than more provincial (see Table 1).

Most of the foreign artists represented in the Amsterdam galleries are from Germany or the United States. The same is true, by the way, for galleries in many other European countries. Another striking aspect is that artists from non-Western countries are hardly shown in the Amsterdam galleries at all. Only China and Japan feature in the top ten, and the Chinese contingent of artists is almost entirely confined to a single gallery that specialises in Chinese art (Willem Kerseboom). Artists from peripheral regions such as Africa, the Middle East and Latin America are hardly visible in Amsterdam, if at all. So all of the attention for such regions – take Documenta 2002, organised by the top Nigerian curator Okwui Enwezor – has not led to much in the gallery circuit: only 1 per cent of the artists represented in the Amsterdam galleries come from Africa, and 2 per cent from Latin America. In spite of their claims that the market is globalised by now, in actual fact gallery owners follow, whether deliberately or not, a strictly pro-US and pro-European policy: artists from those regions account for between 80 and 85 per cent of the market in Amsterdam (and in Berlin).[8]

8 These findings are in agreement with the few quantitative studies that have been conducted of the internationalisation of the art world. For example, the sociologist Alain Quemin discovered that, of all the purchases of contemporary art for state museums in France between 1991 and 2004, 60 per cent of the work was by artists from the United States, Germany, United Kingdom, Italy or Switzerland. The same is true of the exhibition policy of such prestigious museums as the Tate Modern in London, the Museum of Modern Art in New York, or the Centre Pompidou in Paris, as well of the nationality of the artists who can be seen at such prestigious art fairs as Art Basel: the United States and Germany are predominant. For many years artists from those two countries have also dominated the list of the most prestigious artists in the world that is compiled every year by the German business magazine *Kapital* (see Quemin 2006).

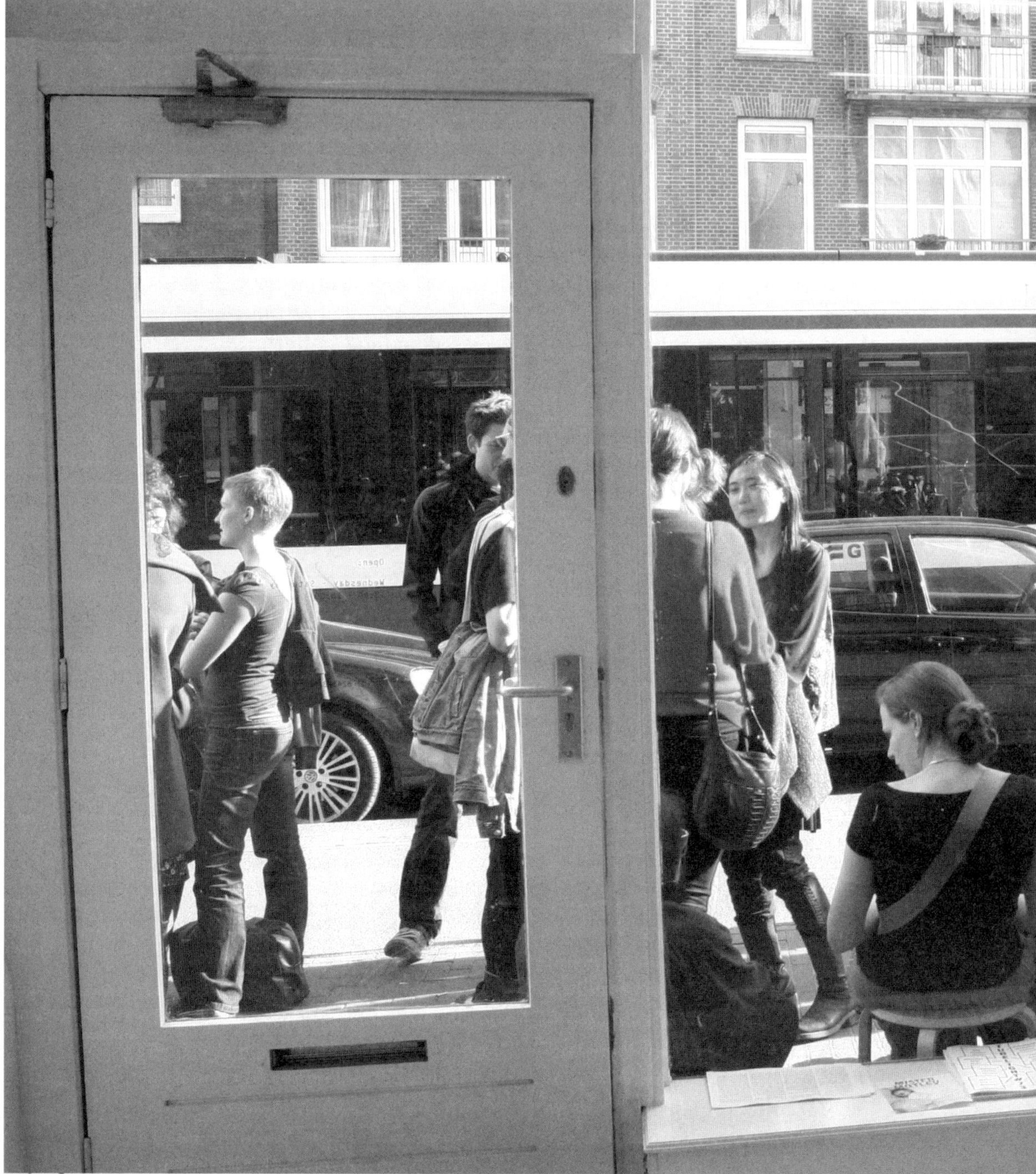

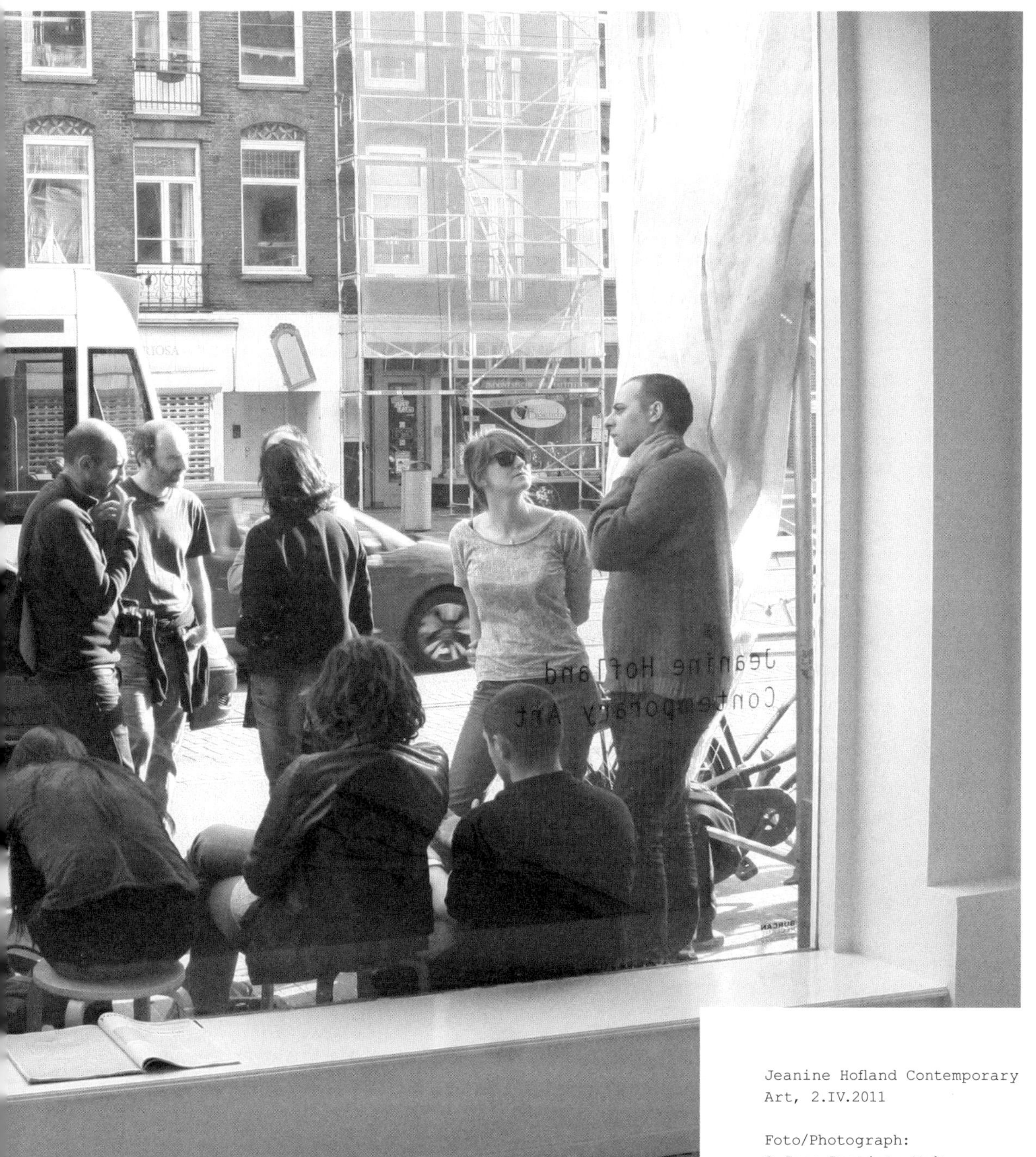

Jeanine Hofland Contemporary
Art, 2.IV.2011

Foto/Photograph:
© Jean-Baptiste Maître

HET MODEL VAN DE MARKT

Het provinciale karakter van de doorsneegalerie (dus niet de topgalerie!) heeft alles te maken met het model van de markt dat in westerse landen opgeld doet. In dat model ligt een lokale oriëntatie sinds jaar en dag ingebakken. Dat begint al met de wijze waarop galeries hun kunstenaars oppikken. Waar in veel andere culturele industrieën gecentraliseerde instituties bestaan om het internationale aanbod en de vraag bij elkaar te brengen – denk aan filmfestivals als Cannes, waar filmproducenten en distributeurs zaken doen of de internationale competities die in de architectuurwereld worden uitgeschreven voor nieuwe gebouwen –, is dat in de kunstmarkt niet het geval. Daar zijn zoekprocessen hoofdzakelijk lokaal: een beginnende galeriehouder zoekt naar kunstenaars uit zijn eigen omgeving; hij komt die kunstenaars bijvoorbeeld tegen op eindexamententoonstellingen van de academie of tijdens een bezoek aan kunstenaarsateliers in de buurt. Anders gezegd: het is voor een startende galeriehouder veel makkelijker om goed op de hoogte te zijn van wat er om hem heen gebeurt, dan wat zich op afstand voltrekt. Geen wonder dus dat hij eerder lokale kunstenaars aantrekt dan buitenlandse.

Heeft hij eenmaal een groep kunstenaars bij elkaar om mee te beginnen, dan blijft dat lokale vertrekpunt bepalend: een bestaande galerie vindt nieuwe kunstenaars meestal via de kunstenaars die ze al vertegenwoordigt. Zijn de netwerken van die kunstenaar dus lokaal, dan zullen ook vooral lokale kunstenaars aan het programma worden toegevoegd.

Een andere factor die het provinciaalse karakter van de kunstmarkt (in Amsterdam, Berlijn of in andere kunststeden) verklaart, ligt besloten in de rol die de galeriehouder graag wil spelen ten opzichte van 'zijn' kunstenaars. Galeriehouders zien zichzelf vaak als een beschermheer die goed voor zijn kunstenaars zorgt, hen met raad en daad bijstaat, en als het even kan een klankbord vormt gedurende het creatieve proces. Daarmee is overigens niet gezegd dat kunstenaars die rol ook zo zien; maar als de galeriehouder die rol wel wil spelen, zal hij zijn kunstenaars liever in de buurt hebben, zodat hij met enige regelmaat het atelier kan binnenlopen. Zoals Frank Demaegd van de Antwerpse Zeno X Gallery opmerkte op een congres van de NGA: 'Je moet hard voor je kunstenaars werken en ze mogen liever niet ver weg wonen, zodat je ze veelvuldig kunt bezoeken.'[9]

9   Jack van der Leden, 'Veranderingen in de beeldende kunstmarkt: galeriehouder, kunstenaar en koper in beweging', verslag van een symposium georganiseerd door de Nederlandse Galerie Associatie in samenwerking met de Mondriaan Stichting en de Boekmanstichting op 17 november 2008, Amsterdam, www.boekman. nl/documenten/projecten_NGA_ verslag.pdf

THE MODEL OF THE MARKET

The provincial character of the regular galleries (but not of the top galleries!) is entirely due to the market model that is applied in the countries of the West. That model has always been characterised by a local orientation. It already starts with the way in which galleries select their artists. While many other cultural industries have centralised institutions to bring the international supply and demand in contact with one another – think of film festivals such as Cannes, where film producers and distributors do business, or the international competitions that are organised for the design of new buildings in the world of architecture – that is not the case in the art market. Searches are primarily local there: a gallery owner who is starting up looks for artists from the local surroundings by visiting art academy graduation exhibitions or the studios of artists that are close at hand. In other words, it is much easier for a new gallery owner to find out about what is going on locally than about what is taking place further afield. It is thus hardly surprising that local artists rather than foreign ones are selected for their gallery programmes.

Once the gallery owner has started working with a specific group of artists, that local point of departure continues to pull its weight: an existing gallery usually finds new artists via the artists whom it already represents. So if those artists' networks are local, it will be mainly local artists who are subsequently included in the programme.

Another factor that accounts for the provincial character of the art market (in Amsterdam, Berlin or other art cities) is tied up with the role that the owner of the gallery likes to play vis-à-vis its artists. Gallery owners often see themselves as patrons who take good care of their artists, assist them in word and deed, and if possible function as a sounding board during the creative process. By the way, that does not mean that artists also see that role in the same way, but if a gallery owner wants to play it like that, it will be more convenient to have the gallery's artists within arm's reach to enable regular visits to their studios. As Frank Demaegd from the Zeno X Gallery in Antwerp remarked at an NGA congress: 'You have to work hard for your artists, and it's preferable for them not to live far away so that you can drop in on them regularly.'[9]

9   Jack van der Leden, 'Veranderingen in de beeldende kunstmarkt: galeriehouder, kunstenaar en koper in beweging', report of a symposium organised by the Netherlands Gallery Association in cooperation with the Mondrian Foundation and the Boekman Foundation on 17 November 2008, Amsterdam, www.boekman.nl/documenten/projecten_NGA_verslag.pdf

Ook de kunstenaar heeft overigens belang bij een hechte band met de galeriehouder, want uiteindelijk draait de relatie tussen beiden om vertrouwen. Als ze zouden willen, konden ze elkaar aan de lopende band bedriegen. Een galeriehouder kan bijvoorbeeld voorwenden dat hij korting heeft gegeven aan een verzamelaar, en daarom een geringer deel van de verkoopprijs aan de kunstenaar afdragen, terwijl hij in werkelijkheid de volle prijs heeft ontvangen en het verschil in zijn zak heeft gestoken. Een kunstenaar kan op zijn beurt werken uit zijn atelier verkopen, zonder dat aan de galeriehouder te melden, terwijl zij vaak de afspraak hebben dat de galerie ook bij zulke atelierverkopen recht heeft op een deel van de verkoopprijs. Voor dat soort zaken bieden contracten nauwelijks soelaas: het is immers lastig om erachter te komen of de ander zich daadwerkelijk aan dat contract houdt. En wat nu als dat niet gebeurt? Wil je de ander dan voor het gerecht slepen? Vanwege het zeer lage gemiddelde inkomen van zowel kunstenaars als galeriehouders geldt dan vaak: van een kale kip kun je niet plukken. In zulke situaties waarin contracten niet werken, is vertrouwen cruciaal: vertrouwensbanden vormen het sociale cement van de kunstmarkt.

Voor het onderhouden van vertrouwensrelaties is *face-to-face*-contact niet per se noodzakelijk. E-mail, telefoongesprekken, en ontmoetingen her en der tijdens internationale kunstevenementen zoals de vele biënnales of de kunstbeurzen, kunnen toereikend zijn. Maar vooral voor beginnende galeries en kunstenaars, die zo'n vertrouwensband nog niet hebben opgebouwd, relatief weinig in het internationale circuit meedraaien, en wellicht de conventies van de kunstwereld nog niet kennen, is regelmatig fysiek contact – en dus geringe geografische afstand – van groot belang.

Ook aan de verkoopkant kan de nabijheid van kunstenaars handig zijn voor galeriehouders. Want galeries hebben voor hun vaste verzamelaars meer dan alleen fysieke kunstobjecten in de aanbieding. Ze nodigen die verzamelaars ook vaak uit voor sociale gebeurtenissen, waaronder natuurlijk de openingen van galerietentoonstellingen, een gezamenlijk bezoek aan een museale tentoonstelling waarin een kunstenaar van de galerie participeert, maar ook zo nu en dan een bezoek aan het atelier van de kunstenaar. Met andere woorden: wie regelmatig kunst koopt bij een galerie, koopt daarmee ook een toegangskaart tot een (voor sommigen zeer aantrekkelijk) sociaal circuit. Omdat de kunstenaars van de galerie, soms met lichte tegenzin, een essentieel onderdeel zijn van dat circuit, is het handig als zij niet al te ver uit de buurt wonen.

Zoals gezegd is die lokale oriëntatie vooral op de doorsnee-galeriehouder van toepassing. In het eerdergenoemde topsegment doen geografische barrières er veel minder toe en opereren galeries wel degelijk internationaal: ze gaan naar

A close bond with the gallery owner is also in the artist's interests, because, when all is said and done, the relation between them both is all about trust. If they wanted to, they could cheat one another all the time. For instance, a gallery owner can pretend that he has given a collector a discount and therefore pay a smaller share of the selling price to the artist, while in fact he has received the full amount and pocketed the difference. As for the artist, he can sell works directly from his studio without telling the gallery owner, even though the agreement is often that the gallery is also entitled to a share of the selling price in the case of such studio sales. Contracts do not offer much of a remedy for situations like these, as it is difficult to find out whether the other party really is abiding by the contract. Besides, what do you do in such a case? Take it to court? The often very low average income of both artists and gallery owners makes it impossible to demand compensation. In situations like these where contracts are ineffective, trust is crucial: relations based on trust form the social cement of the art market.

Face to face contact is not strictly necessary for the maintenance of relations of trust. E-mail, telephone conversations and meetings here and there during international art events such as the many biennials or art fairs may be sufficient. But regular physical contact, and thus geographical proximity, are of great importance for galleries and artists who are starting up, have not yet built up such a relation of trust, play a relatively small part in the international circuit, and probably are not yet familiar with the conventions of the art world.

Having their artists close at hand can also be convenient for gallery owners when it comes to selling their work, for galleries offer their regular collectors more than just physical art objects. They often invite those collectors to social events, including the openings of gallery exhibitions, of course, as well as joint visits to a museum exhibition in which one of the gallery artists is participating or to the artist's studio. In other words, regular buyers of works from a gallery are also buying admission to a social circuit that can be highly attractive for some of them. Because the gallery artists form an essential part of that circuit, whether they like it or not, it is convenient if they do not live too far away.

As we have seen, that local orientation applies most of all to the regular gallery owners. Geographical barriers are much less of a problem in the top segment, which means that those galleries operate in a genuinely international way: they go to the major international art fairs, where they meet many of their clients and frequently conduct

de belangrijke internationale kunstbeurzen waar ze veel van hun klanten
ontmoeten en vaak meer dan de helft
van hun jaaromzet draaien, ze hebben de financiële middelen om 'hun'
kunstenaars van verre te laten overvlie-
gen, of om ze, zelfs op afstand, in de
watten te leggen. De galeriehouders
pikken die kunstenaars niet lokaal
op, maar nemen ze vaak over van een
buitenlandse galerie op het moment
dat de internationale reputatie van de
kunstenaar gevestigd is. Zo bekend
zijn die kunstenaars dan vaak, dat
sommige verzamelaars er geen been in
zien om hun werk op het internet via
een jpeg – dus zonder het in levenden
lijve gezien te hebben – te kopen.
Bovendien leiden die verzamelaars zelf
vaak zo'n kosmopolitisch bestaan, dat
ze met enige regelmaat toch wel de in
buurt van de galerie of van de kunstenaar zijn. En omdat de kunstenaars die
ze vertegenwoordigen de mores van de
kunstwereld door en door kennen, en
hun reputatie zo sterk is dat ze veel te
verliezen hebben in geval van een mis-
stap, is fysiek contact niet zo noodzakelijk voor het aanknopen van vertrouwensrelaties. Kortom: afstand doet er
in dit topsegment nauwelijks toe.

TOT SLOT

Het geklaag over het provincialisme
van de Nederlandse kunstmarkt heeft
alles te maken met een ideologie van
het internationalisme die sinds jaar en
dag heerst in de kunstwereld. Zoals
een journalist van het Britse weekblad

The Economist constateerde: '"local
artist" has become a synonym for
insignificant artist (…) "International"
is now a selling point in itself.'[10] Het
Nederlandse debat wijst uit dat hetzelfde geldt voor de galerie.

Dat de Nederlandse galeriehouder van provincialisme beticht wordt,
heeft twee oorzaken, zo heb ik in dit
artikel betoogd. De eerste is wellicht
reden tot zorg: de relatief geringe
omvang van het topsegment van de
Nederlandse markt. Dat hangt samen
met het ontbreken van een verzame-
laarscultuur en een zwak ontwikkelde
secundaire markt. Daarmee laten
galeries een belangrijke inkomstenbron
liggen die hun slagkracht en mate
van professionaliteit kan versterken.
Makkelijk zal het niet zijn om die
secundaire markt te ontwikkelen. De
oorzaken ervan zijn immers verankerd
in culturele patronen en figuraties
binnen de kunstwereld die historisch
zijn ontstaan. Maar onmogelijk is het
evenmin. Ten minste tot de Tweede
Wereldoorlog was die moderne kunsthandel er immers wel in Nederland,
deels gedreven door Joodse galeries
aan het Amsterdamse Rokin.

Wat de discussie over de
Amsterdamse galeriewereld evenwel
vertroebelt, is de sterk symbolische
functie van dat topsegment. Als
er weer eens een kunstenaar zijn
Nederlandse galerie verruilt voor een

10 'Global frameworks;
contemporary art', *The
Economist*, 26 juni 2010.

the majority of their sales, they have the financial resources to pay for long-distance flights for their artists or to put them in the limelight even at a distance. Those gallery owners do not acquire their artists locally, but often take them over from a gallery abroad at the moment when the artist's international reputation has been established. By then those artists are often so famous that some collectors think nothing of buying their work on the internet on the basis of a JPEG without having seen the real thing first. Moreover, those collectors themselves often lead such cosmopolitan lives that they are regularly in the vicinity of the gallery or the artist. And since the artists whom they represent are thoroughly acquainted with the conventions and rules of conduct of the art world, and their reputation is such that they have a lot to lose if they put a foot wrong, physical contact is less necessary for the formation of relations of trust. To sum up, distance is of little importance in this top segment.

CONCLUSION

The complaint about the provincialism of the Dutch art market is bound up with an ideology of internationalism that has dominated the art world for a long time. As a journalist of the *The Economist* put it: '"Local artist" has become a synonym for insignificant artist. [...]

"International" is now a selling point in itself.'[10] The Dutch debate shows that the same is true of the gallery.

As we have seen, the charge of provincialism levelled against the Dutch gallery owners is due to two causes. The first is probably a ground for concern: the relatively small size of the top segment of the Dutch market. This is connected with the lack of a collecting culture and a relatively undeveloped secondary market. Galleries thus miss out on an important source of income that could strengthen their clout and degree of professionalism. However, it will not be easy to develop that secondary market. After all, its causes lie in cultural patterns and configurations within the art world that have historical roots. Still, it is not impossible. After all, that modern art trade, partly practised by Jewish galleries in the Rokin in Amsterdam, did exist in the Netherlands at least until the Second World War.

What nevertheless clouds the discussion of the gallery world of Amsterdam is the strongly symbolic function of the top segment. Every time an artist abandons his Dutch gallery for one elsewhere, there is a hue and cry and the gallery owner always gets the blame, even though most of the galleries

10　'Global frameworks; contemporary art', *The Economist*, 26 June 2010.

197

galerie in het buitenland, dan roept iedereen moord en brand en is de galeriehouder onmiddellijk de gebeten hond. Terwijl het gros van de galeries helemaal niet zo anders opereert dan hun buitenlandse collega's. Laten we niet vergeten dat ook elders het aantal galeries dat meedoet in de wereldtop klein is. Het overgrote deel zit, net als hun Amsterdamse collega's, permanent in een spagaat: enerzijds geloven ze in een ideologie van het internationalisme. Die ideologie maakt dat het een bron van prestige is om een programma te hebben van overwegend buitenlandse kunstenaars. Anderzijds ontbreekt het ze aan de middelen en netwerken om daadwerkelijk internationaal te opereren. Want op de westerse kunstmarkt, en dus ook in Amsterdam, is een galeriemodel geïnstitutionaliseerd waarin de fysieke nabijheid van kunstenaars van groot belang is: bijvoorbeeld voor steun, voor vertrouwen, of voor het socialiseren met verzamelaars. Zolang dat model dominant is, blijven galeries lokaal opereren. En wat is daar eigenlijk mis mee?

operate in pretty much the same way as their counterparts in other countries. It should not be forgotten that elsewhere too the number of galleries that participate in the international top segment is small. The vast majority, like their colleagues in Amsterdam, are caught in a permanent split: on the one hand, they believe in the ideology of internationalism, an ideology that makes a programme of predominantly foreign artists a source of prestige. On the other hand, they lack the resources and networks to accomplish that. A model of the gallery has become institutionalised, not only in Amsterdam but all over the Western art market, in which the physical proximity of artists is of great importance for support, trust, socialising with collectors, and so on. As long as that model is dominant, galleries will continue to operate on a local scale. And what is really wrong with that?

DE GALERIE VOOR HEDENDAAGSE KUNST
AANTEKENINGEN VANUIT MUSEAAL PERSPECTIEF

Xander Karskens

Op het moment van schrijven van deze tekst is het ontslag van Paul Schimmel, hoofdconservator bij het Museum of Contemporary Art in Los Angeles (MOCA), het nieuws dat de gemoederen in de Amerikaanse kunstwereld bezighoudt. Schimmels ontslag lijkt illustratief voor een paradigmawisseling binnen de museale wereld, een verschuiving die definitief de idee van het museum als plek voor *Bildung*, als vrijhaven voor kritische reflectie en verdieping heeft verworpen. Er heeft zich langzaam maar zeker een Nieuwe Orde gemanifesteerd, vormgegeven door de meedogenloze machinaties van de neoliberale marktgedachte. Het aantrekken van galeriehouder/kunsthandelaar Jeffrey Deitch als directeur van het MOCA in 2010, door een bestuur waarin de stem van zakenman, kunstverzamelaar en filantroop Eli Broad nog immer luid doorklinkt, was al te interpreteren als symbolisch voor de groeiende marktgerichtheid van het museum. Nu de door zijn collega's en critici zeer gewaardeerde (want concessieloze en visionaire) Schimmel het veld heeft geruimd, lijkt de weg vrij

THE CONTEMPORARY ART GALLERY
NOTES FROM A MUSEUM PERSPECTIVE

Xander Karskens

At the time of writing, the news that Paul Schimmel, head curator at the Museum of Contemporary Art (MOCA) in Los Angeles has lost his job is what has the US art world in its grip. Schimmel's dismissal seems to illustrate a change of paradigm within the museum world, a shift that has definitively rejected the idea of the museum as a place for *Bildung*, a haven for critical reflection and profundity. Slowly but surely, a New Order has become manifest that is shaped by the relentless machinations of the neo-liberal market idea. The appointment of the gallery owner and art dealer Jeffrey Deitch as director of the MOCA in 2010 by a board in which the voice of the businessman, art collector and philanthropist Eli Broad predominates could already be interpreted as symbolic of the museum's

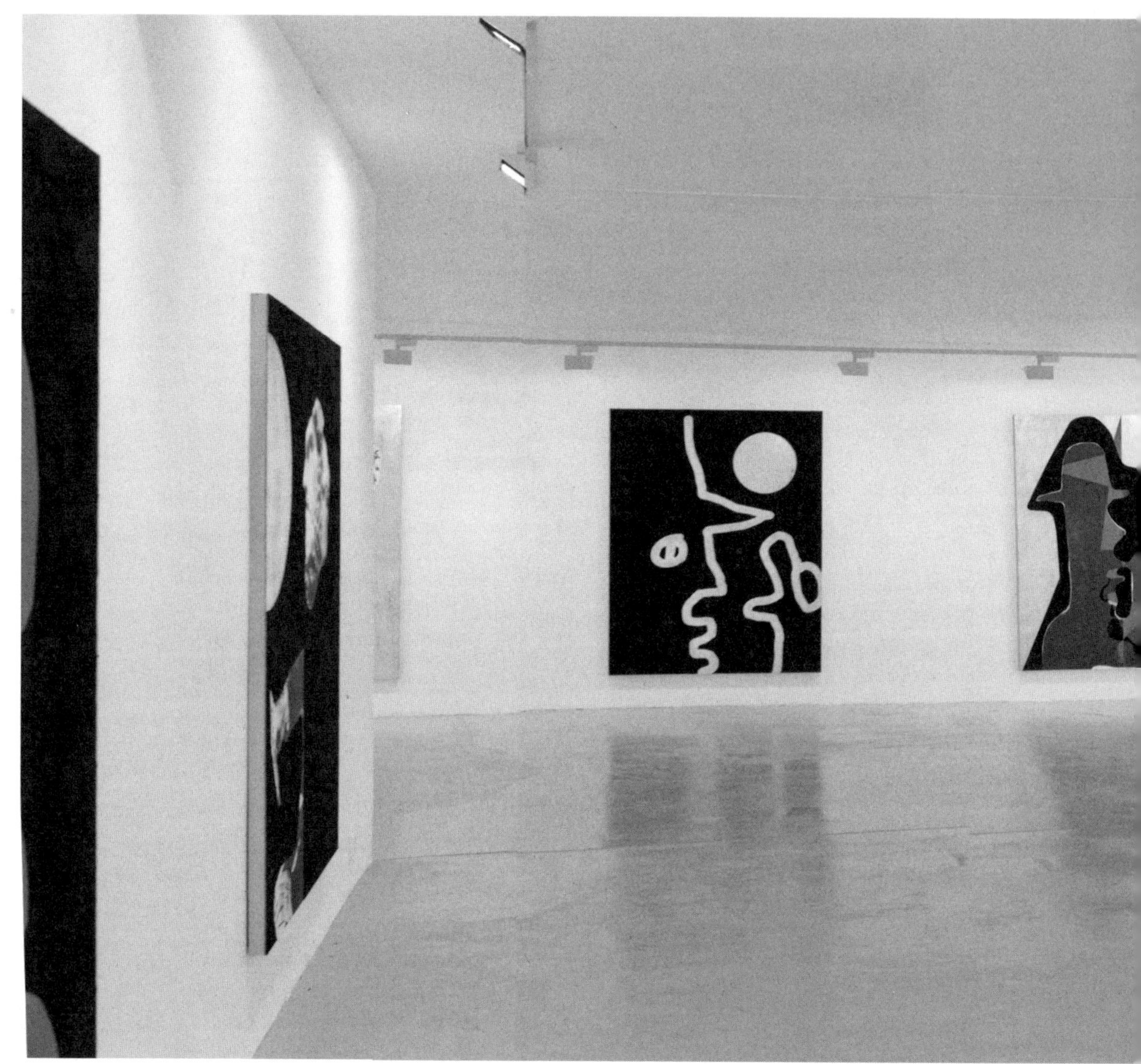

Grimm gallery, Dave
McDermott, 'A Rake's
Progress', 2011

Foto/Photograph:
© Sander Tiedema

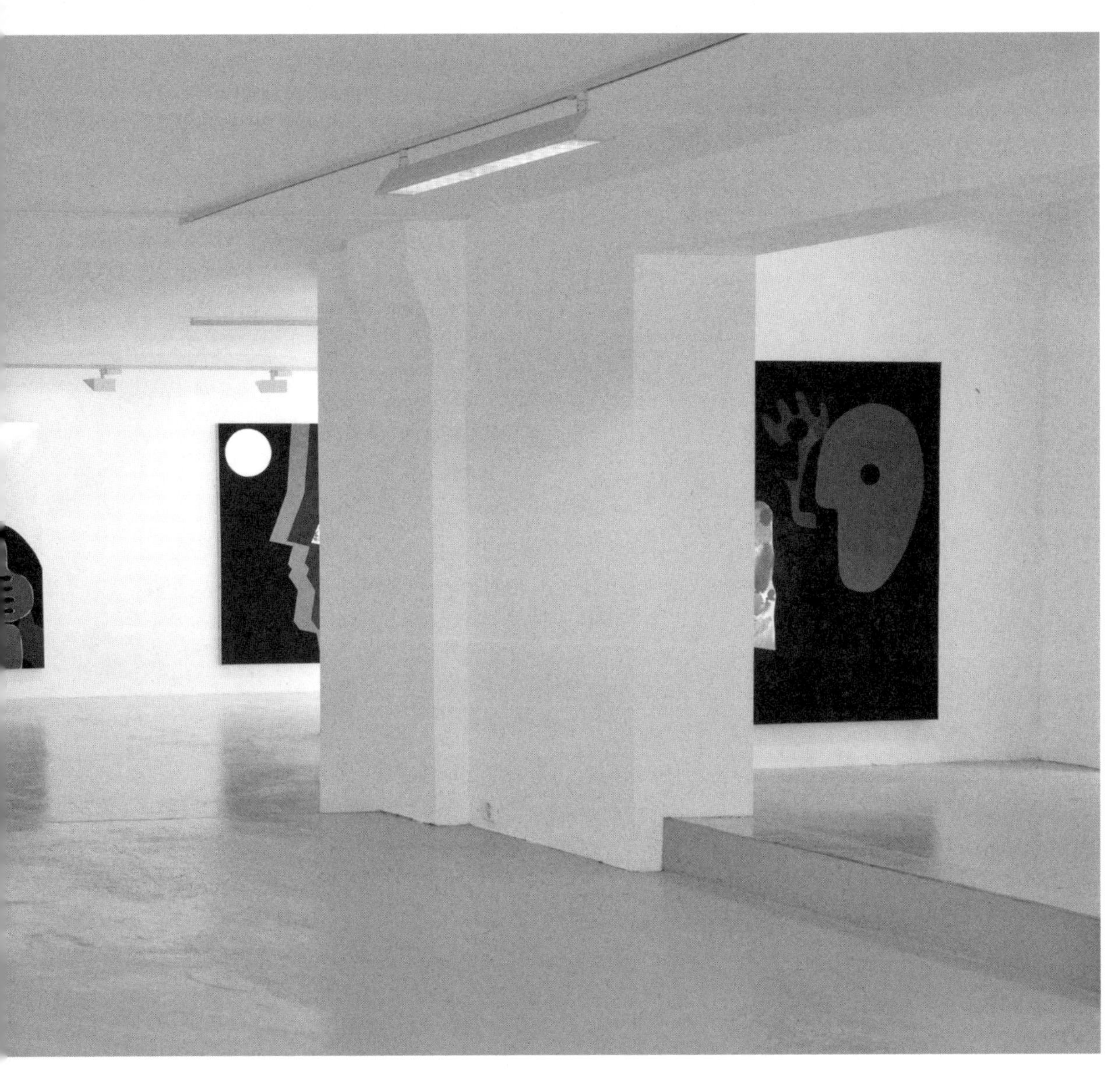

voor een verdere vercommercialisering van de activiteiten van dit eens toonaangevende instituut, en is deze situatie wellicht het meest tekenend voor de geëvolueerde verhoudingen binnen het krachtenveld van museum vs. galerie. In een reactie op de kritiek die losbarstte na het ontslag, prees Broad de verveelvoudiging van de bezoekcijfers van het MOCA in de afgelopen periode, en de meer populistische koers die het museum sinds de komst van Deitch is gaan varen. Het zijn opvattingen die in het huidige politieke bestel in Nederland inmiddels ook al jaren op luid applaus kunnen rekenen: het succes van een museum wordt liefst alleen nog gemeten aan de hand van succesvol ondernemerschap en publieksbereik. Toegankelijkheid, behaagzucht en entertainment zijn de norm geworden. De markt leidt, en de traditionele publieke instituten kunnen slechts volgen.

Voor galeries zijn musea nog steeds bastions van status en geloofwaardigheid, die in hun businessstrategie een plek boven aan de klantenhiërarchie innemen. Ook al heeft de astronomische *buying power* van de moderne privéverzamelaar het museum gereduceerd tot een machteloze Calimero op de kunstmarkt, het principiële verzamelproject van het publieke museum is nog altijd het belangrijkste argument voor een galerie om haar kunstenaars in een museale collectie onder te brengen. Zelfs de grootste particuliere verzamelaars, zij die hun collecties met werken van 'museale kwaliteit' (een paradoxale term, want dit soort werken kunnen musea al lang niet meer betalen) onderbrengen in eigen privémusea, de Saatchi's, Pinaults en Van Caldenborghs van deze wereld, kunnen op een goede dag besluiten tot verkoop van werken uit hun collectie. Dit is een cruciaal verschil met de collectieopdracht van het publieke museum, waarbij beheer en behoud van de collectie centraal staan en eventuele afstoting aan strenge richtlijnen is gebonden. De zekerheid dat een kunstwerk na verkoop niet binnen afzienbare tijd weer op de markt komt, waardoor de marktpositie van de kunstenaar mogelijkerwijs verzwakt wordt, is voor elke galeriehouder met enig langetermijnbesef een uitermate waardevol argument. Ook bij het nadenken over de kunsthistorische context waarin aankopen terechtkomen, speelt het 'eeuwigheidsidee' een rol: vooral de grote publieke musea voor moderne en hedendaagse kunst, zoals in Nederland het Stedelijk Museum, het Gemeentemuseum Den Haag, Boijmans Van Beuningen en het Van Abbemuseum, beheren collecties van groot kunsthistorisch belang, waardoor een aankoop automatisch wordt verrijkt met de geschiedenis van de collectie, en binnen de context van deze collectie opnieuw kan worden gelezen en van nieuwe betekenissen voorzien.

Sarah Thornton onderscheidt in haar studie naar de hedendaagse kunstwereld, *Seven Days in the Art World*,

growing orientation toward the market. Now that Schimmel, who is very highly appreciated by his colleagues and critics for his refusal to make concessions and his vision, has been cleared out of the way, there seems to be no further obstacle to an increasing commercialisation of the activities of this institute, which was once a leading one. This situation is probably the most symptomatic of the changing relations within the force-field of museum versus gallery. In a reaction to the criticisms that broke out after the sacking, Broad praised the increase in the number of visitors to the MOCA in the preceding period and the more populist direction that the museum has taken since the arrival of Deitch. Views like these have been able to count on a warm welcome for years in the current political setup of the Netherlands: the success of a museum is preferably gauged solely on the basis of successful entrepreneurship and outreach. Accessibility, eagerness to please and entertainment have become the norm. The market leads, the traditional public institutes just follow.

Galleries still see museums as bastions of status and credibility that in their business strategy occupy a place at the top of the hierarchy of clients. Even though the astronomical buying power of the modern private collector has reduced the museum to an impotent midget on the art market, the principled collecting project of the public museum is still the main argument for a gallery to incorporate its artists in the collection of a museum. Even the biggest private collectors who place their works of museum quality (a paradoxical term when museums have not been able to buy works of this kind for years) in their own private museums – the Saatchis, Pinaults and Van Caldenborghs of this world – may one day decide to sell works from their collection. This is a crucial difference from the collecting mission of the public museum, in which the management and conservation of the collection is a central concern and any possible deaccessioning is subject to strict guidelines. The certainty that a work of art that has been sold will not reappear on the market again soon, by which the market position of the artist might possibly be weakened, is an extremely valuable argument for any gallery owner with some sense of the long term. The idea of 'for ever' also plays a role in reflection on the art historical context to which acquisitions belong: in particular the large public museums of modern and contemporary art, such as the Stedelijk Museum, Gemeentemuseum Den Haag, Museum Boijmans Van Beuningen and the Van Abbemuseum in the Netherlands, manage collections of great art historical importance. As a result, an acquisition is immediately

Art Amsterdam, TINKEBELL,
2011, courtesy TORCH gallery

Foto/Photograph:
© TINKEBELL

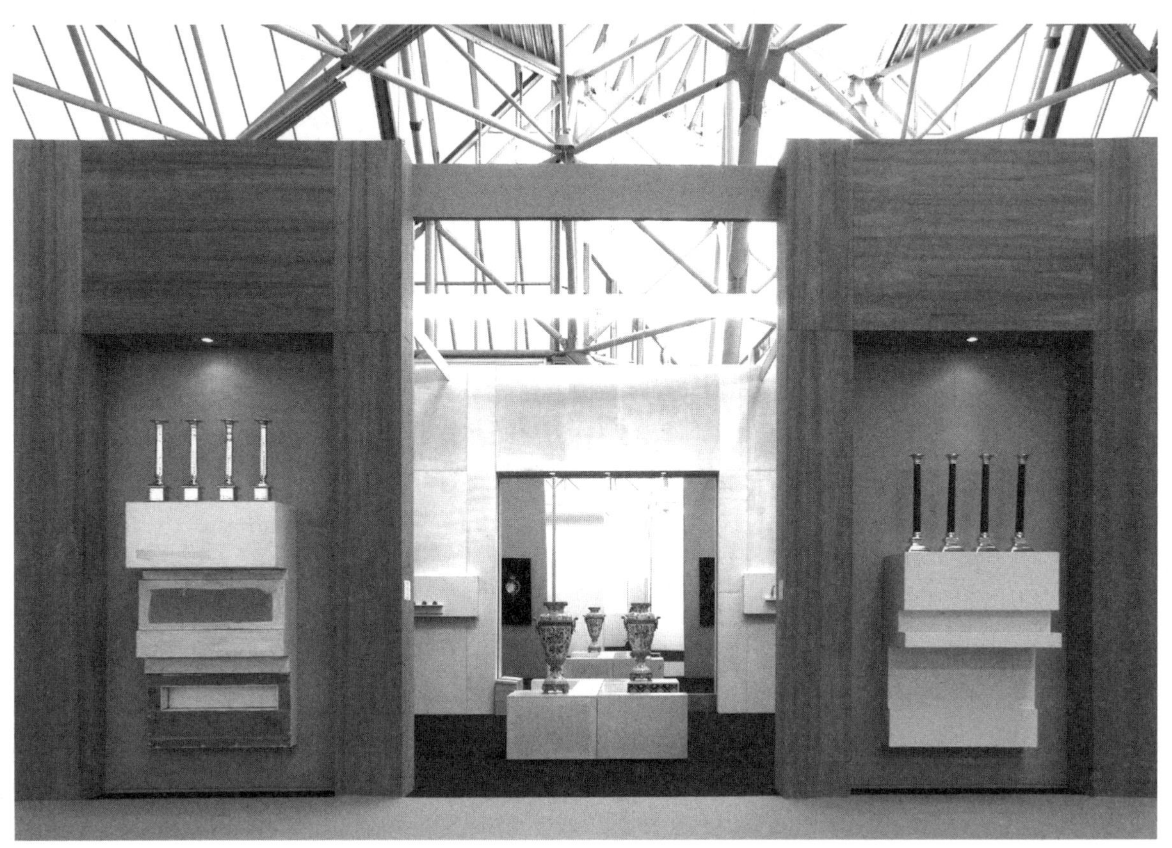

Galerie VOUS ÊTES ICI,
Art Amsterdam, Anne Jaap
de Rapper, 2008

Foto/Photograph:
© Hans Gieles

drie typen galeriehouders: de verzame-
laar-galeriehouder, de kunstenaar-gale-
riehouder en de curator-galeriehouder.
Vooral dit laatste type is sinds de jaren
negentig, met de opkomst van de freelance curator, een steeds zichtbaarder
niche in de internationale galeriesector
geworden; er zijn trouwens ook meer
voormalig freelance curatoren, vaak
met een vrijere en meer experimentele
houding ten opzichte van *curating*
dan de generatie museumcuratoren
vóór hen, bij musea in vaste dienst
gekomen. Dat de Appel arts centre
in Amsterdam naast zijn curatoren-
opleiding in 2011 ook een galerie-
opleiding is begonnen, is illustratief
voor deze ontwikkeling.

Galeries zijn per definitie commerciële ondernemingen die winst
nastreven. De curator-galeriehouder
voegt aan dat streven ook nog een
ambitie toe die tot die tijd was voorbehouden aan musea en presentatie-
instellingen: de tentoonstellingen
in dit type galerie hebben vaak een
discursiever karakter, en reflecteren
de ontwikkelingen in *curating* en het
denken over productie, presentatie, en
distributie van kunst. Deze experimentele galeriemodellen hebben gezorgd
voor een kwaliteitsimpuls in de sector,
en bevragen actief de traditionele ka-
ders van de galerie voor hedendaagse
kunst: de vaste structuur van soloten-
toonstellingen met stalkunstenaars en
's zomers een groepstentoonstelling.

Deze ontwikkeling heeft
gezorgd voor een verandering in de
dynamiek van het institutionele veld:

musea en presentatie-instellingen
hebben hun autoriteit op het gebied
van tentoonstellingen maken en
kritische beschouwing ondergraven
zien worden, en voor het publiek is
een complexer en diffuser landschap
ontstaan, waarin de grenzen tussen
de voorheen duidelijk afgebakende
commerciële en institutionele domei-
nen vervaagd zijn. Het is tegenwoordig
bijna net zo gemakkelijk om *artist
talks* of een hoogwaardig lezingen-
programma over kunsttheorie in een
commerciële galerie aan te treffen,
als in een museum of presentatie-
instelling. Deze *outbranching* lijkt in
sommige gevallen voort te komen uit
intrinsieke noodzakelijkheid, maar laat
vaak ook een meer modieuze omgang met 'inhoudelijkheid' zien – een
handig legitimatiefenomeen dat door
kunstbeurzen als Art Basel en Frieze
het afgelopen decennium is omarmd
en geperfectioneerd. Door de commerciële substructuur te decoreren
met hoogwaardige beschouwende en
contextualiserende activiteiten als
lezingen en debatten, verzorgd door
academische autoriteiten, ontstaat een
verwarrend soort hybride kennismarkt,
waarbij de motieven in eerste instantie
van economische aard zijn, waardoor
de onafhankelijkheid van de autoriteiten op het spel kan komen te staan.
Het is een wat onschuldiger variant
van de verstrengeling van academia en
de financiële sector (zoals die bijvoorbeeld wordt geschetst in de documen-
taire over de financiële crisis *Inside
Job* uit 2010), waarbij een desastreuze

enriched with the history of the collection, and can be reinterpreted and given new significance within the context of this collection.

In her study of the contemporary art world, *Seven Days in the Art World*, Sarah Thornton distinguishes three categories of gallery owner: the collector, the artist, and the curator. Since the 1990s, with the emergence of the freelance curator, it is particularly the latter category that has become an increasingly visible niche in the international gallery sector. Incidentally, there are also more former freelance curators, often with a freer and more experimental attitude to curating than the generation of museum curators that preceded them, who have found their way onto the permanent staff of museums. The fact that the Appel arts centre in Amsterdam started a gallery training course in addition to its curator training course in 2011 is illustrative of this development.

Galleries are by definition commercial enterprises that are out to make a profit. The gallery owner and curator adds to that goal an ambition that until then was restricted to museums and art centres: the exhibitions in this kind of gallery often have a more discursive character and reflect the developments in curating as well as thinking about the production, presentation and distribution of art.

These experimental gallery models have provided a quality impulse in the sector, and actively question the traditional frameworks of the contemporary art gallery: the regular structure of solo exhibitions with artists from the gallery circle and a group exhibition in the summer.

This development has brought about a change in the dynamics of the institutional field: museums and art centres have seen their authority in the field of putting on exhibitions and critical reflection undermined, while for the public a more complex and diffuse landscape has arisen in which the boundaries between what were once clearly separated commercial and institutional domains have become blurred. Nowadays it is almost as easy to find artist talks or a high-quality programme of lectures on art theory in a commercial gallery as in a museum or art centre. In some cases this branching out seems to be the result of an intrinsic necessity, but it often displays a trendier approach to 'substance' – a handy legitimation phenomenon that has been welcomed and perfected by such art fairs as Art Basel and Frieze in the last decade. Decorating the commercial substructure with high-quality activities that invite reflection and situate within a context, such as lectures and debates conducted by academic authorities, leads to a confusing sort of hybrid knowledge market in which the motives are in

vervlechting van belangen een immorele bedrijfscultuur legitimeert, en de integriteit van de wetenschappelijke sector uiteindelijk wordt aangetast. De koopwaar wordt eerst wetenschappelijk geautoriseerd, en vervolgens verkocht, althans, dat is de bedoeling.

De onverminderde groei van de hedendaagse kunstmarkt sinds de jaren negentig heeft de relatie tussen galeries en musea onder druk gezet. Exorbitant hoge prijzen voor werken van belangrijke kunstenaars hebben de musea afhankelijker gemaakt van externe partijen: fondsen, sponsoren en schenkers, maar ook de galeries via wie ze het werk verwerven. Hoewel de meeste galeries gevoelig zijn voor eerdergenoemde zekerheid dat werk voor eeuwig in een museale collectie wordt opgenomen, is uiteindelijk winstmaximalisatie hun voornaamste drijfveer, en zal het museum slechts tot op zekere hoogte kortingen krijgen aangeboden. Zeker in het hogere marktsegment zullen werken dus gemakkelijker aan de relatief armlastige musea voorbijgaan. De galerie kan in dit soort situaties wel een bemiddelende rol op zich nemen: ze kan bijvoorbeeld een constructie faciliteren waarbij het kunstwerk dat buiten de mogelijkheden van het museum geprijsd is, wordt aangekocht door een particulier (al dan niet met aanvullende ondersteuning van openbare fondsen), die het vervolgens schenkt of in bruikleen geeft aan het museum. Het netwerk van de galerie, diepgravende kennis over

verzamelinteresses bij verschillende publieke en private partijen, en het vermogen om deze bij elkaar te krijgen en dergelijke deals op te tuigen, zijn belangrijke aspecten van het galeriehouderschap – je kunt zeggen dat deze taak vanuit museaal perspectief steeds belangrijker geworden is, en dat het museum in dit opzicht afhankelijker is geworden van de galerie.

Zoals elke andere markt produceert ook de kunstmarkt uiteindelijk meer van hetzelfde als daarmee winst kan worden gemaakt – de romantische idee van de kunstenaar die in zelfverkozen afzondering slechts schept wat zijn creatieve genie hem ingeeft, en zich daarbij niet laat leiden door iets banaals als de markt, is een illusie. Wat zijn de consequenties van het afkalvende aandeel van de musea aan de vraagzijde van deze markt? Het exponentieel gegroeide aandeel van de schatrijke particulier aan de vraagzijde heeft tenslotte gevolgen voor de aanbodkant: het beïnvloedt de productie van kunst, hoe cynisch deze constatering ook moge klinken – kunst, immers, wordt verondersteld per definitie vrij en autonoom te zijn.

Galeries zijn samen met het veilingwezen het scharnier in deze economie: vanuit hun commerciële opdracht zijn ze, hoezeer ze zich ook engageren met de inhoudelijke en menselijke aspecten van hun samenwerking met kunstenaars, verplicht het aanbod af te stemmen op de vraag, en dus te zorgen dat er werken op de markt komen die voldoen aan de smaak en voorkeuren

the first instance economic in nature and the independence of the authorities can be at risk. It is a somewhat more innocent variant of the intertwining of the academic world and the financial sector (as outlined, for example, in the 2010 documentary on the financial crisis *Inside Job*), in which a disastrous entanglement of interests legitimises an immoral corporate culture and the integrity of the scientific sector is eventually damaged. The commodity is first given scientific authority before being retailed, at least, that is the idea.

The continuing growth of the contemporary art market since the 1990s has put pressure on the relation between galleries and museums. Exorbitantly high prices for works by important artists have made the museums more dependent on external parties: funds, sponsors and donors, as well as the galleries through whom they acquire the work. Although most galleries are sensitive to the certainty mentioned above that the work will remain in a museum collection for ever, in the last resort it is the maximisation of profit that is their main motive, and the most the museum can expect is some kind of discount. So works will be beyond the reach of the relatively poor museums, especially in the higher market segment. The gallery can assume a mediatory role in situations of this kind: for instance, it can facilitate a construction in which the work of art whose price puts it beyond the reach of the museum is purchased by a private individual (whether or not with additional support from public funds), who then proceeds to donate or lend it to the museum. The gallery network, in-depth knowledge of collecting interests on the part of different public and private parties, and the ability to bring these together and to broker deals of this kind are important aspects of running a gallery. You might say that this task has become increasingly important from the perspective of the museum, and that in this respect the museum has become more dependent on the gallery.

Like any other market, the art market also ends up by producing more of the same if a profit can be made by it; the romantic idea of the artist who chooses isolation and only creates what his creative genius inspires, impervious to anything as banal as the market, is an illusion. What are the consequences of the shrinking share of the museums on the demand side of this market? In the end, the exponential growth of the share of the wealthy private collector on the demand side has consequences for the supply side too: it influences the production of art, no matter how cynical this may sound. Art, after all, is supposed to be free and autonomous by definition.

Galleries and auction houses are the link in this economy. However much they also engage with

van de grootste gemene deler. Het museum vraagt van de galerie iets anders: dat ze dicht bij het kunstenaarsatelier staat, zorgvuldige keuzes maakt bij de presentatie en distributie van nieuwe kunstwerken die zijn gebaseerd op een inhoudelijke dialoog met de maker, dat ze eigengereid en onafhankelijk in plaats van affirmatief opereert. De economische realiteit is vaak omgekeerd: galeries anticiperen met regelmaat op de programmering van toonaangevende instituten, door de vertegenwoordiging van kunstenaars te koppelen aan wat door het museum wordt getoond en 'geautoriseerd', waarmee mogelijk een markt kan worden aangeboord of vergroot. In de praktijk zal het even regelmatig voorkomen dat het museum dit mechanisme gebruikt om zijn productiebudgetten aan te vullen met financiële ondersteuning van de galerie. Ook dit mechanisme zal, met het structureel wegvallen van subsidies voor musea, een steeds nauwere verstrengeling van het publieke en commerciële domein in de hand werken, en de uitdaging voor het museum om een onafhankelijke positie te behouden, vergroten.

Zoals Jan van Adrichem in zijn artikel in dit boek (p. 55 e.v.) schetst, was het Nederlandse galerielandschap in de jaren zeventig en tachtig relatief overzichtelijk. Drie Amsterdamse galeries (Art & Project, Riekje Swart, Helen van der Meij) lieten de belangrijkste internationale ontwikkelingen zien, en met bloeiende kunstcentra als Düsseldorf en Keulen in de buurt kon het museum de meest toonaangevende ontwikkelingen in dit preglobaliseringstijdperk gemakkelijk overzien. Een van de opvallendste verschillen met de historische situatie die Van Adrichem schetst is niet dat de galeries van nu een minder internationaal programma voeren (zoals Olav Velthuis in zijn tekst aantoont), maar dat de galerieprogramma's gefragmenteerder zijn, en er minder buitenlandse zwaargewichten door de Nederlandse galeries worden vertegenwoordigd. Het eerste fenomeen heeft uiteraard te maken met het verdwijnen van de '-ismen' uit de kunst sinds de jaren zeventig – de interessantere Nederlandse galeries dragen nog steeds een samenhangende visie uit op de hedendaagse kunst, waarmee tendensen zichtbaar worden gemaakt die voor museumcuratoren van belang zijn. De Nederlandse galeries zijn door het ontbreken van een substantiële thuismarkt minder goed in staat de internationale kunstenaars met een grotere marktwaarde aan zich te binden (en 'verliezen' de belangrijke Nederlandse kunstenaars aan machtiger buitenlandse galeries), en hebben hun positie op belangrijke kunstbeurzen de afgelopen jaren zien inzakken. Dit heeft ertoe geleid dat het museum dat zich ten doel stelt internationaal urgent te programmeren en verzamelen, anders dan vroeger, zijn blik veel eerder op het globale speelveld richt. Ontwikkelingen als de *discursive turn,* de toenemende belangstelling van instituten en beschouwers voor

the substantive and human aspects of their cooperation with artists, their commercial raison d'être obliges them to attune supply to demand, and thus to ensure that works come onto the market that can satisfy the taste and preferences of the highest common denominator. The museum asks the gallery for something different: that it is close to the artist's studio, makes well-considered choices in the presentation and distribution of new works of art that are based on a substantive dialogue with the artist, and that it operates as it self wills and independently instead of affirmatively. The economic reality is often the opposite: galleries regularly anticipate the programming of prominent institutes by linking the representation of artists to what the museum shows and authorises, thereby making it possible to open up or enlarge a market. In practice it will be just as common for the museum to use this mechanism to supplement its production budgets with financial support from the gallery. With the structural collapse of museum subsidies, this mechanism will also encourage a further entanglement of the public and the commercial domains and increase the challenge to the museum to retain an independent position.

As Jan van Adrichem shows in his article in this volume (pp. 55ff), it was relatively easy to form a picture of the gallery landscape in the Netherlands in the 1970s and 1980s. Three Amsterdam galleries (Art & Project, Riekje Swart, Helen van der Meij) presented the main international trends, and with flourishing art centres like Düsseldorf and Cologne in the vicinity, the museum could easily survey the most salient developments in this pre-globalisation era. One of the most striking differences with the historical situation outlined by Van Adrichem is not that today's galleries implement a less international programme (as Olav Velthuis demonstrates in his contribution), but that the gallery programmes are more fragmented and less heavy-weights from abroad are represented by the Dutch galleries. The former is of course connected with the disappearance of -isms from art since the 1970s – the more interesting Dutch galleries still express a coherent vision of contemporary art and thereby highlight trends that are important for museum curators. Due to the absence of a substantial domestic market, the Dutch galleries are less capable of attracting international artists with a higher market value (and lose the important Dutch artists to more powerful galleries abroad) and their position on important art fairs has declined in the last few years. As a consequence, the museum that is bent on urgently programming and collecting internationally focuses much more on the global field of play than

kunst-als-onderzoek, en het verleg-
gen van de institutionele aandacht
naar andere artistiek-inhoudelijke
terreinen dan het traditionele West-
Europese en Amerikaanse discours,
dwingen ook de galeries tot adaptatie
en koersverandering.

in the past. Developments such as
the discursive turn, the increasing
interest of institutes and viewers
in art as research, and the shift of
institutional attention towards other
artistic fields than the traditional
West European and US discourse,
also force the galleries to adapt and
change direction.

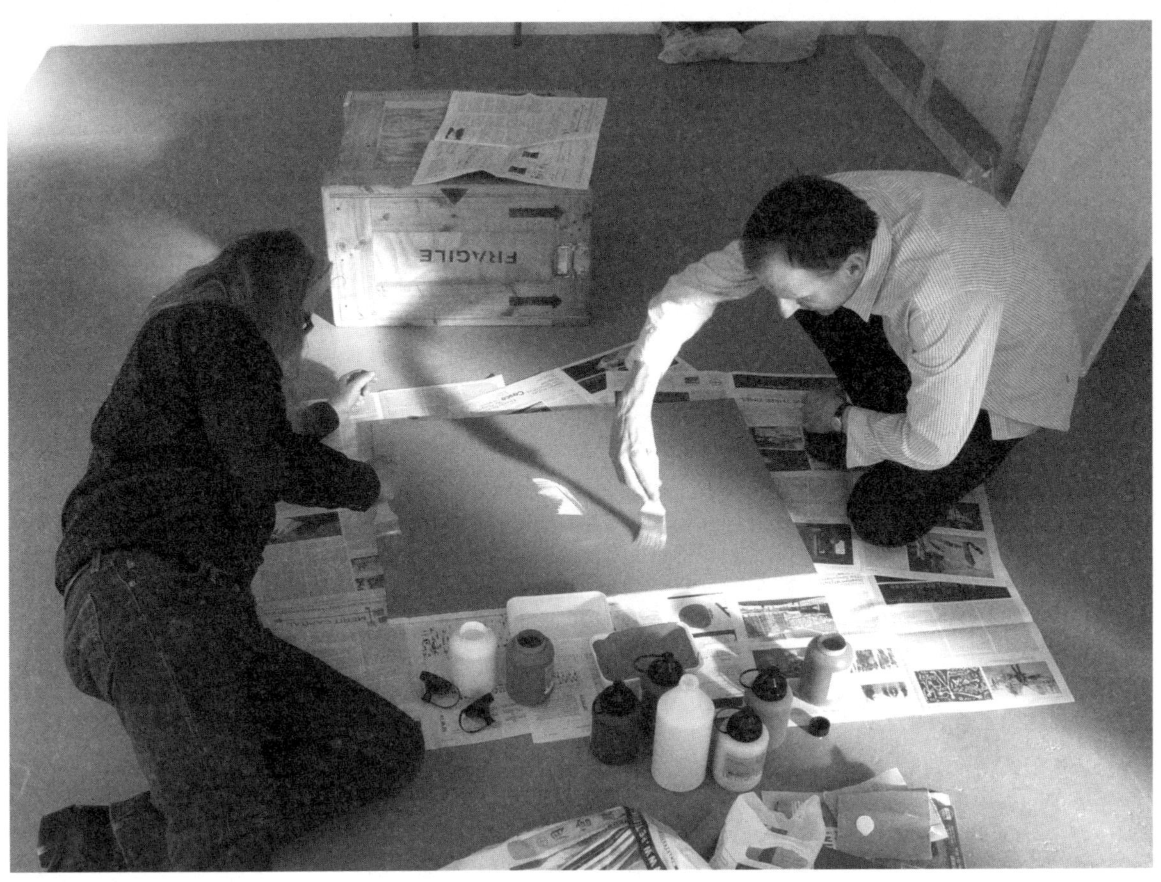

Galerie van Gelder, WJM Kok
en Olivier Mosset werken
aan 'Mix'

**Galerie van Gelder, WJM Kok
and Olivier Mosset working
on 'Mix',** 2008

Foto/Photograph:
© Kees van Gelder

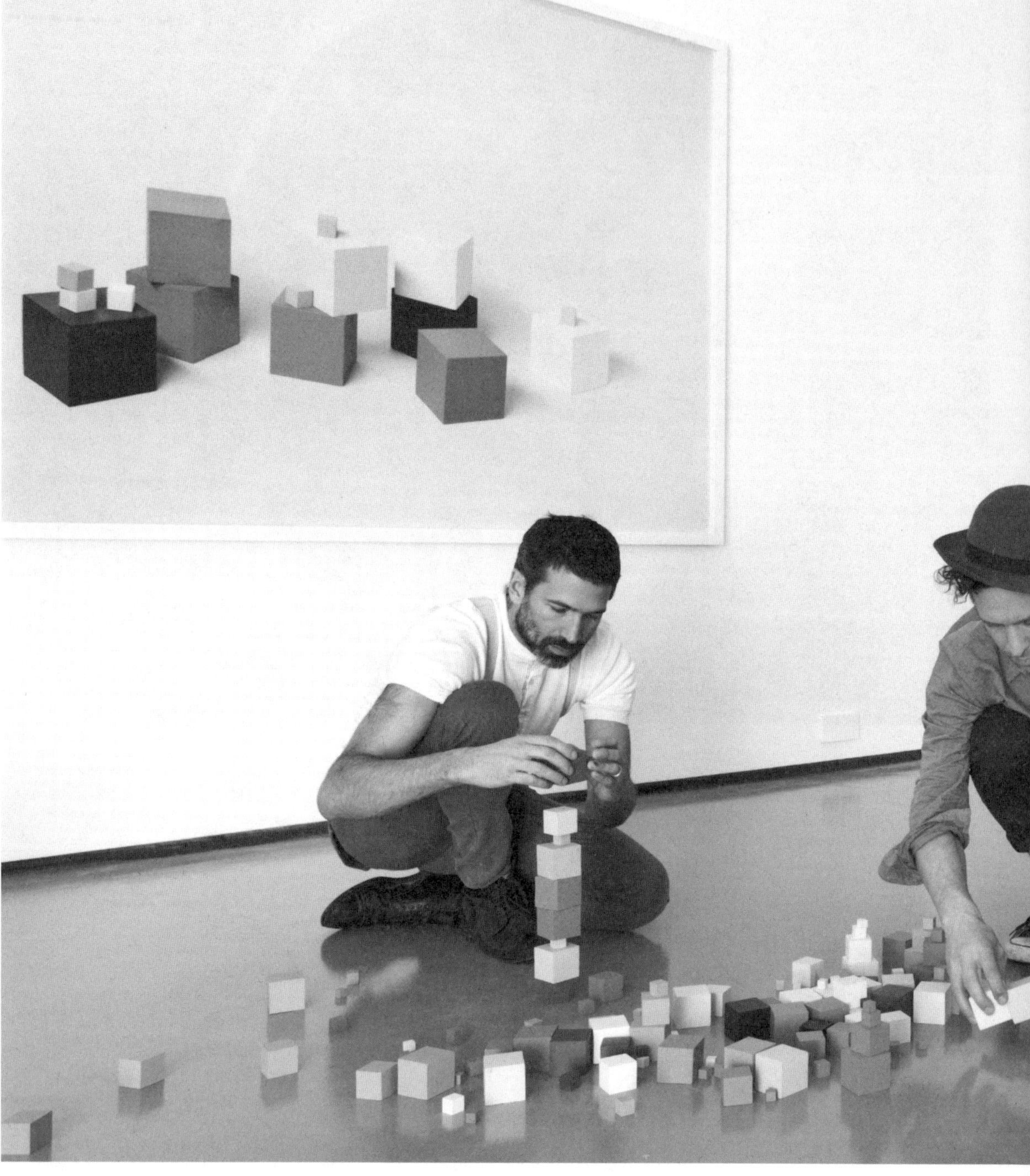

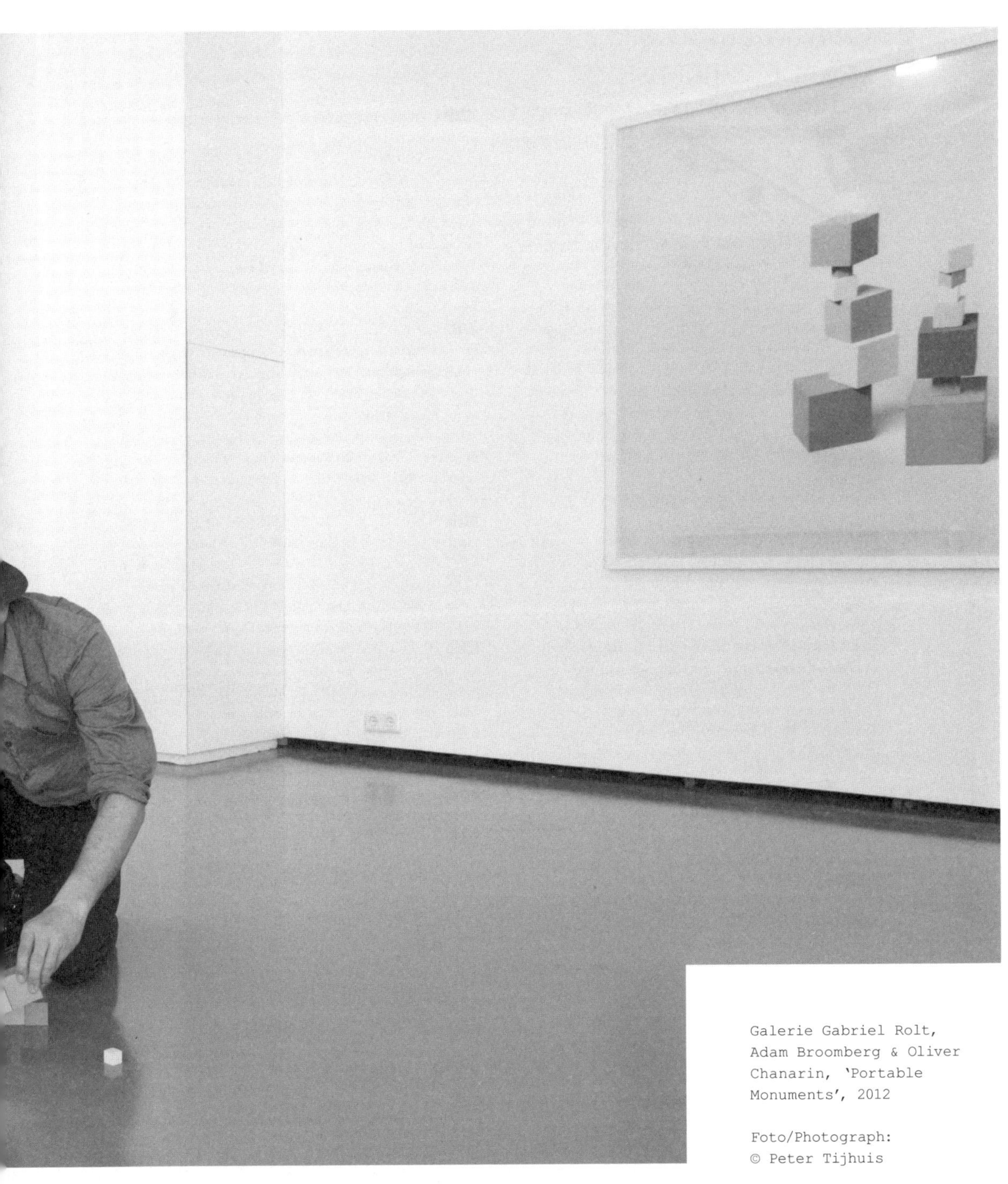

Galerie Gabriel Rolt,
Adam Broomberg & Oliver
Chanarin, 'Portable
Monuments', 2012

Foto/Photograph:
© Peter Tijhuis

MEDEWERKERS AAN DIT BOEK

■■■ JAN VAN ADRICHEM (Nootdorp, 1959) is zelf-standig kunsthistoricus. Hij studeerde achtereenvolgens aan de Gerrit Rietveld Academie en aan de Universiteit van Amsterdam. Hij was conservator bij Museum Boijmans Van Beuningen, Rotterdam, universitair docent Kunstgeschiedenis van de moderne en eigentijdse kunst aan de Universiteit Utrecht en aan University College, Utrecht. Hij was achtereenvolgens hoofd van de afde-ling Documentatie en Onderzoek en hoofd Collecties bij het Stedelijk Museum in Amsterdam. In 1994 promoveerde hij aan de Universiteit van Amsterdam en in 2001 verscheen van hem *De ontvangst van de moderne kunst in Nederland 1910–2000. Picasso als pars pro toto* – een bewerkte en uitgebreide handelseditie van zijn proefschrift.

■■■ JO BAER (Seatle, 1929) is kunstenaar, ze werkt en woont in Amsterdam. Baer heeft wereldwijd gewerkt en tentoongesteld. WWW.JOBAER.NET

■■■ DOMINIC VAN DEN BOOGERD (Breda, 1959) is directeur en docent van het internationale postdoctorale instituut voor kunstenaars De Ateliers in Amsterdam. Zijn recensies, artikelen en essays zijn in talrijke kunstbladen en tentoonstellingscata-logi in binnen- en buitenland verschenen, waaronder *Metropolis M, Parkett, Frieze* en *De Witte Raaf.* Van den Boogerd heeft monografieën en essays in catalogi geschreven over Marlene Dumas, René Daniëls, Luc Tuymans, Michael Raedecker, Anton Henning, Manfred Pernice, Urs Fischer, Keith Tyson, Erik van Lieshout, Matthew Day Jackson, Thomas Houseago, Fiona Tan en Mary Heilmann.

■■■ KEES VAN GELDER is galeriehouder in Amsterdam. WWW.GALERIEVANGELDER.COM

■■■ XANDER KARSKENS (1973), kunsthistoricus (UvA), vanaf 2002 onder andere curator van 'Play-station' bij Galerie Fons Welters en gastconservator Stedelijk Museum Bureau Amsterdam. Sinds 2006 is hij conservator bij De Hallen Haarlem. Curator van o.a. 'Le Nouveau Siècle' bij Museum van Loon (2006) en FOCUS: the Netherlands' tijdens ARCOmadrid 2012. Freelance auteur voor onder andere *Metropolis M.*

■■■ ROOSJE KLAP (Amsterdam, 1973) werkt als gra-fisch ontwerper en onderzoekt de experimentele grenzen van het ontwerp. Ze werkt vooral voor opdrachtgevers uit het culturele circuit. Ze doceert grafisch ontwerpen en typografie aan de Koninklijke Academie in Den Haag. WWW.ROOSJEKLAP.NL

■■■ NOOR MERTENS (1984) studeerde kunstge-schiedenis in Utrecht en volgde de master museumcon-servator in Amsterdam. Ze schreef haar scriptie over het begrip *dérive* van de Internationale situationiste. De afgelopen jaren werkte ze bij Galerie Paul Andriesse en vanaf 2011 is ze als junior conservator moderne en he-dendaagse kunst verbonden aan Museum Boijmans Van Beuningen, Rotterdam. Daarnaast is ze redacteur van *Tubelight,* een tijdschrift dat recensies over hedendaagse kunst publiceert.

■■■ DOROTHÉ ORCZYK (1984) studeerde moderne en hedendaagse kunst aan de Universiteit Utrecht. Haar afstudeeronderzoek richtte zich op het verband tussen de esthetische en financiële waarde van hedendaagse kunst en de invloed van een financiële crisis op deze relatie. Momenteel is ze als director werkzaam bij Ellen de Bruijne Projects en daarnaast is ze curator van de projectruimte Dolores. Ook werkt ze als coördinator voor de Spaanse kunstenaar Alicia Framis.

■■■ ADRIAAN VAN RAVESTEIJN leidde met zijn partner Geert van Beijeren Bergen en Henegouwen van 1968 tot 2001 de toonaangevende galerie Art & Project, aanvankelijk in Amsterdam, vanaf de jaren 1990 in Slootdorp. Van 1968–1989 publiceerden zij het gelijknamige bulletin *art & project.*

■■■ TINEKE REIJNDERS is onafhankelijk kunstcritica en kunsthistorica. Ze schrijft essays en monografische artikelen voor tijdschriften en boeken. Haar interesse omvat alle terreinen van hedendaagse kunst, met lichte nadruk op kunstenaarsinitiatieven, buiten-westerse kunst, fotografie, video. Ze bereidt een boek voor over kunstenaarsinitiatieven in Amsterdam, 1970–2010.

■■■ JACK TILTON is galeriehouder in New York. WWW.JACKTILTONGALLERY.COM

■■■ OLAV VELTHUIS is universitair hoofddocent aan de faculteit Sociologie en Antropologie van de Universiteit van Amsterdam. Hij is de auteur van on-der meer *Imaginary Economics* (NAi Uitgevers, 2005) en *Talking Prices* (Princeton University Press, 2005). Velthuis heeft ook gewerkt als verslaggever over globa-lisering voor *de Volkskrant.* Zijn journalistieke werk is tevens verschenen in *Artforum,* de *Art Newspaper* en de *Financial Times.*

■■■ ASTRID VORSTERMANS (Maastricht, 1960) is kunsthistoricus, redacteur en uitgever. In 2003 richtte zij Valiz op. WWW.VALIZ.NL

■■■ FONS WELTERS is galeriehouder in Amsterdam. WWW.FONSWELTERS.NL

CONTRIBUTORS TO THIS BOOK

JAN VAN ADRICHEM (Nootdorp, 1956) is a freelance art historian. He studied at the Gerrit Rietveld Academie before going on to study at the University of Amsterdam. He has been conservator at Museum Boijmans Van Beuningen, Rotterdam and university lecturer in Modern and Contemporary Art History at the University of Utrecht and University College, Utrecht. Before becoming head of Collections at the Stedelijk Museum Amsterdam he was head of the Documentation and Research department of the same institute. He obtained his doctorate from the University of Amsterdam In 1994. His *De ontvangst van de moderne kunst in Nederland 1910–2000. Picasso als pars pro toto* [The reception of modern art in the Netherlands 1910–2000. Picasso as pars pro toto], an edited and expanded version of his doctoral thesis, was published in 2001.

JO BAER (Seattle, 1929) is an artist, now living and working in Amsterdam. She has worked and exhibited worldwide. WWW.JOBAER.NET

DOMINIC VAN DEN BOOGERD (Breda, 1959) is director and tutor of the international post-graduate artists' institute De Ateliers in Amsterdam. His reviews, articles and essays have been published in numerous art magazines and exhibition catalogues in the Netherlands and abroad, including *Metropolis M*, *Parkett*, *Frieze* and *De Witte Raaf*. Van den Boogerd has published monographs and essays in catalogues on Marlene Dumas, René Daniëls, Luc Tuymans, Michael Raedecker, Anton Henning, Manfred Pernice, Urs Fischer, Keith Tyson, Erik van Lieshout, Matthew Day Jackson, Thomas Houseago, Fiona Tan and Mary Heilmann.

KEES VAN GELDER is a gallerist in Amsterdam. WWW.GALERIEVANGELDER.COM

XANDER KARSKENS (1973) is an art historian (University of Amsterdam). Since 2002 his activities have included curating 'Playstation' at the Fons Welters Gallery and acting as guest curator at the Stedelijk Museum Bureau Amsterdam. Since 2006 he is a curator at De Hallen, Haarlem. He was responsible for 'Le Nouveau Siècle' at Museum van Loon in Amsterdam (2006), 'FOCUS: the Netherlands' for ARCOmadrid 2012 and other exhibitions. He is a freelance writer for *Metropolis M* and other periodicals.

ROOSJE KLAP (Amsterdam, 1973) works as a graphic designer, and researches the experimental boundaries of custom-size design, collaborative yet peculiar. She mainly works for a clientele in the cultural field: museums, galleries, art publishers and artists. She teaches graphic design and typography at the Royal Academy in The Hague. WWW.ROOSJEKLAP.NL

NOOR MERTENS (1984) studied art history in Utrecht and took the master's course in museum curatorship in Amsterdam. She wrote her thesis on the notion of the *dérive* of the Internationale situationniste. She has worked for the last few years at Galerie Paul Andriesse. Since 2011 she has been junior curator modern and contemporary art at Museum Boijmans Van Beuningen, Rotterdam. She is also editor of *Tubelight*, a periodical that publishes reviews of contemporary art.

DOROTHÉ ORCZYK (1984) studied Modern and Contemporary Art at the University of Utrecht. Her graduation research focused on the relation between the aesthetic and the financial value of contemporary art and what the influence of the financial crisis on this relation has been. She currently holds the position as director at Ellen de Bruijne Projects and as a curator for the project space Dolores. She also works as coordinator for the Spanish artist Alicia Framis.

ADRIAAN VAN RAVESTEIJN and his partner, Geert van Beijeren Bergen en Henegouwen, were the gallerists of Art & Project, 1968–2001, first based in Amsterdam, later in Slootdorp. From 1968–1989 they also published the bulletin *art & project*.

TINEKE REIJNDERS is an independent art critic and art historian. She contributes essays and monographic articles to magazines and books. Her domain of interest includes all fields of contemporary art, with a slight emphasis on artist-run spaces, extra-western art, photography, video. She prepares a book on artists' initiatives in Amsterdam, 1970–2010.

JACK TILTON is a gallerist in New York. WWW.JACKTILTONGALLERY.COM

OLAV VELTHUIS is Associate Professor with the Department of Sociology and Anthropology of the University of Amsterdam. His writings include *Imaginary Economics* (NAi Publishers, 2005) and *Talking Prices* (Princeton University Press, 2005). Velthuis worked as a reporter on globalization for the daily newspaper *de Volkskrant*. His journalistic writings have appeared in *Artforum*, the *Art Newspaper* and the *Financial Times*.

ASTRID VORSTERMANS (Maastricht, 1960) is an art historian, editor and publisher. In 2003 she launched Valiz. WWW.VALIZ.NL

FONS WELTERS is a gallerist in Amsterdam. WWW.FONSWELTERS.NL

REGISTER

INDEX

Ader, Bas Jan 68, **69**
Adrichem, Jan van 16, 39, 210 **17, 39, 211**
Akinci, Leila/Galerie Akinci 102, **105**
Akkerman, Ben 72, **77**
Alberts, Martin 150, 158 **150, 158**
Amar, Ghislain 142, **142**
Amok 168, **169**
Andriesse, Erik 100, 120, **103, 120**
Andriesse, Paul/Galerie Paul Andriesse 7, 22, 24, 26, 52,
     76, 92, 99, 100, 106, 112, 118, 128, 132, 136, 138,
     174, 176, **8, 23, 25, 27, 53, 79, 93, 99, 101, 103,
     109, 113, 117, 125, 131, 133, 137, 177**
Anselmo, Giovanni 76, **79**
Aorta 150, 154, 156, 158, 164, 168, **150, 155, 157,
     158, 167, 169**
Apice, Daniela/Apice for Artists 156, **157**
Appel, De 16, 22, 30, 56, 58, 94, 152, 164, 206, **17, 23,
     31, 33, 57, 59, 95, 153, 165, 207**
Appel, Karel 42, 44, **43, 45**
Ark, Daniëlle van 5, **5**
Art & Project 16, 22, 24, 26, 52, 55, 56, 58, 60, 62, 66,
     68, 70, 72, 74, 76, 78, 84, 86, 88, 90, 92, 100, 102,
     154, 210, 216, **17, 23, 25, 27, 53, 55, 57, 59, 61,
     63, 67, 69, 70, 73, 75, 77, 79, 83, 85, 87, 89,
     91, 101, 103, 155, 211, 217**
Art At Work 108, **111**
Asseldonk, Wilma van 70, **79, 83**
Ayres, Tim 170, **170**
Baars, Willem 30, 32, **31, 33**
Baer, Jo 18, 112, **19, 113, 171**
Baldessari, John 68, 72, **69, 73**
Baljeu, Joost 60, **61**
Barry, Robert 68, **69**
Bartana, Yael 126, 128, **119, 125**
Baselitz, Georg 76, 100, **77, 101**
Becht, Frits & Agnes 100, **101**
Beck, Annemiek 46, **47**
Beckmann, Max 40, **41**
Beek, Henni van 161, 162, **161, 162**
Beeren, Wim 56, 60, 65, 84, **57, 63, 65, 83**
Beijeren, Geert van 24, 53, 66, 68, 70-72, 76, 84, 90,
     216, **25, 53, 69, 70, 71, 73, 77, 83, 89, 217**
Belder, Lucky 58, **59**
Bendien, Eva 46, **47**
Berchem, Otto 139, **139**
Bertheux, Maarten 56, **57**
Besnyö, Eva 40, **41**

Beuys, Joseph 58, **59**
Bibikov, Mike (von) 154, **155**
Bijl, Marc 108, **109**
Blans, Nic 60, **61**
Bloom Gallery 102, **103, 105**
Blumenfeld, Erwin 40, **41**
Bochner, Mel 72, **73**
Boezem, Marinus 60, 62, 84, **61, 63, 83**
Boltanski, Christian 76, **79**
Bonies, Bob 36, 58, 60, 66, 86, 84, **36, 61, 67, 69, 83**
Boogerd, Dominic van den 20, 39, **21, 39**
Boom, Erik van den 122, 123, **122, 123**
Boros, Christian 118, **117**
Bos, Saskia 94, **95**
Bourdieu, Pierre 178, **179**
Bouter, Hein de 49, **49**
Broad, Eli 199, 202, **199, 203**
Broodthaers, Marcel 76, **77**
Broomberg, Adam 215, **215**
Brouwn, Stanley 58, 68, **59, 69**
Bruggen, Coosje van 68, **73**
Bruijn, Nieck de 104, 108, 110, 130, 134, 136, **105,
     107, 109, 111, 113, 127, 131, 133, 135**
Bruijne, Ellen de/Ellen de Bruijne Projects 102, 139,
     145, 216, **105, 139, 145, 217**
Bryan, Matt 106, **109**
Buisman, Sjoerd 76, **77**
Buren, Daniel 72, **73**
Büttner, Werner 76, **79**
Cacaofabriek, De 156, **165**
Caldenborgh, Joop van 202, **203**
Calzolari, Pier Paolo 62, **63**
Cardena, Michel 152, **153**
Carpay, Walter 166, **167**
Carrión, Ulises 152, **153**
Cassée, Dick 58, **59**
Castelli, Leo 26, 56, **27, 57**
Cate, Ritsaert ten 18, 58, **19, 59**
Chabot, Hendrik 42, **43**
Chagall, Marc 42, **43**
Chanarin, Oliver 215, **215**
Chapon, Polly 46, **47**
Charlton, Alan 72, **73**
Chia, Sandro 76, 90, **77, 91**
Claassen, Tom 94, **95**
Clemente, Francesco 76, 90, **77, 91**
Cock, Jan De 94, 114, 128, 176, **95, 115, 125, 177**

Cohen deLara, David 159, **159**
Colombo, Gianni 86, **85**
Colton, Adam 72, **73**
Constant 42, 49, 60, **43, 49, 61**
Corneille 42, **43**
Cragg, Tony 72, **73**
Cucchi, Enzo 76, **77**
d'Armagnac, Ben 76, **77**
Daamen, Melle 173, 174, **173, 175**
Dahn, Walter 76, **79**
Daniëls, René 76, 100, 118, 216, **77, 103, 117, 217**
Darboven, Hanne 72, 90, **73, 89**
Deitch, Jeffrey 199, 202, **199, 203**
Dekkers, Ad 36, 60, 62, 66, 86, **36, 61, 63, 67, 85**
Demaegd, Frank 192, **193**
Dibbets, Jan 55, 58, 60, 62, 68, 84, **57, 59, 61, 63, 69, 83**
Dieten, Ferdinand van 46, **47**
Dijkstra, Rineke 126, **125**
Dilworth, Norman 66, **67**
Doig, Peter 106, **107**
Dokoupil, Jiri 76, **79**
Domela, César 42, **43**
Dosi Delfini, Luca 68, **73**
Dumas, Marlene 22, 100, 151, 216, **23, 103, 151, 217**
Durand-Ruel, Paul 20, 40, **21, 41**
Eikelenboom, Alfred 60, **61**
Elk, Ger van 58, 60, 62, 68, 84, **59, 61, 63, 69, 83**
Engels, Pieter 58, **59**
Enwezor, Okwui 186, **189**
Erve, Paul van der 46, **47**
Expeditie, De 102, **105**
Eyck, Zsa-Zsa 53, 102, **53, 105**
Fabriek, De 156, **165**
Farber Barbara/Galerie Barbara Farber 100, **101**
Faust, Wolfgang Max 100, **101**
Feigl, Zoro 166, **167**
Fischer, Konrad/Galerie Konrad Fischer 68, 84, **73, 85**
Flanagan, Baay 72, 75, **73, 75**
Förg, Günther 100, **101**
Foxx, Mark 128, **125**
Freijmuth, Alphons 58, **59**
Frenken, Ton 18, **19**
Frieling, Gijs 161, **161**
Fuchs, Rudi 55, **55**
Fulton, Hamish 72, **73**
Gachnang, Johannes 76, 84, **77, 85**
Galerie 207 58, **59**
Galerie 845 44, 58, **45, 59**
Galerie Amstel 47 58, **59**
Galerie d'Eendt 44, 46, 58, **45, 47, 59**
Galerie Espace 38, 46, 58, **38, 47, 59**
Gander, Ryan 143, **143**

Gelder, Kees van/Galerie Van Gelder 7, 102, 146-149, 156, 213, **8, 103, 146, 148, 149, 157, 213, 217**
Gelink, Annet/Galerie Annet Gelink 22, 30, 32, 99, 102, 108, 112, 114, 118, 126, 128, 136, 138, 143, 174, 176, 180, **23, 31, 33, 99, 103, 105, 111, 113, 115, 117, 119, 125, 127, 133, 135, 143, 175, 177, 181**
Genzken, Isa 100, **101**
Giele, Peter 156, 164, 166, 168, **157, 165, 167, 169**
Gieles, Hans 6, 106, 154, 170, 205, **9, 107, 157, 170, 205**
Gijzen, Wim 76, **77**
Gilbert & George 68, 72, 74, 84, **69, 73, 74, 85**
Gnyp, Marta 138, **137**
Goetz, Ingvild 118, **117**
Gordon, Douglas 102, **103**
Gortzak, Roos 30, **31**
Graevenitz, Gerhard 60, 62, 66, 86, **61, 67, 85**
Gribling, Frank 58, **59**
Grimm, Jorg/Grimm Fine Art/Grimm Gallery 99, 104, 106, 108, 112, 114, 120, 128, 132, 136, 138, 140, **99, 105, 107, 109, 111, 113, 117, 120, 127, 129, 135, 137, 140**
Grinsven, Steven van 104, 108, 110, 118, 130, **105, 109, 111, 117, 129**
Groot, Elbrig de 90, **89**
Grosz, George 40, **41**
Gubbels, Truus 15, 39, 40, 42, 46, **15, 39, 43, 47**
Gudmundsson, Sigurdur 76, 152, **77, 153**
Guston, Philip 106, **107**
Haring, Keith 100, **103**
Harvey, Claire 94, **95**
Have, Adriaan ten 102, **103**
Heard, Alice 72, **73**
Hennus, Michiel 53, **53**
Heyden, J.C.J. van der 58, **59**
Hobijn, Erik 164, **167**
Höckelmann, Anton 76, **77**
Hofland, Jeanine/Jeanine Hofland Contemporary Art 22, 136, 142, 191, **23, 135, 142, 191**
Holstein, Pieter 58, **59**
Hooft, Wikke 't 162, **162**
Hoogstraate, Wil 46, **47**
Houseago, Thomas 94, **95**
Houshiary, Shirazeh 108, **109**
Houts, Catherine van 66, **69**
Hudson, Graham 110, 130, **111, 129**
Huebler, Douglas 68, **73**
Huisman, Hetty 152, **153**
Hutchinson, Peter 66, **67**
Immendorf, Jörg 76, 84, **77, 85**
In-Out Center 16, 152, **17, 153**
Jackson, Matthew Day 108, 140, **111, 140**
Janssen, Saskia 145, **145**

Jensen, Robert 20, **21**
Jong, Ad de 156, 162, 164, **162, 165**
Jong, Folkert de 108, 110, 173, **109, 113, 175**
Jongma, Juliëtte/Galerie Juliëtte Jongma 30, 99, 104,
    106, 108, 110, 112, 114, 124, 128, 130, 132, 134,
    136, 138, **31, 99, 105, 107, 109, 111, 113, 115,**
    117, 124, 125, 127, 129, 131, 133, 135, 137
Judd, Donald 66, 90, **67, 89**
Jurka, Rob/Galerie Rob Jurka 100, 154, **101, 155**
Kafana 168, **169**
Karskens, Xander 18, **19**
Kelly, Ellsworth 60, **61**
Kerseboom, Willem 186, **189**
Ket, Dick 40, **41**
Kiefer, Anselm 76, 78, 84, 100, **77, 79, 83, 85, 101**
Kirkeby, Per 76, **77**
Kittelman, Udo 94, **95**
Klaster, Jan Bart 22, **23**
Knoebel, Imi 72, **73**
Koelewijn, Job 11, 94, 110, 122, **11, 95, 111, 122**
Koetsier, Hans 36, 58, 66, **36, 59, 67**
Kok, Arjen 68, 72, 88, **73, 89, 91**
Kolk, F. 90, **89**
Koningsbruggen, Rob van 62, **67**
Kooning, Willem de 151, **151**
Koopman, Bert 24, **25**
Kosuth, Joseph 68, **73**
Kounellis, Jannis 62, **63**
Kreij, Marijn van 130, **129**
Krimpen, Wim van/Galerie Wim van Krimpen
    26, 32, 100, **27, 33, 101**
Kruip, Germaine 126, **125**
Lambert, Yvon/Galerie Yvon Lambert 68, **73**
Landzbergas, Zilvinas 126, **119**
Leden, Jack van der 192, **193**
Leffelaar, Louk 53, **53**
Lester, Gabriel 94, **95**
LeWitt, Soll 68, 72, **69, 73**
Lier, van 40, 42, 44, **41, 43, 45**
Lieshout, Erik van 126, **125**
Lieshout, Joep van / Atelier van Lieshout
    94, 118, 126, 144, 166, **95, 119, 125, 144, 167**
Living Room, The
    6, 102, 120, 154, **9, 103, 120, 145, 157**
Loenen Martinet, J. van/Martinet en Michels 42, **43**
Lohse, Richard 60, **61**
Long, Richard 62, 72, **63, 73**
Lord, Andrew 72, **73**
Lucassen, Reinier 58, **59, 61**
Luiten, Gitta 173, 174, **173, 175**
Lumen Travo 24, 102, 156, **25, 103, 157**
Lüpertz, Markus 76, 78, 100, **77, 79, 101**
Luteyn, Sanne 124, **124**

Madonna 128, **127**
Maenz, Paul/ Galerie Paul Maenz 68, 102, **73, 103**
Maître, Jean-Baptiste 191, **191**
Makkom 154, **155**
Malasch, Rob 104, **107**
Maljković, David 112, **113**
Manders, Mark 126, **125**
Mandos, Ron 28, 108, 138, **29, 111, 135**
Mangold, Robert 66, **67**
Mapplethorpe, Robert 100, **101**
Marissing, Lidy van 88, **87, 89**
Martens, Renzo 94, **95**
Martin, Agnes 66, **67**
Martin, Kenneth 66, **67**
McDermott, Dave 200, **200**
Megert, Christian 66, **67**
Meij, Helen van der/Galerie Helen van der Meij
    16, 22, 26, 56, 58, 76, 78, 81, 84, 86, 88, 90, 92,
    100, 210, **17, 23, 27, 57, 59, 77, 79, 81, 83, 85,**
    87, 89, 91, 93, 101, 211
Melchers, Dolly 44, **45**
Melchers, Ru 44, **45**
Mertens, Dieuwertje 174, 176, **175, 177**
Merz, Mario 62, 78, **63, 83**
Messager, Annette 76, **79**
Michels, Toon 42, 44, **43, 45**
Mickery 58, **59**
Mik, Aernout 94, 126, 128, **95, 125**
Miro, Victoria 106, **107**
Mol, Pieter Laurens 76, 108, **77, 109**
Monahan, Matthew 94, **95**
Monitor 128, **125**
Moorman, Mark 30, **31**
Morellet, François 66, 86, **67, 85**
Morton, Tom 108, **111**
Moti, Melvin 126, **125**
Muller, Robert-Jan 28, 30, 32, **29, 31, 33**
Nienhuis, Bert 96, **96**
Nieuwenhuyzen, Martijn van
    56, 65, 68, 70, **57, 68, 70, 73**
NL Centrum 154, **155**
Oehlen, Albert 76, **79**
Olbricht, Thomas 118, **117**
Onrust, Milco/Galerie Onrust 53, 102, **53, 103**
Ophuis, Ronald 110, **111**
Oppenheim, Dennis 66, **67**
Orsouw, Bob van 173, 174, **173, 175**
Other Books and So 152, **153**
Overdijk, Maarten 142, **142**
P/////AKT 156, **157**
Panamarenko 58, **59**
Paradise Row 104, **105**
Parrino, Steven 146, 147, **148, 149**

Peeters, Henk 60, **61**
Penck, A.R. 76, 84, **77, 85**
Peninsula 156, **157**
Penone, Giuseppe 76, **79**
Pinault, François 118, 202, **117, 203**
Pitt, Brad 128, **127**
Ploeg, Maarten 154, **155**
Ploeg, Jan van der 166, **167**
Polke, Sigmar 76, 78, 118, **77, 83, 117**
Pontzen, Rutger 174, **175**
Pope, Nicholas 72, **73**
Praktijk, De 24 110, 154, **25, 111, 157**
Preesman, Avery 126, **125**
Prieto, Wilfredo 114, **115**
Prini, Emilio 62, **63**
PS 166, **167**
Quawson, Muzi 126, **119**
Quentin, Alain 180, 186, **181, 189**
Rabinovich, Ilya 143, **143**
Raedecker, Michael 30, 126, **31, 125**
Raetz, Markus 76, **77**
Rajlich, Tomas 72, **77**
Rapper, Anne Jaap de 205, **205**
Ravesteijn, Adriaan van 24, 52, 53, 60, 66, 68, 70, 72,
    76, 84, 88, 92, **25, 53, 69, 70, 73, 77, 83, 89, 91**
Redon, Odilon 42, **43**
Reijnders, Tineke 16, **17**
Reitsma, Ella 26, 72, 78, 90, 92, **27, 73, 79, 89, 91**
René, Galerie Denise 66, **67**
Renesse, Sanne van 160, **160**
Rickey, George 60, **61**
Rietveld, Gerrit 151, **151**
Robilliard, David 72, **73**
Rolt, Gabriel/Galerie Gabriel Rolt 99, 104, 108, 114,
    128, 132, 134, 138, 141, 215, **99, 105, 111, 115,
    127, 131, 133, 135, 141, 215**
Rooduijn, Hans 44, 46, **45, 47**
Rooij, Willem de 126, **125**
Roosen, Maria 94, 110, **95, 111**
Rooskens, Anton 44, 49, **45, 49**
Rous, Martin 60, **61**
Rubell, Donald 118, **117**
Ruiter, Truus 32, **33**
Rumpff, Tanya 53, **53**
Ruppersberg, Allen 68, **69**
Saatchi, Charles 118, 202, **117, 203**
Salvo 76, **77**
Sanders, Martijn 100, **101**
Scharf, Kenny 100, **103**
Schiavetto, Ludovico 58, **59**
Schimmel, Paul 199, **199, 203**
Schippers, Wim T. 58, **59**
Schjeldahl, Peter 22, 24, 26, **25, 27**

Scholte, Rob 102, **103**
Schoonhoven, Jan 60, **61**
Seriaal 18, 58, 76, 82, 185, **19, 59, 77, 82, 185**
Service Garage, De 156, **157**
Simons, Riki 174, **175**
Slewe, Martita/Slewe 20, 53, 102, **21, 53, 105**
Slothouber en Graatsma 68, **69**
Sluijters, Jan 42, **43**
Smallenburg, Sandra 24, **25**
Smals, Wies 18, 20, 58, 80, 152, **19, 21, 59, 80, 153**
Soi, Praneet 5, **5**
Sommers, Jan 86, **85**
Sonnabend, Ileana 56, **57**
Sothmann, Magdalene/Galerie Magdalene Sothmann
    46, 58, **47, 59**
Sperone, Gian Enzo/Galleria Gian Enzo Sperone 68, **73**
Staakman, Ray 60, **61**
Staeck, Klaus 76, **77**
Steele, Jeffrey 66, **67**
Steenbergen, René 40, **41**
Stel, Peter 162, **162**
Ster, Jan van der 42, **43**
Stigter, Diana/Galerie Diana Stigter 99, 102, 104, 106,
    108, 136, **99, 103, 105, 107, 111, 133, 135, 138**
Still, Clyfford 60, **61**
Straaten, Evert van 86, **87**
Strik, Berend 94, 110, **95, 111**
Struycken, Peter
    36, 60, 62, 66, 84, 86, 88, **36, 63, 67, 83, 85, 87**
Swart, Riekje/Galerie Riekje Swart 16, 26, 36, 52-56, 58,
    60, 62, 64-66, 68, 76, 78, 84, 86, 88, 90, 92, 100,
    154, 210, **17, 27, 36, 53-57, 59, 61, 63-65, 67,
    69, 79, 83, 85, 87, 89, 91, 101, 155, 211**
Tan, Fiona 126, **125**
Team Gallery 104, **105**
Tegenbosch, Pietje/Tegenboschvanvreden 32, **33**
Thek, Paul 58, **59**
Thornton, Sarah 202, **207**
Tiedema, Sander 140, 200, 201, **140, 200, 201**
Tijhuis, Peter 141, 214, 215, **141, 214, 215**
Tilborg, Marianne van 24, 102, **25, 103**
Tilroe, Anna 22, 88, **23, 89**
Tilton, Jack 18, **19, 37**
Time Based Arts 152, **153**
Timmermans, Ewald 144, **144**
TINKEBELL 204, **204**
Toorop, Charley 40, 42, **41, 43**
TORCH 102, 116, 204, **103, 116, 204**
Tremlett, David 72, **73**
Tuttle, Richard 66, **67**
Upstream 99, 104, 108, 130, **99, 105, 109, 127**
Van Orsouw, Bob 174, **175**
Vautier, Ben 58, **59**

Veldhoen, David 168, **169**
Ven, Bart van de 6, 102, **9, 103**
Veneman, Peer 6, 102, **9, 103**
Verhoef, Toon 76, **77**
Verhoeven, Julie 130, **129**
Vermeulen, Dirk 24, 110, 156, **25, 111, 157**
Visch, Henk 108, 120, **109, 120**
Visser, Carel 60, 76, **61, 77**
Visser, Janus de 178, **179**
Visser, Martin 100, **101**
Visser, Mia 18, 58, **19, 59**
Volten, André 60, 86, **61, 85**
VOUS ÊTES ICI 6, 106, 154, 170, 205, **9, 107, 157, 170, 205**
Vreden, Martin van 32, **33**
Vries, Herman de 60, 62, **61, 67**
W139 16, 30, 154, 156, 159-162, 164, 166, 168, **17, 33, 155, 157, 159, 161, 162, 165, 167, 169**
Warhol, Andy 20, 58, **21, 59**
Waskowsky, Edu 58, **59**
Wearing, Gilliam 102, **103**
Weele, Cor van 74, 75, **74, 75**
Weiner, Lawrence 68, **69, 73**
Welters, Fons/Galerie Fons Welters 6, 11, 53, 99, 102, 108, 114, 118, 122, 126, 128, 132, 134, 136, 138, 144, 174, **9, 11, 53, 99, 103, 111, 115, 119, 122, 125, 127, 131, 133, 137, 144, 177**

Wentworth, Richard 108, **109**
Werkman, Fie 58, **59**
Werner, Michael 84, **85**
Werve, Guido van der 112, 114, 128, **115, 117, 125**
Wesseling, Janneke 174, **175**
West 156, **157**
Wildenberg, Wijnand 100, **101**
Wilt, Koos de 24, **25**
Wint, Rudi van de 62, **67**
Wirth, Iwan 112, **113**
Wisman, Bram 36, **36**
Witman, Bob 28, **29**
Wolfs, Rein 130, **127**
Wolvecamp Theo 49, **49**
Yuen, Nina 124, **124**
Zandvoort, Tom 162, **162**
Zee, Jan van der 58, **59**
ZINGERpresents 99, 104, **99, 105**
Zwagerman, Joost 102, **103**
Zomeren, Martin van/Galerie Martin van Zomeren 5, 22, 99, 104, 106, 108, 114, 118, 126, 132, 134, 136, 138, **5, 23, 99, 105, 107, 109, 115, 119, 125, 129, 131, 135**

WHO IS WHO? (p. 96-97)

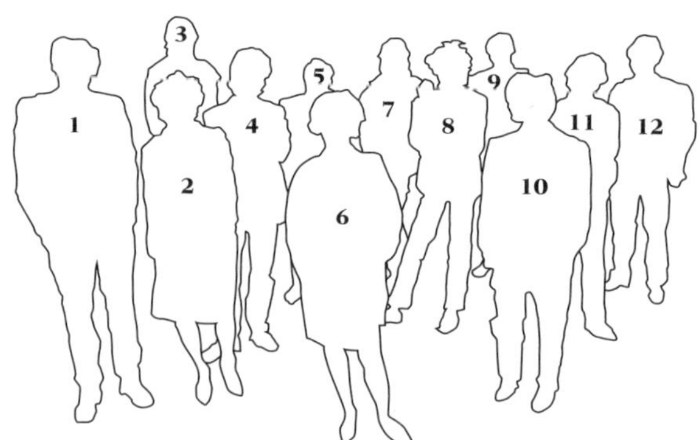

DE SELBY
Jan Gehlen (1), Karen van den Heuvel (2)
GALERIE VAN GELDER
Kees van Gelder (3), Ellen de Bruijne (6)
THE LIVING ROOM, Bart van de Ven (4)
GALERIE ONRUST, Milco Onrust (5)

TORCH, Adriaan van der Have (7)
GALERIE HANS GIELES, Hans Gieles (8)
GALERIE PAUL ANDRIESSE
Robert-Jan Muller (9), Paul Andriesse (12)
GALERIE FONS WELTERS
Connie Palmen (10), Fons Welters (11)

AANBEVOLEN LITERATUUR   FURTHER READING

H. Abbing, *Why Are Artists Poor? The Exceptional Economy of the Arts*, Amsterdam: Amsterdam University Press, 2002.

P. Andriesse et al., *Galerie*, Amsterdam: Galerie Paul Andriesse, 1989.

P. Andriesse et al., *Art Gallery Exhibiting. The Gallery as a Vehicle for Art*, Amsterdam: De Balie/Galerie Paul Andriesse, 1996.

K. Ankerman et al., *Onmetelijk optimisme. Galeriehouders en hun kunstenaars, 1945–1970*, Zwolle: Waanders, 2008.

M.J. Bok, *Vraag en aanbod op de Nederlandse kunstmarkt, 1580–1700*, Utrecht: Universiteit Utrecht, 1994.

C. Cherix, *In & Out of Amsterdam. Travels in Conceptual Art, 1960–1976*, New York: The Museum of Modern Art, 2009.

T. Gubbels, *Passie of professie. Galeries en kunsthandel in Nederland*, Abcoude: Uniepers, 1999.

T. Gubbels, I. Janssen (red./eds), *Kunst te koop! Artistieke innovatie en commercie in het Nederlandse galeriebestel*, Amsterdam: St. Boekmanstudies/Mondriaan Stichting, 2001.

T. Gubbels, G. Voolstra (red./eds), *Visies op beleid en markt. Overheidsbeleid en de particuliere markt voor kunst*, Amsterdam: St. Boekmanstudies/Mondriaan Stichting, 1998.

T. Gubbels et al., *Het oog voorbij. Galerie Nouvelles Images 1960–2000. 40 jaar gedeeld galeriehouderschap, Ton Berends (1960–1988) en Erik Bos (1988–2000)*, Den Haag/The Hague: Galerie Nouvelles Images, 2001.

H. van Haaren et al., *Nouvelles Images 25 jaar*, Den Haag/The Hague: Galerie Nouvelles Images, 1985.

J.F. Heijbroek, E.L. Wouthuysen, *Kunst, kennis en commercie. De kunsthandelaar J.H. De Bois*, Amsterdam: Contact, 1993.

J.F. Heijbroek, E.L. Wouthuysen, *Portret van een kunsthandel. De Firma Van Wisselingh en zijn compagnons*, Zwolle: Waanders/Amsterdam: Rijksmuseum, 1999.

M. Hoogendonk (red./ed.), *Galerie Espace. 40 jaar ruimte voor eigentijdse kunst*, Abcoude: Uniepers/Haarlem: Frans Halsmuseum, 1997.

C. Huizing et al., *The Living Room. Eine Amsterdamer Galerie und die achtziger Jahre*, Bentheim: Kunstverein Grafschaft Bentheim, 1995.

M. Schavemaker, M. Rakier (red./eds), *Right About Now. Art & Theory since 1990's*, Amsterdam: Valiz, 2007.

M. Slewe (red./ed.), *10 years Slewe/10 jaar Slewe*, Amsterdam: Galerie Slewe, 2004.

R. Steenbergen, *Iets wat zoveel kost, is alles waard. Verzamelaars van moderne kunst in Nederland*, Amsterdam: Vassallucci, 2002.

H. Stork, *Galerie Krikhaar 1963–1988*, Zwolle: Waanders, 1999.

A. Tilroe, *De ja-sprong. Naar een nieuwe vitaliteit in de kunst*, Amsterdam: Querido, 2010.

O. Velthuis, *Talking Prices. Contemporary Art, Commercial Galleries, and the Construction of Value*, Rotterdam: Erasmus Universiteit Rotterdam, 2002.

A. Venema, *Kunsthandel in Nederland 1940–1945*, Amsterdam: De Arbeiderspers, 1986.

COLOFON
COLOPHON

REDACTIE EDITORS
Noor Mertens, Astrid Vorstermans
AUTEURS AUTHORS Jan van Adrichem,
Dominic van den Boogerd, Xander Karskens,
Noor Mertens, Tineke Reijnders, Olav Velthuis
KORTE BIJDRAGEN VAN
SHORT CONTRIBUTIONS BY Jo Baer,
Kees van Gelder, Adriaan van Ravesteijn,
Jack Tilton, Fons Welters
ONTWERP **DESIGN** Roosje Klap
BEELDREDACTIE **IMAGE EDITING** Dorothé
Orczyk, Noor Mertens, Antoine Bertaudière
TEKSTREDACTIE **COPY-EDITING**
Els Brinkman
VERTALING N-E **TRANSLATION D-E**
Peter Mason
ALGEMENE ASSISTENTIE **GENERAL
ASSISTANCE** Liesbet Bussche, Pia Pol
DRUK **PRINTING**
Ten Brink / Euradius, Meppel
UITGEVER **PUBLISHER** Valiz, Amsterdam
WWW.VALIZ.NL

MET DANK AAN **ACKNOWLEDGEMENTS**
Paul Andriesse, Antoine Bertaudière, Ellen de Bruijne,
Capital A, Marieke van Giersbergen, René Jonen, Pjotr
de Jong, Paul Kamp, Janna & Hilde Meeus, Robert-Jan
Muller, Martijn van Nieuwenhuyzen, Elke Stevens,
Lidy Visser. En alle auteurs, galeriehouders, fotografen
en kunstenaars voor hun genereuze medewerking.
**And all authors, gallerists, photographers and
artists for their generous cooperation.**

De teksten op blz 6-9 zijn aangepaste citaten uit:
The texts on pages 6-9 are edited quotes from:
'First Blossom: Interviews met Amsterdamse galerie-
houders', *Art-I*, Arti et Amicitiae, no. 4, vol.1, 1990

© 2012 Valiz, auteurs, kunstenaars, fotografen **authors,
artists, photographers. All rights reserved.**

Positioning the Art Gallery is mede mogelijk gemaakt
dankzij de genereuze bijdrage van
***Positioning the Art Gallery* was made possible
through the generous support of**
Mondriaan Fonds
Prins Bernhard Cultuurfonds

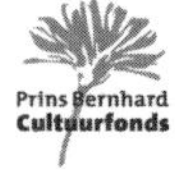

224

BEELDVERANTWOORDING
CREDITS OF THE ILLUSTRATIONS
Maria Austria Instituut: pp. 36, 48, 74, 75, 96-97
RKD, Art & Project archief/archive (0748): pp. 74, 75
Stadsarchief Amsterdam/Amsterdam City Archives:
     pp. 4-5, 150, 158
Courtesy Ellen de Bruijne Projects, Amsterdam:
     pp. 139, 145
Courtesy Galerie van Gelder, Amsterdam: pp. 146, 213
Courtesy Annet Gelink Gallery, Amsterdam: p. 143
Courtesy Grimm Gallery, Amsterdam: pp.140, 200-201
Courtesy Jeanine Hofland Contemporary Art,
     Amsterdam: pp. 142, 190-191
Courtesy Galerie Juliètte Jongma, Amsterdam: p.124
Courtesy Galerie Gabriel Rolt, Amsterdam:
     pp. 141, 214-215
Courtesy TORCH gallery, Amsterdam: pp. 116, 204,
Courtesy Galerie VOUS ÊTES ICI, Amsterdam:
     pp. 170, 205
Courtesy Galerie Fons Welters, Amsterdam: pp. 10-11,
     122, 123, 144

De uitgever heeft ernaar gestreefd de rechten van de
illustraties volgens wettelijke bepalingen te regelen.
Degenen die desondanks menen zekere rechten te
kunnen doen gelden, kunnen zich alsnog tot de uitgever
wenden: info@valiz.nl.
**The publisher has made every effort to secure
permission to reproduce the listed material,
illustrations and photographs. We apologize for any
inadvert errors or omissions. Parties who nevertheless
believe they can claim specific legal rights are invited
to contact the publisher: info@valiz.nl.**

valiz

ISBN 978-90-78088-39-4
NUR 646
WWW.VALIZ.NL

Printed and bound in the Netherlands